LK 7
27508

PARIS-EXPRESS

GUIDE

(par Gaston Bonnefont)

ÉMILE COLIN — IMPRIMERIE DE LAGN

TROISIÈME ÉDITION

Paris - Express

GUIDE

ILLUSTRÉ ET PRATIQUE DU JOURNAL

Le Matin

150 Dessins de Monuments

ACCOMPAGNÉS DE

150 Notices et de 27 Plans noirs et en couleur

PARIS

LE MATIN
RUE D'ARGENTEUIL, 25

MAURICE DREYFOUS
FAUBOURG-MONTMARTRE, 13

ÉDITEURS

1889

PRÉFACE

Tout étranger arrivant dans une grande ville a besoin d'un guide, d'un cicerone. Il veut économiser son temps, sa peine et son argent, et il a bien raison. C'est ce guide indispensable que le MATIN *offre à tous les touristes. Il est bien entendu qu'il s'agit d'un guide de poche, qu'on a toujours à sa disposition et qu'on peut consulter à loisir, chez soi, avant de sortir ou emporter sous son bras. Tous les guides existants, même les plus portatifs, remplissent imparfaitement leur fonction. Il en est de bavards, de confus, d'importuns — nous n'en connaissons pas de vraiment pratiques.*

Il fallait éviter ces défauts trop communs dans ce genre d'ouvrage. Nous y avons tâché.

Tout d'abord, nous avons tenu à respecter absolument la liberté du voyageur, de ne lui imposer aucun itinéraire, à le servir et non à le commander. C'est pourquoi notre Guide lui donne la facilité de faire lui-

même tout itinéraire qui lui plaît, de se diriger vers tel endroit public, vers tel monument, comme bon lui semble, de s'y arrêter et même de l'omettre, si tel est son plaisir.

Le Guide du MATIN, si peu encombrant qu'il soit, contient malgré sa concision un abrégé de lui-même, un plan sommaire indiquant à première vue l'emplacement respectif des vingt arrondissements de Paris. C'est la division même du livre. Chaque arrondissement est l'objet d'un chapitre qui s'ouvre sur un plan détaillé, indiquant, par une innovation ingénieuse, le nom de chaque édifice se détachant en lettres blanches sur un fond de couleur.

Par exemple, voulez-vous visiter les monuments du premier arrondissement, le Palais-Royal, les Halles centrales, la Poste? Votre plan indique aussitôt à vos yeux en lettres blanches ce que vous cherchez, et vous trouvez sans peine les rues qui vous y conduisent.

Voulez-vous prolonger votre promenade? La table des matières vous apprend tout de suite dans quel arrondissement se trouve le but de votre excursion, le plan sommaire vous en fait facilement découvrir la situation par rapport à l'endroit où vous vous trouvez. Rien de plus clair et de plus simple.

Si vous préférez procéder à une inspection méthodique de la capitale, vous divisez vos journées de manière à parcourir chaque jour les arrondissements les uns après les autres.

Ainsi vous réglez vos itinéraires: vous vous dirigez sans aucun effort dans Paris comme un vieux Parisien. Vous calculez l'emploi de votre temps, et par conséquent, suivant l'adage qui assimile le temps à la monnaie, celui de votre bourse.

Mais il ne suffit pas de vous conduire: il faut aussi vous instruire.

Tout d'abord, un dessin, sobre, précis et élégant, vous trace l'édifice que vous cherchez et vous permet de le reconnaître au passage, d'en conserver le souvenir.

Puis une notice brève et substantielle vous en raconte l'historique, vous en détaille les parties intéressantes ou remarquables.

Ce n'est pas encore assez de connaître la route, la forme et l'histoire des monuments, il faut encore connaître les moyens de transport. La notice est donc complétée par une indication des voitures publiques ou moyens de transport quelconques, et, en outre, elle vous renvoie à la partie du livre qui renferme les autres indications utiles: prix des places pour le théâtre, jours et heures de la visite des musées, etc.

De plus, notre guide contient l'adresse de tous les bureaux de poste, de télégraphe, de téléphone, l'heure des services religieux pour les différents cultes, les légations, les ambassades, les consulats, et enfin les moyens de communication avec les environs de Paris.

Chaque ligne d'omnibus, de tramways ou de bateaux fait même l'objet d'un chapitre spécial d'une conception toute nouvelle. On indique la liste de tous les monuments et de toutes les curiosités qu'on rencontre sur le parcours. Ainsi le voyageur peut, au be-

soin, sans recourir à la science tyrannique des cochers de fiacre, visiter toutes les merveilles de Paris.

Nous avons essayé, en un mot, de réunir, sous le moindre volume, un abrégé de Paris, qui laissera au touriste un souvenir net, succinct et vivant de tout ce qu'il aura vu; c'est un carnet de route, un album de croquis.

Il va sans dire qu'un chapitre spécial avec plans et dessins à l'appui a été consacré à l'Exposition. Là encore nous nous sommes efforcé de faire profiter le lecteur de notre expérience quotidienne, de le guider pratiquement dans ce grand labyrinthe international où l'on ne parvient à rien voir et d'où l'on sort positivement ahuri si un « habitué » ne vous trace d'avance, dans ses grandes lignes, un plan rationnel du parfait visiteur de l'Esplanade des Invalides et du Champ-de-Mars.

PLAN DE L'EXPOSITION DU CHAMP-DE-MARS

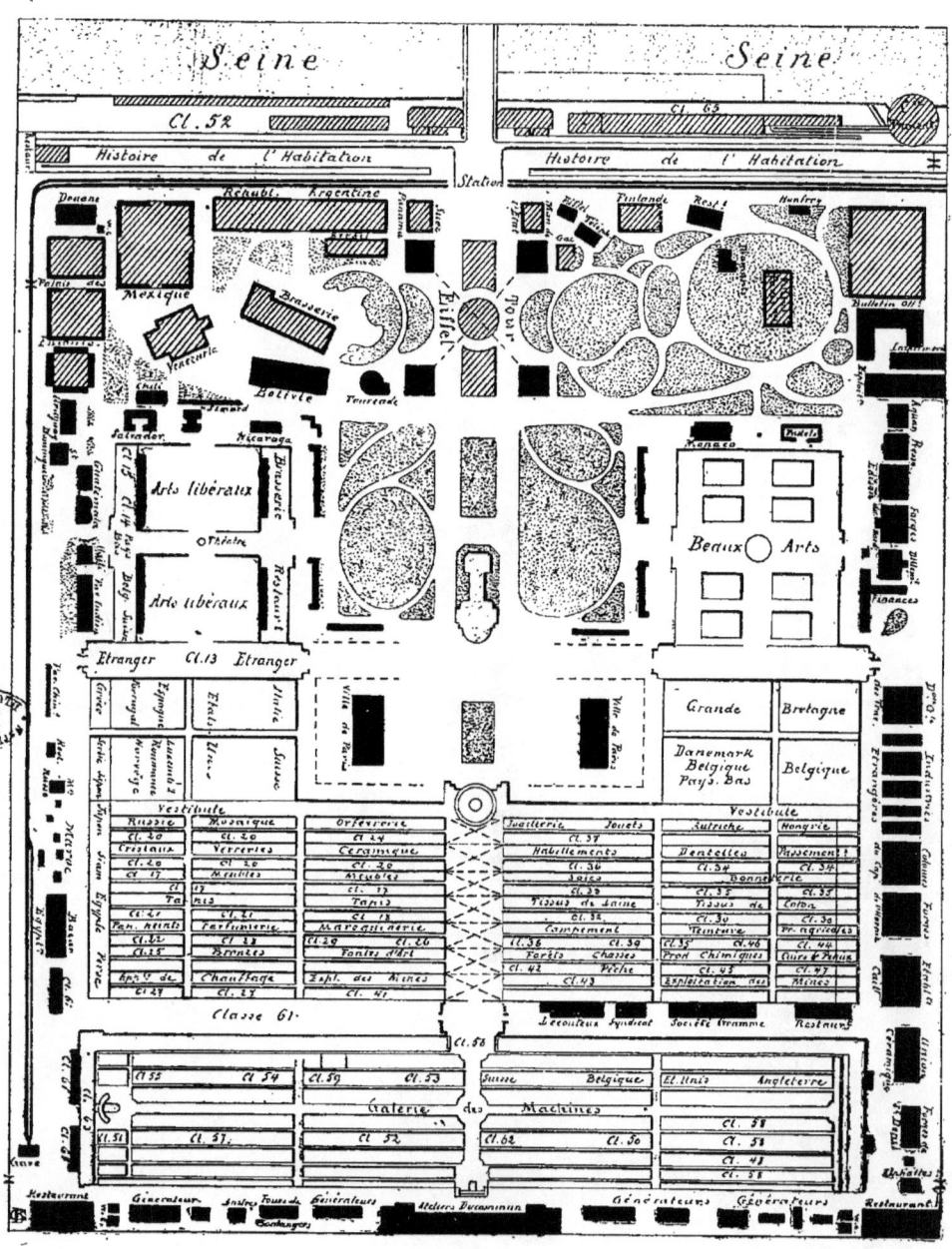

PLAN DES EXPOSITIONS DU TROCADÉRO ET DES QUAIS

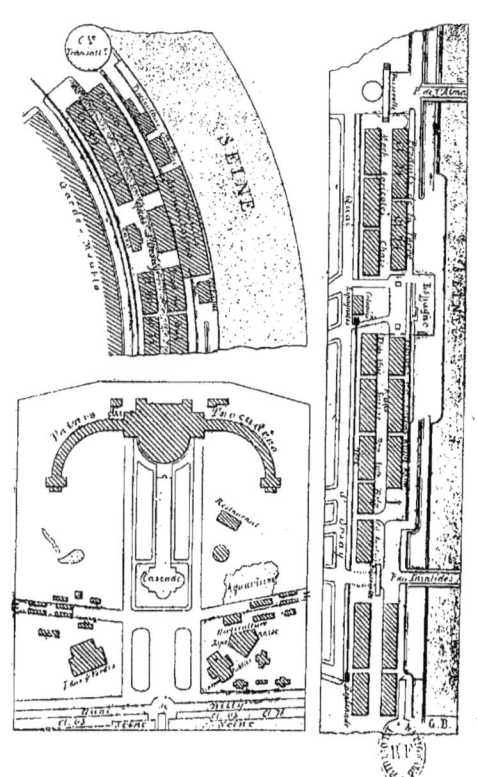

PLAN DE L'EXPOSITION COLONIALE
(Esplanade des Invalides)

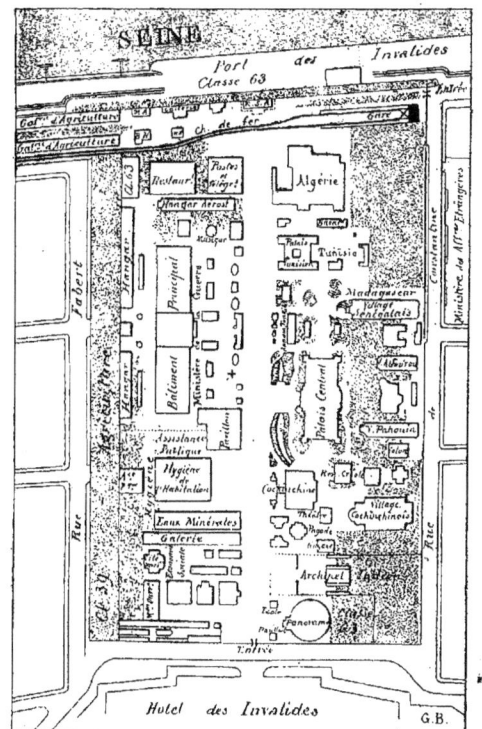

A TRAVERS

L'EXPOSITION

CHEMIN DE FER DECAUVILLE A L'EXPOSITION

Gare de la Concorde. — Esplanade des Invalides.

A TRAVERS
L'EXPOSITION

MOYENS DE TRANSPORT

Pour se rendre à l'Exposition, on n'a que l'embarras du choix entre les différents modes de transport. Il en existe pour toutes les bourses et pour tous les goûts.

On peut prendre à la gare Saint-Lazare le chemin de fer de Ceinture qui, après un long détour impossible à éviter, par Passy, Auteuil, le Point-du-Jour et Grenelle, vous dépose, au bout d'une heure environ, à la gare du Champ-de-Mars.

Les bateaux-omnibus qui descendent la Seine, les tramways qui suivent les quais offrent également de grandes facilités aux personnes n'habitant pas trop loin des rives du fleuve et qui ne craignent pas, parfois, d'attendre longtemps leur tour aux stations d'embarquement — quitte à être plus ou moins bousculées.

Enfin, depuis que la grève des cochers est terminée, on trouve, sans trop de difficultés, des voitures de place dont les automédons consentent à vous conduire jusqu'au Champ-de-Mars sans exiger insolemment des pourboires d'une exorbitance inabordable.

Enfin, l'initiative individuelle a créé entre les grands

boulevards et les différentes portes de l'Exposition tout un service marron de transports collectifs par breaks, tapissières et chars-à-bancs, que l'administration tolère dans l'intérêt du public. On y débat son prix de gré à gré et la moyenne, variant suivant les lois de l'offre et de la demande, va de 0 50 à 1 fr. par place, en temps normal, c'est-à-dire quand il n'y a ni encombrement ni averse inopinée.

LE SEUL SYSTÈME PRATIQUE

Mais le seul système vraiment pratique pour visiter commodément l'Exposition, c'est d'y entrer dans Paris même, par la porte de la Concorde — ou porte S, — située à l'angle de l'Esplanade des Invalides, sur le quai d'Orsay, à côté du ministère des Affaires étrangères.

Là, on trouve immédiatement, à quelques mètres de la grille d'entrée, l'embarcadère du Chemin de fer Decauville qui est, à vrai dire, la grande artère de l'Exposition et qui peut servir de base d'opérations pour toutes les excursions que l'on désire faire dans l'intérieur de l'immense enceinte.

LE CHEMIN DE FER DECAUVILLE

Ce Chemin de fer à voie étroite, véritable petite merveille de haute mécanique simplifiée, dessert en effet toutes les parties intéressantes de l'Exposition. Ses trois principales stations sont placées à l'Esplanade des Invalides, au pied de la Tour Eiffel et à la galerie des Machines (point terminus). Mais entre ces trois gares, des stations intermédiaires permettent de faire halte le long des quais aux galeries de l'Agriculture et au Palais des Produits alimentaires, — partout en un mot où le public a intérêt à s'arrêter.

Le prix des places est fixé à 0 fr. 25 pour les voitures à 0 fr. 50 pour les premières, — quelle que soit la longueur du parcours effectué.

Les trains circulent à partir de 9 h. du matin jusqu'à 11 h. du soir, de 10 minutes en 10 minutes pendant la semaine et de 5 minutes en 5 minutes tous les dimanches et jours de fête: soit au moins 180 trains montant et descendant.

Aussi malgré l'affluence énorme, y trouve-t-on toujours de la place

Enfin, pour éviter aux voyageurs qui se rendent directement à la Tour Eiffel de fastidieux arrêts aux stations intermédiaires, la Compagnie vient de décider récemment que les trains directs pour la Tour alterneraient désormais avec les trains omnibus desservant toutes les haltes.

HISTOIRE DE L'HABITATION

A côté de la Tour Eiffel, le long du quai, M. Charles Garnier, l'éminent architecte, membre de l'Institut, a rassemblé dans un petit espace tous les types d'habitations adoptés par la race humaine depuis les premiers âges du monde jusqu'à nos jours, grottes et cavernes, huttes des peuplades lacustres, maisons phéniciennes, assyriennes, grecques, romaines. etc., etc.

Rien n'est plus original que le contraste de ces différentes architectures, dont chaque modèle a été reproduit avec un souci très scrupuleux de l'exactitude archéologique.

Une des plus curieuses parmi ces constructions est la maison Renaissance située à côté du pont d'Iéna. C'est là que la maison Caudiaux et Cie de Venise a installé *un atelier de Verriers vénitiens au XVIe siècle*, où le public voit fabriquer sous ses yeux avec une dextérité sans pareille ces lustres étincelants et ces délicates girandoles, chefs-d'œuvre de l'industrie vénitienne.

TOUR EIFFEL DIRECT

Si le visiteur n'est pas attiré au Pavillon de l'Agriculture ou au Palais de l'Alimentation par quelque curiosité spéciale c'est-à-dire s'il n'est ni agronome, ni gastronome, s'il visite l'Exposition en touriste désintéressé, qui ne veut point se perdre dans les détails et qui recherche surtout les côtés pittoresques de ce magnifique ensemble, nous lui conseillons en toute franchise de prendre directement son ticket pour la Tour Eiffel en *brûlant* les haltes intermédiaires.

En effet, à moins d'être un spécialiste, il est difficile de s'intéresser longtemps, si admirables soient-elles, aux collections de légumes, de plantes fourragères, de machines agricoles qui sur près d'un kilomètre occupent toute la portion du quai comprise entre l'Esplanade et le Pont d'Iéna.

D'autre part, dans la partie réservée à la gastronomie, les différentes odeurs des cuisines cosmopolites, le parfum pénétrant des beignets et le fade relent des gaufres chaudes forment un mélange bizarre que seuls peuvent goûter et apprécier les amateurs très convaincus.

Mais en revanche et avant de monter dans le train Decauville qui doit le conduire en quelques minutes au Champ-de-Mars, nous recommandons à notre lecteur de visiter en détail l'Esplanade des Invalides.

L'ESPLANADE

Jusqu'ici, du moins dans les Expositions précédentes, l'Esplanade des Invalides avait été presque toujours sacrifiée.

On en faisait une sorte de succursale du Champ-de-Mars où l'on installait toutes les sections qui pouvaient offrir un intérêt moins immédiat pour le grand public.

Aussi était-elle restée presque toujours abandonnée et déserte, même aux plus beaux jours de 1867 et de 1878.

Cette année, l'administration des Colonies y a réuni une série d'exhibitions inédites qui en font un des coins les plus curieux et les plus pittoresques de l'Exposition de 1889.

LE PALAIS DES COLONIES

Le Palais des Colonies, construit sur les plans de M. Sauvestre, l'architecte de la Tour Eiffel, est un édifice d'ordre composite destiné à recueillir les envois de toutes les colonies qui n'ont point de pavillon spécial (Inde-Française,

Pavillon des Colonies

Nouvelle-Calédonie, Madagascar, Guyane Française, Sénégal, Gabon, etc.). Le nom de chaque colonie peint sur la muraille extérieure indique exactement la place que celle-ci occupe à l'intérieur.

Outre les produits spéciaux de chaque colonie, l'administration y a réuni tous les ouvrages de voyage, d'ethnographie qui concernent les diverses colonies françaises, ainsi que tous les renseignements sur l'importation et l'exportation qui peuvent intéresser nos industriels.

Dans les deux ailes sont logés les détachements des troupes coloniales, tirailleurs sénégalais, sakalaves, tonkinois et annamites, cipayes de l'Inde et spahis du Sénégal.

VIII — A TRAVERS L'EXPOSITION

LA PAGODE D'ANGKOR

La Pagode d'Angkor-Watt a son entrée sur l'allée centrale. C'est un des derniers vestiges et un des mieux conservés de l'architecture Khmer. Les Khmers étaient les ancêtres des Cambodgiens actuels.

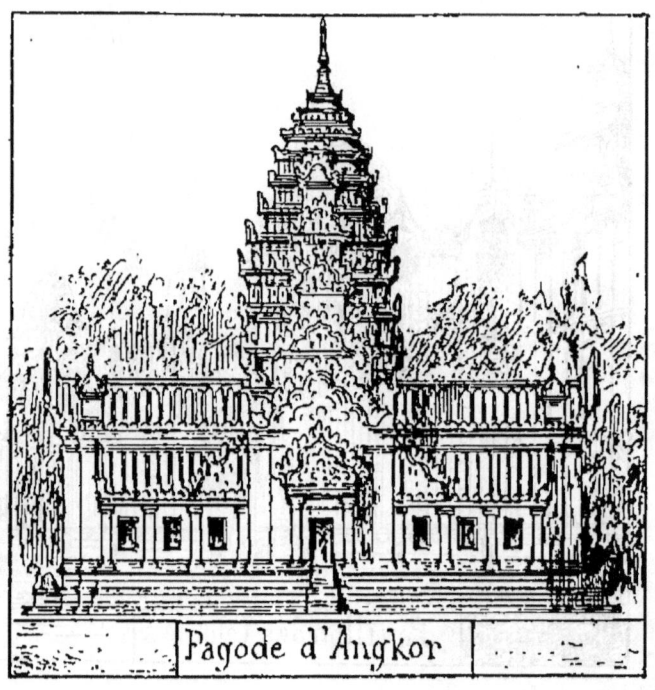

Pagode d'Angkor

L'édifice exposé aux Invalides n'est d'ailleurs qu'un fragment de la célèbre pagode qui occupait, paraît-il, près de 6,000 mètres. Mais il n'en donne pas moins une idée approximative de ce qu'était cet art Khmer aujourd'hui disparu, qui couvrit l'Indo-Chine de monuments admirables, aux environs du deuxième siècle de notre ère.

Dans l'intérieur de la pagode, une sélection intelligente a réuni des collections d'armes, bijoux, meubles, palanquins, vêtements et costumes du temps.

LE PAVILLON ALGÉRIEN

Esplanade des Invalides. Construit par M. Ballu fils. Sa façade principale est percée de trois arcades; sur la face latérale est une grande porte ornée de faïences. L'édifice est partagé en trois salles affectées respectivement aux trois départe-

ments d'Alger, d'Oran et de Constantine. A gauche du vestibule, un escalier conduit au minaret. Tout autour du palais se trouvent des bazars tenus par des indigènes qui fabriquent des étoffes, des broderies, des tapis, des armes. A l'intérieur du monument, on remarque des fresques représentant des paysages algériens. Les noms des plus célèbres gouverneurs de la colonie sont inscrits sur les murs du vestibule.

LE PAVILLON TUNISIEN

Esplanade des Invalides. Construit à la suite d'un concours ouvert en 1887, par M. Henri Saladin. Les façades sont une sorte d'interprétation de divers palais du pays, et notamment du Bardo. La façade postérieure est imitée de

la mosquée de Kérouan. La porte centrale rappelle celle de la mosquée d'Okba; elle est surmontée d'un dôme côtelé. Dans l'intérieur du pavillon sont exposés les produits indigènes; 26 boutiques, installées dans des maisonnettes de bois analogues à celles des oasis tunisiens, sont occupées par des artisans qui débitent des objets de leur fabrication. Remarquer dans le pavillon des fragments de monuments romains et des reconstitutions d'architecture romaine et carthaginoise.

PAVILLON DU MINISTÈRE DE LA GUERRE

Esplanade des Invalides. Vaste édifice, de 150 mètres de longueur sur 24 mètres de largeur, précédé d'un château-fort du moyen âge, flanqué de tourelles, avec pont-levis, machicoulis et chemin de ronde. Le pavillon est couvert de

beaux motifs de décoration. A l'intérieur, exposition ; au rez-de-chaussée, des différentes armes et objets d'usage militaire des armées de terre et de mer. On monte au premier étage par un superbe escalier qui conduit au Musée rétrospectif des armes, costumes et souvenirs militaires de toute espèce.

Tout autour du pavillon se trouvent une exposition d'objets de campement, différents modèles d'ambulances de campagne. On y trouve différents modèles de trains sanitaires. A côté de l'édifice principal, se trouve un pavillon qui renferme divers objets d'aérostation militaire, et notamment un grand modèle du ballon dirigeable du parc de Chalais-Meudon.

XII — A TRAVERS L'EXPOSITION

LA TOUR EIFFEL

Au Champ-de-Mars. Commencée le 28 janvier 1887, terminée en mai 1889.

Hauteur totale............ 300 mètres.
— du 1ᵉʳ étage........ 57ᵐ63
— 2. — 116 73
— 3. — 276 13

La tour dépasse de plus de 140 mètres la hauteur de la cathédrale de Cologne, qui est après elle le monument le plus élevé du monde. Elle est tout entière construite en fer; son poids total est de 9 millions de kilogrammes; on y a employé 2 millions 500 mille rivets. Ses pièces métalliques affectent 12,000 dessins différents. Elle a coûté 6 millions 500 mille francs. La tour forme à sa base un carré de 129ᵐ22 de côté; ses quatre piliers correspondent aux quatre points cardinaux. Il y a quatre ascenseurs du sol au 1ᵉʳ étage, deux du 1ᵉʳ au 2ᵉ étage, un du 2ᵉ étage au sommet; tous sont mus par l'eau. A chacune des piles Est et Ouest sont disposés des escaliers droits de 1 mètre de largeur, avec de nombreux paliers. Du bas au sommet de la tour, le nombre des marches est de 1792. — 5,000 personnes par heure peuvent faire l'ascension du monument. — Au 1ᵉʳ étage, règne une galerie courante à arcades servant de promenoir; cette galerie a 2ᵐ60 de largeur et 283 mètres de développement. Dans la partie centrale, sont établis quatre restaurants. La seconde plate-forme a 30 mètres de côté; sa surface est de 1,400 mètres carrés. La troisième plate-forme, fermée sur tout son pourtour par des glaces mobiles, a 16ᵐ50 de côté. Au-dessus est la lanterne, munie d'un phare et d'instruments astronomiques; le public n'y pénètre pas. Un drapeau de 8 mètres de longueur sur 7 mètres de largeur surmonte la terrasse. — Pour les *Renseignements pratiques*, voir p. 215.

LE PALAIS DES BEAUX-ARTS

Sur le chemin de la Tour Eiffel au Palais des Beaux-Arts on rencontre un certain nombre de pavillons semés à travers le square du Champ-de-Mars, expositions collectives ou particulières dont quelques-unes méritent une visite.

XIV A TRAVERS L'EXPOSITION

Citons l'exposition des pastellistes et celle des aquarellistes, et le pavillon des téléphones où le public assiste à des auditions téléphoniques de nos principaux théâtres et aux expériences du curieux phonographe d'Edison.

Enfin, en passant devant le pavillon de la régie ottomane des Tabacs, nous conseillons aux amateurs de tabacs turcs de faire leur provision de latakieh authentique.

Champ-de-Mars. Construit par M. Formigé. Il est paral-

Le Palais des Beaux-Arts

lèle à l'avenue de La Bourdonnais. La grande nef est constituée par de grandes fermes de 52^{m}80 d'ouverture, reliées par des pannes à treillis. La coupole est émaillée de tons blancs, bleus et jaunes ; elle repose sur un mur d'attique dont les assises en brique alternent avec d'autres assises de mêmes tons que la coupole ; ce mur est épaulé par des consoles entre lesquelles sont percés des œils-de-bœuf aux assises alternées de rose et de bleu. A l'intérieur est un vaste et splendide musée contenant les chefs-d'œuvre de la peinture et de la sculpture françaises et étrangères.

PAVILLON DE LA VILLE DE PARIS

Les deux pavillons de la Ville, construits par M. Bouvard, sont situés dans le jardin central du palais des Expositions diverses. L'un de ces pavillons est affecté aux services de la direction des travaux de Paris, l'autre aux services admi-

Pavillon de la Ville de Paris

nistratifs. Ils contiennent des spécimens, plans et modèles des différents travaux exécutés par la Ville, des renseignements de toutes sortes sur les divers services dépendant de la municipalité de Paris, une exposition scolaire où se trouvent des types de constructions d'école et des travaux d'élèves des écoles primaires, primaires supérieures et professionnelles du département de la Seine.

XVI

LE DOME CENTRAL

Au centre du Champ-de-Mars, à l'entrée de la grande nef. Son diamètre est de 30 mètres; la hauteur de la coupole est de 55 mètres. C'est l'œuvre de M. Bouvard. A l'intérieur règne une galerie circulaire, placée à 11 mètres

Le Dôme central

au-dessus du sol. La partie inférieure de la calotte est décorée par MM. Lavastre et Carpezat en imitation de mosaïque : sa partie supérieure est vitrée. Grâce à un cordon de lampes électriques qui l'entoure, elle apparaît, la nuit, comme un cabochon gigantesque. Au sommet, se trouve un génie colossal en plâtre doré

LE PALAIS DES MACHINES

Le Palais des Machines, une des merveilles de l'Exposition de 1889, est situé en bordure du Champ-de-Mars, en face de l'Ecole militaire.

Il est l'œuvre de MM. Dutert, architecte; Contamin, Charton et Pierron, ingénieurs.

Galerie des Machines

C'est une des plus curieuses applications de cette architecture du fer que les Américains ont mise à la mode, mais dont ils n'avaient jamais poussé si loin la hardiesse.

La grande nef se compose de vingt fermes de 115 mètres de portée pesant chacune 19,600 kilog.

Ces fermes qui reposent sur des fondations articulées, ne sont soutenues par aucun support intermédiaire et pour les monter et les mettre en place il a fallu des prodiges d'habileté mécanique.

Elles couvrent une surface de 80,000 mètres carrés environ. On a calculé que dans cet espace pourrait tenir à l'aise tout un corps d'armée de 30,000 fantassins ou 15,000 cavaliers avec leurs chevaux.

Un pont roulant mû par l'électricité circule d'un bout à l'autre de la galerie et permet aux visiteurs de contempler de 7 mètres de hauteur l'ensemble de l'installation.

28 machines motrices actionnent les arbres de transmission de la grande nef, qui sont rangés sur 4 lignes. Les générateurs offrent une surface totale de 1,600 mètres, développant une puissance motrice de 5,500 chevaux-vapeur.

La décoration intérieure, due à MM. Alfred Rubé, Chaperon et Jambon se compose de 10 grands panneaux de 16 mètres de côté, représentant les armes et les attributs des grandes capitales du monde et de 124 panneaux où sont figurés les écussons des chefs-lieux de nos départements et des grandes villes de l'étranger.

LA RUE DU CAIRE

La Rue du Caire, où est installée l'Exposition égyptienne, a été créée par l'initiative privée.

Le gouvernement égyptien n'ayant pu se faire représenter officiellement à l'Exposition Universelle, puisque son suzerain, le sultan, avait refusé d'y prendre part, il se créa au Caire, dans les rangs de la colonie française, un comité présidé par M. le baron Delort de Gléou, premier député français, pour organiser, en dépit de tous les obstacles, la section égyptienne au Champ-de-Mars.

Ce comité eut l'idée de reconstituer derrière le Palais des Arts Libéraux, le long de l'avenue de Suffren, un fac-simile d'une rue du Caire, avec ses mosquées, ses maisons à encorbellements et à moucharabis, ses terrasses dentelées, etc.

Pour compléter l'illusion, une série de marchands égyptiens installés au rez-de-chaussée de chaque édifice vendent au public les produits du pays, broderies, harnachements, parfumerie, orfèvrerie, nougats, confitures, etc.

Nous conseillons cependant à nos lecteurs de n'acheter

qu'avec prudence les produits comestibles que pourraient leur offrir ces commerçants basanés, les mélanges les plus pervers ne leur étant pas inconnus. C'est ainsi que tout récemment la boutique d'un confiseur égyptien a dû être fer-

La Rue du Caire

mée par mesure administrative, à la suite de quelques cas d'empoisonnement.

Enfin, devant un café arabe, où des almées dansent la fameuse danse du ventre, au son d'une musique criarde, des âniers du Caire tenant par la bride de petits ânes blancs, les seules montures du pays, offrent aux enfants et même aux grandes personnes des promenades pittoresques à travers ces ruelles étranges et ces étalages bariolés.

TABLE GÉNÉRALE

DES MATIÈRES ET DES PLANS

TABLE DES GRAVURES ET DES NOTICES

PREMIER ARRONDISSEMENT

Plan du Ier Arrondissement.	17
Renseignements pratiques.	18
Palais-Royal	19
Théâtre-Français	20
Pavillon Turgot.	21
Arc de Triomphe du Carrousel	22
Monument de Gambetta.	23
Guichets des Saints-Pères	24
Pavillon de Flore.	25
Colonnade du Louvre	26
Façade principale de la cour du Louvre.	27
Saint-Germain l'Auxerrois.	28
Théâtre du Châtelet.	29
Conciergerie	30
Tour de l'Horloge.	31
Cour du Palais de Justice	32
Sainte-Chapelle.	33
Palais de Justice.	34
Pont-Neuf	35
Halles Centrales.	36
Fontaine des Innocents	37
Bourse du Travail.	38
Saint-Eustache	39

TABLE GÉNÉRALE

Hôtel des postes 40
Banque de France. 41
Statue de Jeanne d'Arc 42
Saint-Roch 43
Colonne Vendôme 44

IIe ARRONDISSEMENT

Plan du IIe Arrondissement 45
Renseignements pratiques 46
Cercle militaire 47
Fontaine Louvois 48
Bibliothèque nationale 49
Bourse 50
Théâtre des Variétés 51

IIIe ARRONDISSEMENT

Plan du IIIe Arrondisssement 53
Renseignements pratiques 54
Conservatoire des Arts-et-Métiers 55
Saint-Nicolas des Champs 56
Théâtre de la Gaîté 57
Marché du Temple 58
Statue de la République 59
Archives nationales 60
Imprimerie nationale 61
École Centrale 62
Hôtel Carnavalet 63

IVe ARRONDISSEMENT

Plan du IVe Arrondissement 65
Renseignements pratiques 66
Place des Vosges 67
Hôtel de Ninon de Lenclos 68
Saint-Paul et Saint-Louis 69
Hôtel-de-Ville 70
Saint-Merri 71
Tour Saint-Jacques 72
Opéra-Comique 73
Tribunal de Commerce 74
Préfecture de police 75
Hôtel-Dieu 76
Notre-Dame 77

TABLE GÉNÉRALE 11

Notre-Dame Abside. 78
— Porte-Rouge 79
Morgue. 80

Vᵉ ARRONDISSEMENT

Plan du Vᵉ Arrondissement. 81
Renseignements pratiques. 82
Saint-Julien le Pauvre. 83
Hôtel Nesmond. 84
Loges des animaux féroces 85
Amphithéâtre de l'École de médecine 86
Val de Grâce 87
Panthéon. 88
Saint-Etienne-du-Mont. 89
Bibliothèque Sainte-Geneviève. 90
Sorbonne. 91
Hôtel de Cluny 92

VIᵉ ARRONDISSEMENT

Plan du VIᵉ Arrondissement. 93
Renseignements pratiques. 94
Fontaine Saint-Michel. 95
La Monnaie. 96
Palais de l'Institut. 97
Cour du palais des Beaux-Arts. 98
École de Médecine 99
École spéciale de dessin. 100
Odéon. 101
Luxembourg 102
Palais du Sénat. 103
Musée du Luxembourg 104
École de pharmacie. 105
Saint-Sulpice. 106

VIIᵉ ARRONDISSEMENT

Plan du VIIᵉ Arrondissement 107
Renseignements pratiques. 108
Pont d'Iéna. 109
Chapelle des Invalides. 110
Ministère des Affaires Étrangères 111
Chambre des Députés. 112
Palais de la Légion d'honneur. 113

VIIIᵉ ARRONDISSEMENT

Plan du VIIIᵉ Arrondissement.	115
Renseignements pratiques.	116
Place de la Concorde.	117
Élysée.	118
Palais de l'Industrie.	119
Pont des Invalides.	120
Saint-Philippe du Roule.	121
Arc de Triomphe de l'Étoile.	122
Église russe.	123
Parc Monceau (Naumachie).	124
Collège Chaptal.	125
Gare Saint-Lazare.	126
Saint-Augustin.	127
Chapelle Expiatoire.	128
Madeleine.	129
Marché aux fleurs de la Madeleine.	130

IXᵉ ARRONDISSEMENT

Plan du IXᵉ Arrondissement.	131
Renseignements pratiques.	132
Opéra.	133
— (Pavillon de l').	134
Vaudeville.	135
Trinité.	136
Synagogue de la rue de la Victoire.	137
Notre-Dame-de-Lorette.	138
Hôtel des Ventes.	139
Conservatoire de musique.	140

Xᵉ ARRONDISSEMENT

Plan du Xᵉ Arrondissement.	141
Renseignements pratiques.	142
Théâtre du Gymnase.	143
Saint-Vincent de Paul.	144
Gare du Nord.	145
— de l'Est.	146
Saint-Laurent.	147
Porte Saint-Denis.	148
— Saint-Martin.	149
Théâtre de la Porte Saint-Martin.	150

Théâtre de la Renaissance. 151
Caserne du Château-d'Eau. 152

XIe ARRONDISSEMENT

Plan du XIe Arrondissement. 153
Renseignements pratiques. 154
Cirque d'Hiver. 155
La Roquette 156

XIIe ARRONDISSEMENT

Plan du XIIe Arrondissement 157
Renseignements pratiques. 158
Colonne de Juillet. 159
Gare de Vincennes. 160
Mazas 161
Gare de Lyon. 162
Entrepot de Bercy. 163

XIIIe ARRONDISSEMENT

Plan du XIIIe Arrondissement. 165
Renseignements pratiques. 166
Gare d'Orléans. 167
Salpêtrière. 168
Les Gobelins 169

XIVe ARRONDISSEMENT

Plan du XIVe Arrondissement. 171
Renseignements pratiques. 172
Observatoire. 173
Saint-Pierre de Montrouge 174

XVe ARRONDISSEMENT

Plan du XVe Arrondissement 175
Renseignements pratiques. 176
Gare Montparnasse 177
Puits artésien de Grenelle. 178

XVIe ARRONDISSEMENT

Plan du XVIe Arrondissement. 179
Renseignements pratiques. 180

Viaduc d'Auteuil 181
Trocadéro 182

XVIIᵉ ARRONDISSEMENT

Plan du XVIIᵉ Arrondissement 183
Renseignements pratiques 184

XVIIIᵉ ARRONDISSEMENT

Plan du XVIIIᵉ Arrondissement 185
Renseignements pratiques 186

XIXᵉ ARRONDISSEMENT

Plan du XIXᵉ Arrondissement 187
Renseignements pratiques 188
Marché aux bestiaux 189

XXᵉ ARRONDISSEMENT

Plan du XXᵉ Arrondissement 191
Renseignements pratiques 192
Cimetière du Père Lachaise 193

A TRAVERS L'EXPOSITION

Moyens de transport III
L'Esplanade VI
Le Palais des Colonies VII
La Pagode d'Angkor VIII
Le Pavillon algérien IX
Le Pavillon tunisien X
Le Pavillon du Ministère de la Guerre XI
La Tour Eiffel XII
Le Palais des Beaux-Arts XIII
Le Pavillon de la ville de Paris XV
Le Dôme central XVI
Le Palais des Machines XVII
La Rue du Caire XVIII

TABLE DES RENSEIGNEMENTS PRATIQUES

GARES DES CHEMINS DE FER. — *Emplacement des gares.*

I. — Desservant les environs de Paris 195
II. — Desservant grandes lignes 195
III. — Moyens d'accès aux gares 196

MOYENS DE TRANSPORT dans l'intérieur de Paris.

I. —	Voitures prises sur la voie publique.	197
	Tarif.	197
	Extrait des règlements de police.	198
II. —	Lignes d'omnibus.	198
III. —	Lignes de tramways.	199
	1° Réseau central.	199
	2° Réseau Nord.	200
	3° Réseau Sud.	200
IV. —	Bateaux à vapeur.	200

CE QU'ON PEUT VOIR EN OMNIBUS, EN TRAMWAY, EN BATEAU.

I. —	En omnibus.	201
II. —	En tramway.	211
	1° — Tramways de la Compagnie des Omnibus.	211
	2° — Tramways Sud.	216
	3° — Tramways Nord.	218
III. —	En bateau.	220

PRINCIPAUX MONUMENTS

I. —	Palais.	222
II. —	Musées.	22
III. —	Eglises.	225
IV. —	Eglises et chapelles non catholiques.	225
	Eglises réformées (Calvinistes).	225
	Eglises de la Confession d'Augsbourg (Luthériennes)	226
	Eglises et chapelles libres.	226
	Synagogues.	226
	Eglises et chapelles anglaises.	226
	Eglise russe.	226
V —	Bibliothèques.	226
VI. —	Monuments divers.	228
VII. —	Cimetières, Catacombes, Egouts.	220
VIII. —	Tour Eiffel.	229

THÉATRES ET CONCERTS

Prix des places.	230

POSTES ET TÉLÉGRAPHES, TÉLÉPHONES

I. —	Postes.	235
	Tarifs postaux intérieurs.	235
	Union postale.	236

Mandats de poste.	236
Départs et arrivées des courriers	236
Liste des bureaux de poste.	237
II. — Télégraphes et téléphones.	238
Taxe des dépêches.	239
Liste des bureaux télégraphiques	239
Bureaux de téléphones.	240
Téléphonie à longue distance.	240

MINISTRES ET DIPLOMATES

Ministères français.	241
Légations, ambassades et consulats	241
LISTE ALPHABÉTIQUE des rues, boulevards, avenues, places, passages, etc.	544

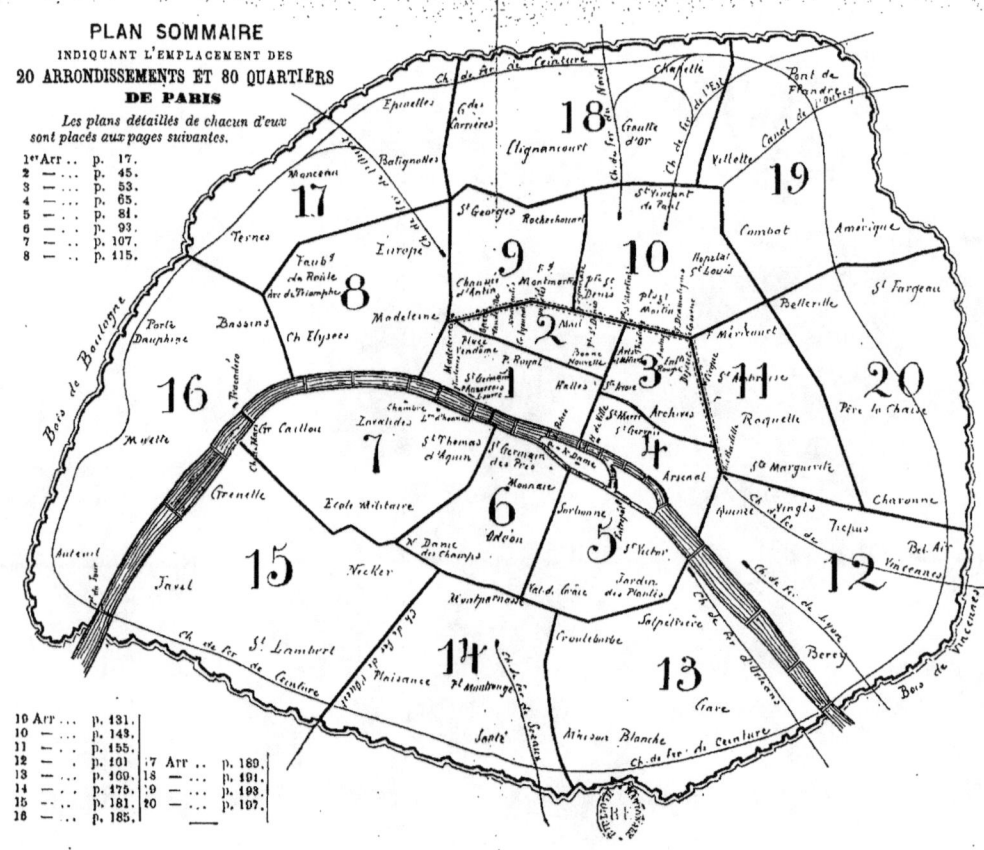

PLAN DU Ier ARRONDISSEMENT

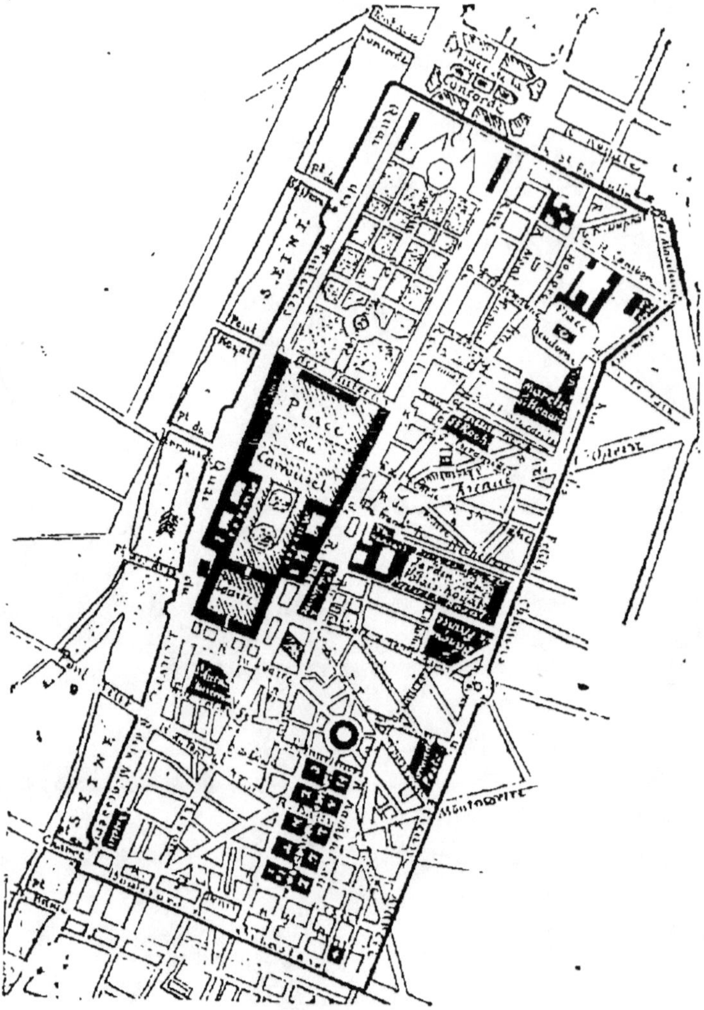

(Voir au dos les renseignements pratiques.)

PREMIER ARRONDISSEMENT

(LOUVRE)

Mairie. — Rue du Louvre, 4 bis.

Commissariats de police. — Quai de l'Horloge (Palais de Justice). — Rue des Prouvaires, 8. — Rue Villedo, 11. — Rue Mont-Thabor, 19 bis.

Poste, télégraphe, cabines téléphoniques. — Hôtel des Postes. P. T. C. — Rue des Halles, 9. P. T. C. — Avenue de l'Opéra, 2. P. T. C. — Rue Cambon, 9. — Rue des Capucines, 13. P. T. C. — Rue Saint-Denis, 90. P. T. C.

Eglises catholiques. — *Saint-Eustache.* — *Saint-Germain l'Auxerrois.* — *Saint-Roch.* — *Assomption.*

Temples protestants. — *Oratoire*, rue de l'Oratoire, 3 (*calv.*).

Ambassades, légations et consulats. — *Colombie*, place Vendôme, 6. — *Serbie*, rue de Rivoli, 240. — *Suisse*, rue Cambon, 4. — *Saint-Marin*, place Vendôme, 12.

Ministères. — *Justice*, place Vendôme. — *Finances*, place du Palais-Royal.

PALAIS-ROYAL

Situé place du même nom. — Bâti en 1634 par Lemercier pour le cardinal de Richelieu; actuellement occupé par le Conseil d'Etat, la Cour des Comptes et la direction des Beaux-Arts. Comprend la galerie d'Orléans, la galerie de Valois, la galerie Montpensier et la galerie de Beaujolais; le jardin du Palais-Royal est un vaste parallélogramme, orné de statues et d'un bassin avec jet d'eau. Il est public et ouvert du matin au soir : en été, une musique militaire y joue les dimanches, mardis et jeudis. L'intérieur du palais ainsi que le musée qu'il contient ne sont pas visibles.

A l'extrémité de la galerie Montpensier se trouve le théâtre du Palais-Royal (pour le prix des places, voir page 231).

Omnibus: Lignes C, D, G, H, Y;
Tramways: J.

THÉÂTRE-FRANÇAIS

Théatre - Français.

Rue Richelieu et place du Théâtre-Français, dans l'aile Est du Palais-Royal. Construit par Louis XVI en 1782. Le bâtiment appartient à l'État, qui fournit en outre à la comédie une subvention annuelle de 300,000 francs et nomme l'administrateur général. Les comédiens sont divisés en sociétaires, qui, outre les appointements fixes, touchent une part des bénéfices du théâtre, et pensionnaires, qui n'ont que des appointements fixes. Le vestibule, les loges et les couloirs contiennent des peintures, des bustes et des statues de comédiens et d'auteurs dramatiques, ainsi que des peintures décoratives intéressantes. La partie non publique peut être considérée comme un véritable musée. 1,400 places. Tragédie, comédie, drame. Voir *Renseignements pratiques*, p. 230.

Omnibus : Lignes D, G, H, R, AG, AI.

PAVILLON DE TURGOT

Pavillon Turgot

A l'angle gauche du nouveau Louvre, sur la place du Carrousel.

Il est placé à l'angle gauche en entrant par la rue de Rivoli.

Les frontons et les cariatides sont de Cavelier et Guillaume. Il est occupé par le ministère des finances.

Omnibus : Lignes C, D, G, H, N, R, V, Y, AG, AI.

ARC DE TRIOMPHE DU CARROUSEL

Arc de triomphe du Carrousel

Situé place du Carrousel. Érigé sur les dessins de Fontaine, par Napoléon 1er, en 1806, en imitation de celui de Septime-Sévère à Rome. Un char traîné par quatre chevaux, œuvre du sculpteur Bosio, surmonte la plate-forme. L'édifice mesure 15 mètres de hauteur ; il est orné de six bas-reliefs reproduisant des épisodes de la campagne de 1805: capitulation d'Ulm, victoire d'Austerlitz, entrée des troupes françaises à Munich et à Vienne, entrevue de Tilsitt et paix de Presbourg. Sur la façade sont les statues en pied de soldats portant l'uniforme des derniers régiments ayant pris part à la campagne.

Omnibus: Lignes H, Y.

MONUMENT DE GAMBETTA

Monument de Gambetta

Place du Carrousel, à l'extrémité du square. A été édifié avec le produit d'une souscription publique, à la suite d'un concours. Les sculptures sont de M. Aubé. Le monument a été inauguré le 13 juillet 1888 par le Président de la République. Sur les côtés sont gravés des passages des principaux discours du grand patriote. Gambetta est représenté debout, le bras étendu. L'édifice est surmonté d'un lion ailé conduit par une femme. Les figures d'angle et le lion ailé sont en bronze ; le reste est en pierre blanche.

Omnibus : Lignes H, Y, AG.

GUICHETS DES SAINTS-PÈRES

Au Louvre, en face le pont des Saints-Pères, au point de jonction du quai des Tuileries et du quai du Louvre. Construits par Lefuel. Se composent de trois grandes arches de milieu et de deux petites arcades destinées aux piétons. Au-dessus de l'arche du milieu et au faîte de l'édifice, on remarque un bas-relief d'Antonin Mercié, représentant *Pégase conduit par la Paix* ; à droite et à gauche, sont deux groupes en pierre de Barye. Les piles droite et gauche de l'arche centrale, sont ornées de groupes en pierre qui atteignent la hauteur totale de ces piles.

Omnibus : Lignes C, D, H, I, R.
Tramways : Tv, A, B, J.

PAVILLON DE FLORE

Pavillon de Flore

Situé sur le quai des Tuileries, a été rebâti dans le style Henri II de 1863 à 1869. Les façades sont ornées de sculptures par Cavelier, Franceschi et Carpeaux ; ces dernières, faisant face au quai, sont très remarquables. Ce pavillon, qui a trois étages sur rez-de-chaussée, est occupé par les services de la Préfecture de la Seine (Cabinet du Préfet). Il formait avant 1871 l'aile gauche du Palais des Tuileries actuellement démoli. Ce pavillon n'est pas ouvert au public. L'entrée des appartements et du cabinet du Préfet se trouve sur la façade latérale du côté du jardin. Aucune porte ne donne sur le quai.

Omnibus : Ligne X.

Tramways : Tv. A, B, J.

COLONNADE DU LOUVRE

Colonnade du Louvre

Fait face à l'église Saint-Germain-l'Auxerrois et donne sur la place du Louvre; construite en 1685 d'après les plans de Claude Perrault, elle se compose de 52 colonnes corinthiennes accouplées deux à deux. Elle mesure 167 mètres de long sur 27 de haut et surmonté le rez-de-chaussée. Devant la colonnade s'étendent des jardins ouverts au public toute la journée. La porte du milieu donne accès dans la cour carrée du vieux Louvre; à droite, se trouve l'entrée du Musée assyrien; à gauche, celle du Musée égyptien.

Omnibus : Lignes C, D, G, I, N, V, Y, AG, AI.
Tramways : Tv. A, B, C, F, J, K, AB.

FAÇADE PRINCIPALE DE LA COUR DU LOUVRE

Façade principale de la Cour du Louvre

Cette façade comprend un rez-de-chaussée, un premier étage et un attique. Le rez-de-chaussée est partagé en arcades qui saillissent sur les murs. Au premier étage, la retraite des murs laisse subsister une terrasse au-dessus de l'entablement du rez-de-chaussée. Dans l'attique, une suite de frontons aux formes curvilignes rompent d'une façon pittoresque la ligne de la corniche supérieure. Sous ces frontons, Paul Ponce a sculpté la *Terre*, la *Mer*, l'*Abondance*, un *Satyre*, et un *Faune*, *Mars et Bellone*, des *Captifs* et des *Génies*, *Euclide* et *Archimède*, le *Commerce*. L'ornementation des œils-de-bœuf des avants-corps est due à Jean Goujon.

Omnibus : Lignes C, D, G, I, N, V, Y, AG, AI.
Tramways : Tv, A, B, C, F, J, K, AB.

2.

EGLISE SAINT-GERMAIN-L'AUXERROIS

St Germain l'Auxerrois

Située place du Louvre, en face de la colonnade. Cet édifice remonte au xiii° siècle, mais a subi depuis lors de nombreuses modifications. Beau porche orné de fresques. Le clocher date du xii° siècle. A l'intérieur on remarque de belles sculptures, un plafond de bois très curieux et des vitraux du xvi° siècle. Les grilles du chœur sont en fer forgé et remontent à 1767. — Ancienne paroisse des rois de France. Beau porche latéral, rue des Prêtres-Saint-Germain-l'Auxerrois.

THÉATRE DU CHATELET

Théatre du Chatelet

Ce théâtre, construit de 1860 à 1862, par Davioud, occupe le rectangle compris entre la place du Châtelet, le quai de la Mégisserie, l'avenue Victoria et la rue des Lavandières-Sainte-Opportune. La façade, qui donne sur la place du Châtelet, est percée au rez-de-chaussée et au premier étage, de cinq arcades cintrées. Au premier étage est une galerie ouverte qui précède le foyer ; au deuxième étage est un foyer terrasse. La salle est la plus vaste de Paris ; elle peut contenir 3,600 personnes. La scène admirablement machinée et ses dimensions permettent d'y faire manœuvrer un très nombreux personnel. Drame, féerie. Très beaux décors, trucs curieux, ballets très soignés. — Pour le prix des places, voir p. 232.

Omnibus : Lignes C, G, J, K. O, Q, R, AD. AI
Tramways : Tv, C, G, H, Q.

LA CONCIERGERIE

La Conciergerie

Contiguë au Palais de Justice, elle occupe l'étage inférieur placé sous l'aile droite de l'édifice et se prolonge sur le Quai de l'Horloge jusqu'aux tours de Montgomery et de César. Elle a une entrée sur le quai et une autre dans la grande cour du Palais de Justice, à droite de l'escalier d'honneur. La Conciergerie sert de prison pour les accusés qui doivent passer en cour d'assises ; les cochers condamnés pour contravention y subissent leur peine. On accorde quelquefois à de hauts personnages la faveur d'y être incarcérés. On y applique le régime cellulaire. La Conciergerie contient la salle des Girondins et le cachot de Marie-Antoinette. — Pour les *Renseignements pratiques*, voir *Palais de Justice*.

Omnibus et Tramways : Voir *Palais de Justice*.

PALAIS DE JUSTICE

LA TOUR DE L'HORLOGE

Située à l'angle du boulevard du Palais et du quai de l'Horloge; le cadran qu'on y voit a été refait sur le modèle de l'ancien, œuvre de Germain Pilon; il est en style Renaissance. Il est surmonté d'un toit recourbé en bois sculpté doré et peint. L'horloge est la plus ancienne de Paris; elle date du temps de Charles Le Bel (xiv° siècle). La tour elle-même a été réparée extérieurement et intérieurement. Les locaux qu'elle renferme sont occupés par les services du Parquet et les chambres du Tribunal de première instance; le rez-de-chaussée sert de poste à un détachement de la garde républicaine.

Omnibus : Gare Saint-Lazare, place Saint-Michel, AI. Est-Montrouge-Montmartre, place Saint-Jacques, J.

COUR DU PALAIS DE JUSTICE

Palais de Justice

Placée Boulevard du Palais, fermée par une grille monumentale dont la porte centrale est en fer forgé et doré et un précieux spécimen de la serrurerie du xviie siècle. Au fond, un très large perron conduit à un vestibule d'où l'on accède : 1° en face, aux chambres des cours d'appel ; 2° à gauche, à des couloirs conduisant à la Sainte-Chapelle et aux cabinets des juges d'instruction, qui occupent l'aile gauche de la cour ; 3° à la salle des Pas-Perdus qui occupe l'aile droite de la cour. Une baie percée dans l'aile gauche conduit aux bâtiments de la Police correctionnelle.

Omnibus : I, J, AI.
Tramway : G, H, Q.

LA SAINTE-CHAPELLE

Au Palais de Justice. Architecture gothique. Construite par les ordres de Louis IX sur les plans de Pierre de Montereau (1245-1248). L'église a la forme d'un reliquaire; au dehors, trois statues : le roi Louis IX, son neveu saint Louis, évêque, et la Sainte-Vierge. Une flèche dorée, dans le style du quinzième siècle, surmonte le monument ; l'intérieur est resplendissant de dorures et de peintures ; il est divisé en deux chapelles superposées. Aux piliers sont adossées les statues des apôtres. Les vitraux, les plus beaux qui existent, ont été restaurés ; ils représentent les scènes principales de l'Ancien-Testament. La rose du portail date de Charles VIII ; les sujets en sont tirés de l'Apocalypse.

Omnibus et tramways : Voir *Palais de Justice.*

PALAIS DE JUSTICE

FAÇADE DE LA PLACE DAUPHINE

Façade du palais située sur la place Dauphine, terminée en 1869 par Duc. Elle est formée de huit colonnes et de deux pilastres d'angle supportant un entablement surmonté d'un chéneau ; elle offre six ouvertures décorées de statues allégoriques. L'ensemble est supporté par un soubassement au sommet duquel on parvient par un triple escalier orné de lions. A l'intérieur de ce corps de bâtiments, se trouvent une salle des Pas-Perdus, la Cour d'assises, la porte de la Cour de Cassation et la Bibliothèque des Avocats.

Les salles de la Cour d'assises sont remarquables par leurs boiseries et les peintures des plafonds.

Devant la façade, s'étend une place plantée d'arbres.

On peut visiter tous les jours, dimanches exceptés.

Omnibus : Ligne I.

PONT-NEUF

Du quai de la Mégisserie au quai des Grands-Augustins. Sa longueur est de 229 mètres, sa largeur de 23 mètres; 12 arches. La première pierre fut posée par Henri III en 1578; terminé en 1604. Une statue équestre de Henri IV, par Dupré et J. de Boulogne, fut érigée sur le terre-plein en 1614; renversée en 1792, elle a été, en 1818, remplacée par une autre due à Lemot. Sur le terre-plein du pont se tenaient, au XVIII° siècle, des baraques de comédiens; c'est là que Molière enfant fit ses premières études théâtrales. Au bas de ce terre-plein se trouve la pointe de l'île, disposée en square; de l'autre côté sont des écluses.

Omnibus : Lignes I, O, AD.

LES HALLES CENTRALES

Les Halles Centrales

Situées rues Pierre-Lescot, de Vauvilliers, Berger et de Rambuteau; construction métallique datant de 1851, mesurant 166 mètres sur 124 ; comprend six pavillons séparés par trois rues couvertes. Ces pavillons contiennent des stalles de 2 mètres carrés où sont disposées des boutiques; il s'y débite des fruits, des légumes, des fleurs, du poisson, de la viande, du beurre, du fromage, etc., etc. Au-dessous des halles, vastes caves dont la disposition est à peu de chose près celle de l'édifice supérieur. L'arrivée et le classement des denrées (de minuit à six heures du matin) constituent un spectacle des plus curieux.

Omnibus: Lignes D, F, J.
Tramways : Tr. F, Q.

FONTAINE DES INNOCENTS

Fontaine des Innocents

Située à proximité dans le square du même nom ; cette fontaine a été d'abord érigée au xiiie siècle, mais elle a été entièrement reconstruite au xvie siècle sur les plans de Pierre Lescot. Les sculptures sont de Jean Goujon. En 1788 elle fut entièrement dénaturée. Enfin en 1858 on tenta de lui rendre tant bien que mal son aspect primitif. A cette même époque le square a été créé.

Le square est ouvert tous les jours, du matin au soir.

Omnibus : Lignes F, J, K.

BOURSE DU TRAVAIL

Bourse du Travail

Nouvellement installée sur l'emplacement de l'ancienne Halle au blé, rue de Viarmes. Elle est destinée à recevoir les représentants des différentes corporations ouvrières, qui viendront y discuter leurs intérêts. On a conservé la plus grande partie de l'ancienne halle, qui était circulaire ; mais on y a ajouté divers corps de bâtiments qui masquent complètement la forme primitive et on a couvert en métal la coupole autrefois vitrée. Les charpentes, qui datent de 1811, constituent le premier essai de grande charpente métallique que l'on ait tenté. La tour, dernier vestige d'un monument bâti au xiiie siècle, est haute de 30 mètres ; on croit que c'est là que Catherine de Médicis allait consulter l'astrologue Ruggieri.

Omnibus : Lignes F, Y.

EGLISE SAINT-EUSTACHE

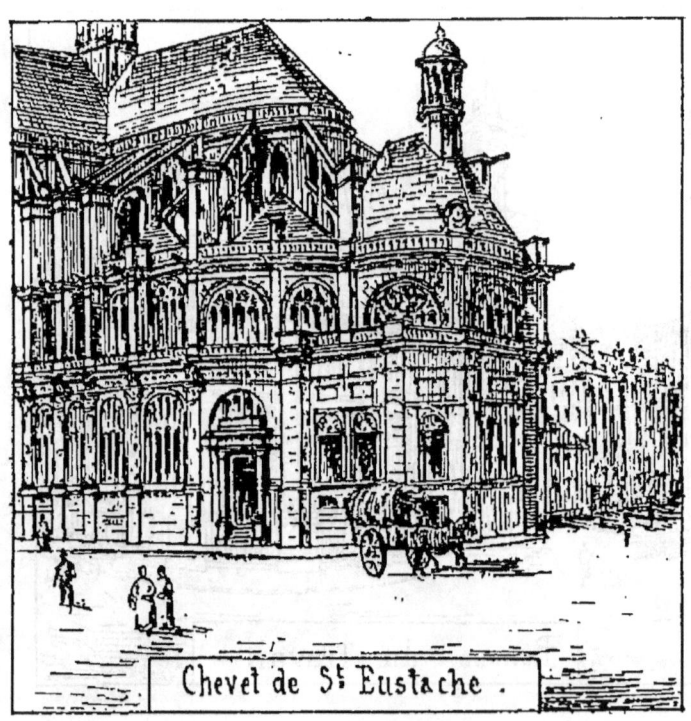

Chevet de St Eustache.

Située rue Montmartre, en face des Halles. La fondation de cette église remonte à 1530; bâtie en plusieurs styles, son ensemble, encore inachevé, manque d'harmonie. Le portail et les tours frappent péniblement le regard. L'intérieur est riche et grandiose. Les grandes orgues et la maîtrise sont renommées. Belles messes en musique. Vitraux. — Mausolée de Colbert en marbre. Sculptures et peintures; grand maître-autel en marbre blanc. La Fontaine, l'amiral Tourville, le maréchal de la Feuillade, Voiture, Benserade etc... ont été inhumés à Saint-Eustache. Visible tous les jours. Une entrée située rue Montmartre, au fond d'une misérable impasse, aboutit à un portail qui est un des plus beaux spécimens de l'art de la Renaissance.

Omnibus: Lignes D, F, J.
Tramways: Tr. F. C.

HOTEL DES POSTES

Hôtel des Postes.

Situé rue Jean-Jacques Rousseau ; vaste édifice remarquable par ses larges proportions et son aménagement intérieur. Les bureaux destinés au public sont situés dans une galerie de 50 mètres de long ; à côté, se trouve la cour des voitures. Le sous-sol est réservé au service pneumatique, au timbrage et aux écuries. Au 1er étage se trouvent les services de classement et de distribution. Les autres étages contiennent d'autres services et les logements du personnel. Des ascenseurs puissants relient entre eux ces divers bureaux. Voir pour tous les *Renseignements pratiques* relatifs au service des Postes, p. 237.

Omnibus : Lignes J, Y.

BANQUE DE FRANCE

Banque de France

1, Rue de la Vrillière et 39 rue Croix-des-Petits-Champs. Vaste monument construit en 1620 par Mansart pour le duc de la Vrillière. Devenu propriété nationale en 1793, il fut affecté à l'Imprimerie nationale. La Banque de France s'y installa en 1812. Les bâtiments ont été successivement transformés et agrandis. Sur la façade de la rue Croix-des-Petits-Champs, sculptures de Carrier-Belleuse. Les caves contiennent le numéraire et les titres ; elles sont remarquables par leur solidité et peuvent être rapidement inondées en cas de besoin. On y imprime les billets. La Banque est administrée par un conseil de régence ; le gouverneur est nommé par l'État.

Omnibus : Lignes F, I, N, V.

STATUE DE JEANNE D'ARC

Statue de Jeanne-d'Arc

Située Place de Rivoli, à l'entrée de la rue des Pyramides, vis-à-vis l'entrée du jardin des Tuileries, rue des Tuileries. Jeanne d'Arc, à cheval, et tenant sa bannière en main, fait face au jardin des Tuileries. — Cette statue érigée en 1874 est due au sculpteur Frémiet. Il est rare que son socle ne soit pas orné de couronnes ou autres souvenirs que les sociétés patriotiques viennent en diverses occasions y déposer en mémoire de l'héroïne qui délivra la France de l'occupation étrangère sous Charles VII.

Omnibus : Lignes C, X.

EGLISE SAINT-ROCH

Située rue Saint-Honoré, près des Tuileries, a été bâtie par Louis XIV. Cette église contient des orgues remarquables de Cliquot. On y trouve les monuments de Bossuet, de Maupertuis, de Mignard, de Le Nôtre, et de plusieurs autres célébrités. Corneille y a été enterré. De même l'abbé de l'Epée dont la statue est dans une chapelle où l'on dit la messe pour les sourds-muets avec prédications par gestes. Belles messes en musique à 10 heures. Visible tous les jours. Au 13 Vendémiaire 1795, le général Bonaparte mitrailla, sur l'ordre de Barras, des conspirateurs royalistes réfugiés devant Saint-Roch.

Omnibus : Lignes D, X.

COLONNE VENDOME

Colonne Vendôme

Située au centre de la place du même nom et ainsi désignée parce qu'elle occupe l'emplacement de l'ancien hôtel de César de Vendôme, fils d'Henri IV et de Gabrielle d'Estrées. A été édifiée, en 1810, par Denon, Gondouin et Lepère, là où se trouvait avant la Révolution une statue équestre de Louis XIV. — Renversée en 1871, elle a été relevée en 1874. Elle est en bronze et se compose de 425 plaques, provenant de canons pris aux Autrichiens ; sur ces plaques sont reproduits en bas-reliefs, allant du soubassement au faîte et formant une sorte de ruban disposé en spirale, les principaux faits de la campagne de 1805. La statue de Napoléon Ier, en empereur romain, surmonte l'édifice. Hauteur: 45 mètres. — Pour les *Renseignements pratiques*, voir p. 228.

Omnibus: Lignes D, X.

PLAN DU IIe ARRONDISSEMENT

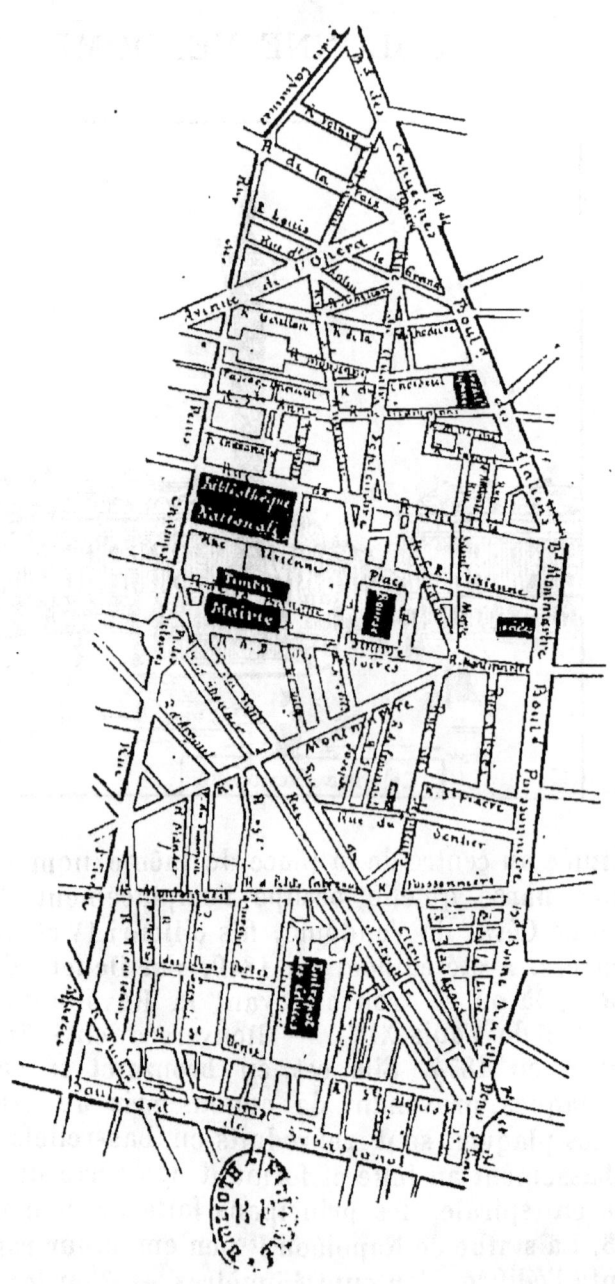

(Voir au dos les renseignements pratiques.)

IIᵉ ARRONDISSEMENT

(BOURSE)

Mairie. — Rue de la Banque.

Commissariats de police. — Rue Marsollier, 6. — Rue Richelieu, 90 — Rue d'Aboukir, 63. — Rue de la Ville-Neuve, 9.

Poste, télégraphe, cabines téléphoniques. — Place de la Bourse, 4, et rue Feydeau, 5. — Rue de Choiseul, 18 et 20. P. T. C. — Rue de Cléry, 28. P. T. C. — Rue Marsollier, P. T. — Palais de la Bourse. P. T.

Eglises et chapelles. — *Notre-Dame des Victoires.* — *Notre-Dame de Bonne-Nouvelle.*

CERCLE MILITAIRE

Cercle Militaire

Situé Place de l'Opéra, à l'angle de l'avenue de l'Opéra et de la rue de la Paix. Ce cercle occupe les locaux de l'ancien *Splendide-Hôtel*; il est réservé aux officiers des armées de terre et de mer qui s'y réunissent et y donnent des fêtes. Les officiers y trouvent le logement et des repas à prix fixe; mais aucun civil ne peut y être logé. Une partie du service intérieur est faite par des soldats. Le président du cercle est un général; l'administrateur est un colonel. L'établissement contient une importante bibliothèque militaire et des salles de conférences; les officiers jouissent de la faculté d'y introduire leurs amis civils.

Omnibus : Lignes E, F, G, AB, AI.

FONTAINE LOUVOIS

Fontaine Louvois

Située dans le square du même nom, rue de Richelieu, en face de la Bibliothèque nationale. A été élevée par Klagmann ; elle est ornée de quatre statues de bronze représentant la Seine, la Loire, la Garonne et la Saône. La place au milieu de laquelle est érigée cette fontaine renfermait autrefois un théâtre, qui fut successivement occupé par l'Odéon, les Italiens et l'Opéra. C'est là que fut assassiné le duc de Berri. Sur la façade nord de la place se trouve le magasin de décors de l'Opéra-Comique.

Omnibus : Ligne H.

BIBLIOTHÈQUE NATIONALE

COUR D'HONNEUR

Bibliothèque Nationale — Cour d'honneur

Entrée, rue Richelieu, 58. Dans la cour, à droite, est le vestibule de la grande salle de travail et de ses dépendances manuscrits, estampes, cartes, etc. En face de la porte d'entrée se trouvent les bureaux de l'administration ; c'est là que se délivrent les permis de visiter. Cette cour, de forme rectangulaire, est ouverte au public tous les jours non fériés, de 9 heures du matin à 4, 5 ou 6 heures du soir, suivant la saison. Pour les *Renseignements pratiques*, voir p. 227.

Omnibus : Lignes B, I.

BOURSE

Située place du même nom. La Bourse est le lieu où se réunissent les agents de change pour l'achat et la vente des valeurs mobilières. C'est un rectangle de 70 mètres de long sur 50 de large. Terminé en 1827, l'édifice est entouré d'une galerie couverte formée par une colonnade de style corinthien. L'intérieur prend jour par le haut ; il contient le parquet et la Corbeille où se tiennent les agents de change. Deux étages de galeries font le tour de la salle.

Ouverte tous les jours non fériés de midi à 5 heures. — Gratis.

Les opérations du *parquet* des agents de change ont lieu de midi et demi à trois heures.

Omnibus : Lignes F, 1, V, AB.

THÉATRE DES VARIÉTÉS

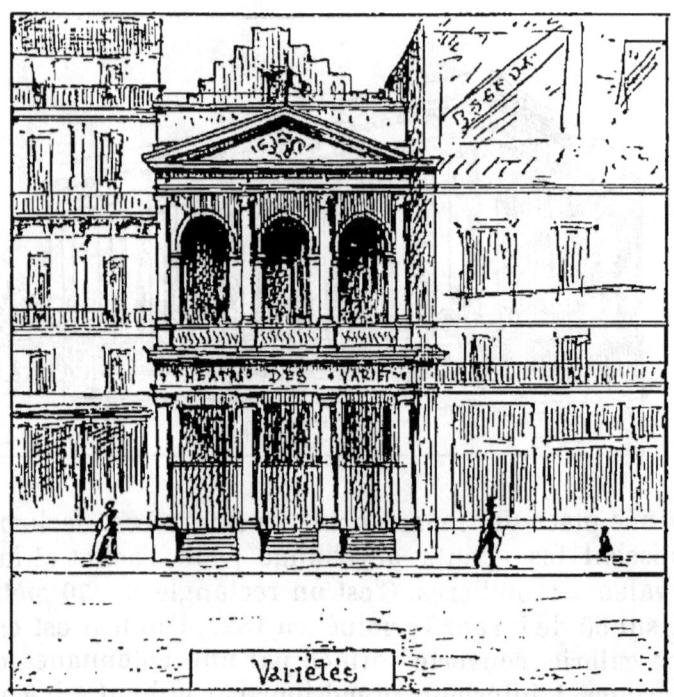

7, Boulevard Montmartre. Ce théâtre fut fondé, en 1790, par Melle Montansier, au Palais-Royal; mais sur la réclamation des troupes de l'Opéra et de la Comédie française, elle en fut chassée en 1808. C'est alors qu'elle alla s'établir boulevard Montmartre, dans un bâtiment construit par Cellerier. La salle est petite, mais élégante; l'entrée des artistes et de la scène se trouve galerie Montmartre. Grâce à sa situation, à la qualité de ses pièces et à celle de sa troupe, ce théâtre jouit d'une vogue qui ne s'est jamais démentie depuis plus de 80 ans. — Pour le prix des places, voir p. 232.

Omnibus : Lignes E, I, J, V.

PLAN DU IIIe ARRONDISSEMENT

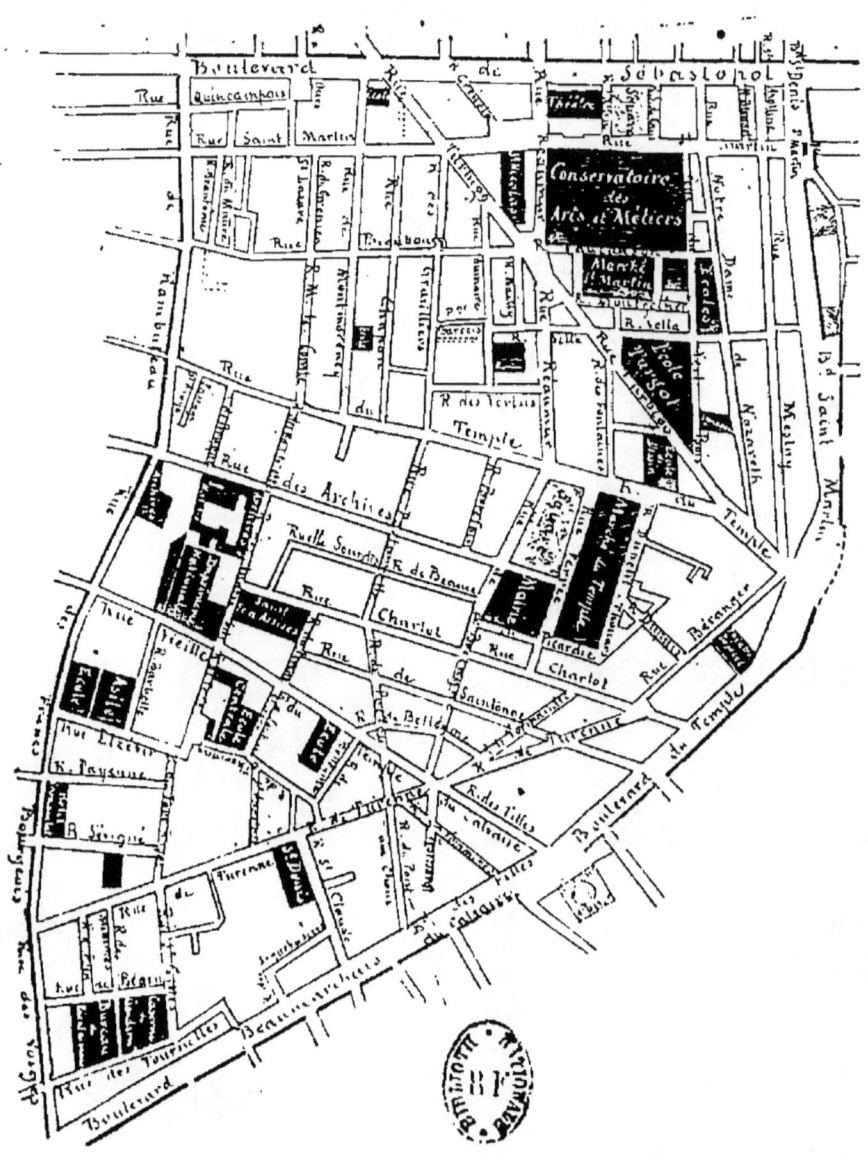

(Voir au dos les renseignements pratiques.)

IIIe ARRONDISSEMENT

(TEMPLE)

Mairie. — Rue des Archives, 42.

Commissariats de police. — Rue Notre-Dame de Nazareth, Rue de Bretagne (à la Mairie). — Rue de la Perle, 9. — Rue du Temple, 85.

Poste, télégraphe, cabines téléphoniques. — Rue Réaumur, 47. P. T. C. — Rue des Haudriettes, 4-6. P. T. C. — Hôtel-de-Ville. P. T. C.

Eglises et chapelles. — *Saint-Leu.* — *Saint-Denis du Saint-Sacrement.* — *Sainte-Elisabeth.*

Synagogue. — Rue Notre-Dame de Nazareth, 15.

CONSERVATOIRE DES ARTS ET MÉTIERS

Conservatoire des Arts et Métiers

Situé 292, rue Saint-Martin; est installé dans l'ancien prieuré de Saint-Martin-des-Champs, fondé en 1060 par Henri Ier. L'ancienne église du prieuré est aujourd'hui une galerie de machines; elle date du douzième siècle. Le portail de l'église est orné de deux tourelles. L'abside romane est très curieuse. Le réfectoire, chef-d'œuvre de Pierre de Montereau, sert de bibliothèque. Le Conservatoire possède de belles collections ouvertes au public. Tous les soirs, des cours publics et gratuits de sciences appliquées aux arts, à l'industrie et au commerce sont faits par des professeurs distingués.

Pour les *Renseignements pratiques*, voir p. 223.

Omnibus : Lignes L, M, T.
Tramways : Tv. G, H,

EGLISE SAINT NICOLAS DES CHAMPS

Saint Nicolas des Champs.

Rue Saint-Martin. Était, à l'origine, une chapelle bâtie au douzième siècle et située au milieu des champs. Agrandie en 1420 et en 1576. Le portail méridional est du style Renaissance. Des restaurations successives ont altéré l'architecture intérieure. Les chapelles sont en grande partie pavées de pierres tombales avec épitaphe. L'église renferme une *Assomption* de Simon Vouet, une *Descente de Croix* et un *Jésus bénissant les enfants* par Sébastien Bourdon.

Les orgues sont de Cliquot.

Omnibus : Lignes D, L.
Tramway : Tv. F.

THÉATRE DE LA GAITÉ

Situé square des Arts-et-Métiers; construit en 1861-62 par Cusin. La façade principale est décorée de pilastres composites et percée en son milieu d'un double rang d'arcades cintrées, avec voussoirs et triglyphes alternés. Au premier étage, foyer ouvert. Attique surmonté d'un fronton richement sculpté. Toit à pans coupés, couronné d'ornements en plomb. La salle contient 2,000 places. On a successivement joué à la Gaîté la féerie, l'opérette, le drame et l'opéra français et italien. La scène, très vaste, permet un grand déploiement de personnel. Le bâtiment appartient à la Ville de Paris.

Pour le prix des places, voir p. 231.

Omnibus : Lignes L, M.
Tramways : Tv. F, H.

MARCHÉ DU TEMPLE

Marché du Temple

Rue du Temple, non loin de la Place de la République. Ce marché occupe une superficie de plus de 14,000 mètres carrés. Il contient 2,400 boutiques, où des marchands vendent des marchandises d'occasion, et plus spécialement des objets de toilette et d'habillement. Près du marché et sur le même alignement est le square du Temple, où est érigée une statue de Béranger. Dans les rues avoisinantes sont installés de nombreux marchands d'objets d'occasion, chez lesquels on trouve en particulier de vieux équipements militaires, des costumes officiels et des livrées. Au fond de ces échopes, on rencontre parfois des tapisseries anciennes et des meubles de prix.

Omnibus : Lignes O, AD.

STATUE DE LA RÉPUBLIQUE

Statue de la République

Située au centre de la Place de la République. La statue, érigée aux frais de la ville de Paris à la suite d'un concours, est en bronze, supportée par un piédestal de pierre sur lequel sont des bas-reliefs représentant des scènes de la Révolution ; adossé au piédestal est un lion de bronze. La République est représentée debout, tenant à la main une branche d'olivier. A ses pieds, aux angles du soubassement, on remarque la *Liberté*, l'*Egalité* et la *Fraternité*. De chaque côté du monument se dressent des mâts vénitiens. Cette statue est l'œuvre des frères Morice, l'un architecte, l'autre sculpteur.

Omnibus : Lignes E, N, S, U, AD.
Tramways : Tr, F, 1 ; tr. Nord, 9.

ARCHIVES NATIONALES

Situées au Marais, 60, rue de Francs-Bourgeois. Les archives nationales occupent l'ancien hôtel des Rohan-Soubise, devenu propriété nationale en 1789. Là se trouvent les documents authentiques de l'histoire de la France depuis Dagobert, des parchemins, des chartes et des autographes précieux. On y voit aussi des assignats, la déclaration des droits de l'homme, un registre portant la signature de ceux qui prirent part au Serment du Jeu de Paume et enfin une table tachée du sang de Robespierre. Les archives ont été installés dans ce monument en 1808 ; précédemment, de 1789 à 1808, elles étaient annexées à l'Assemblée nationale. Les bâtiments de construction récente sont faits de matériaux incombustibles.

Omnibus : Ligne F.

IMPRIMERIE NATIONALE

Imprimerie Nationale

Fondée en 1642 par Richelieu ; installée d'abord au Louvre, puis transférée en 1795 à l'emplacement occupé aujourd'hui par la Banque de France, rue de la Vrillière, l'Imprimerie Nationale a été définivement établie, en 1808, dans l'ancien palais du cardinal de Rohan, 87, rue Vieille-du-Temple. On y occupe environ 1,200 ouvriers employés à l'impression des actes et documents officiels du Gouvernement et aux livres publiés aux frais de l'Etat. Le matériel comporte une collection de caractères orientaux grâce auxquels on peut entreprendre des travaux que l'on ne saurait exécuter nulle part ailleurs. Le Directeur délivre des permissions spéciales pour visiter cette collection.

Pour les *Renseignements pratiques*, voir p. 228.

Omnibus : Ligne F.

ECOLE CENTRALE DES ARTS ET MANUFACTURES

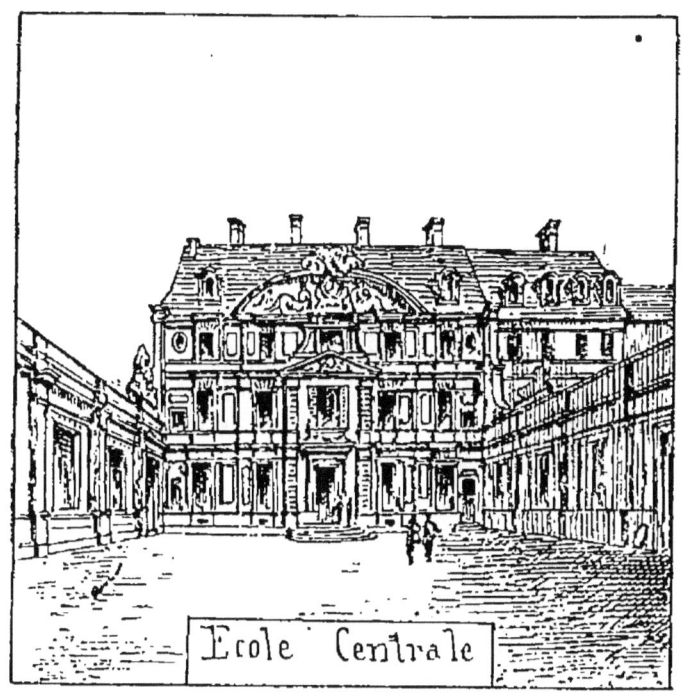

Rue Turbigo. L'aménagement en est des plus complets. Le corps principal a un rez-de-chaussée et deux étages. Le rez-de-chaussée est affecté aux élèves de première année, le premier étage aux élèves de deuxième année, et le second étage aux élèves de troisième année. l'Ecole reçoit chaque année 200 élèves environ. Ils sont admis à la suite d'un concours. Elle n'est pas gratuite. La durée des études y est de trois ans. Il en sort chaque année entre 100 et 125 jeunes gens munis du diplôme d'ingénieur civil.

Omnibus : Lignes D, AD.
Tramways : Tv., F.

HOTEL CARNAVALET

L'Hôtel Carnavalet

Situé 23, rue de Sévigné. Cet hôtel, classé parmi les monuments historiques, fut bâti en 1550 par Pierre Lescot et orné de sculptures par Jean Goujon. Il occupe une surface de 2,500 mètres environ et contient la *Bibliothèque et Musée historique de la Ville de Paris*. La marquise de Sévigné l'habita en 1677; après 89, la direction de la librairie y fut installée; Napoléon 1er y établit ensuite l'Ecole des Ponts-et-Chaussée; puis il fut loué au propriétaire d'une pension de jeunes gens. Enfin, acquis par la ville, il a été transformé en musée. On ne trouve, à l'intérieur, aucune trace de l'habitation de Mme de Sévigné.

Visible les jeudis et dimanches de 11 heures à 4 heures

PLAN DU IVe ARRONDISSEMENT

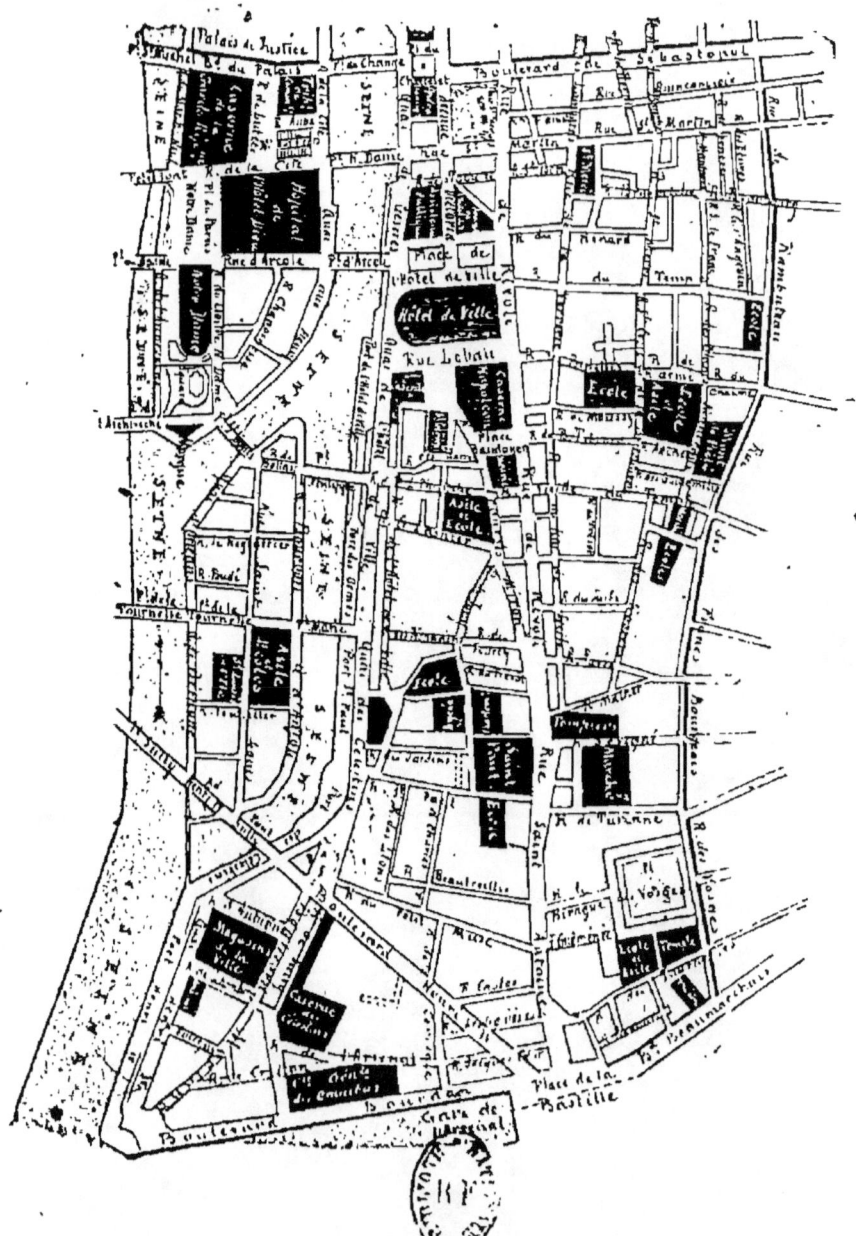

(Voir au dos les renseignements pratiques.)

IVᵉ ARRONDISSEMENT

(HOTEL-DE-VILLE)

Mairie. — Place Baudoyer, 2.

Commissariats de police. — Quai de Gesvres, 16. — Rue Vieille-du-Temple, 20 (imp. d'Argenson.) — Rue de la Cerisaie, 10. — Quai de Béthune, 34.

Poste, télégraphe, cabines téléphoniques. — Rue de la Bastille, 2. P. T. C. — Tribunal de Commerce, P. T. C. — Rue des Francs-Bourgeois, 29. P. T. C.

Eglises catholiques. — *Notre-Dame.* — *Notre-Dame des Blancs-Manteaux.* — *Saint-Gervais.* — *Saint-Merry.* — *Saint-Paul.*

Temples protestants. — *Sainte-Marie*, rue Saint-Antoine, 216 (calv.). — *Billette*, rue des Billettes, 18 (calv. Service en allemand).

Synagogue. Rue des Tournelles, 23

PLACE DES VOGES

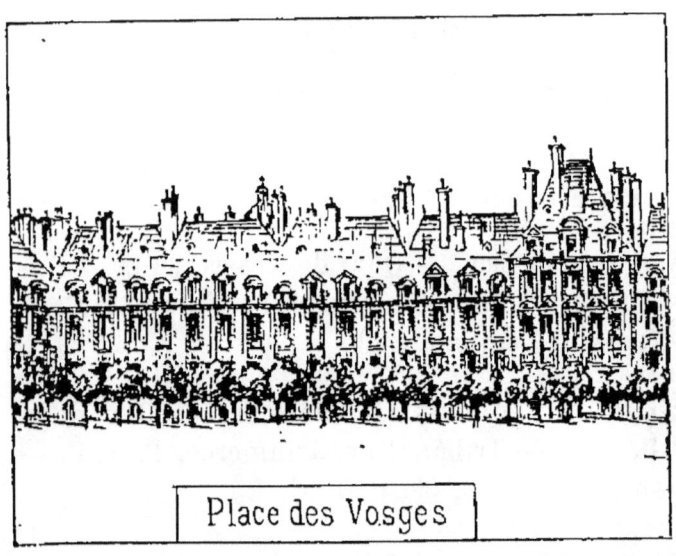

Place des Vosges

Occupe une grande partie de l'emplacement de l'ancien palais des Tournelles. Elle est carrée, disposée en un vaste jardin, entourée d'une grille et ornée de fontaines. Au centre, se trouve une superbe statue équestre de Louis XIII, œuvre de Dupaty et Cortot. Les édifices qui entourent la place sont tous du style Louis XIII le plus pur. S'est appelée successivement place Royale, place des Fédérés (1792), place de l'Indivisibilité (1793), place des Vosges (1799), place Royale (1814), place des Vosges (1848), place Royale (1854), place des Vosges (1870).

Omnibus : Ligne F.

HOTEL DE NINON DE LENCLOS

Boulevard Beaumarchais et rue des Tournelles. Cet hôtel est précédé d'une cour séparée du boulevard par une grille. L'entrée principale est rue des Tournelles. Il a trois étages et est orné de balcons ; il date de la fin du règne de Louis XIII. Les plafonds ont pour décoration des Amours d'une gracieuse exécution ; on voit encore sur l'escalier un beau médaillon parfaitement conservé, de Louis XIV. C'est dans cet hôtel que Ninon de Lenclos mourut, en 1706. Il est aujourd'hui occupé par des particuliers.

Omnibus : Lignes E, R, S, Z.

SAINT-PAUL-SAINT-LOUIS

Rue Saint-Antoine. Construite, de 1627 à 1641, par François Derrand, cette église appartient au style dit Jésuite. La façade se compose de trois ordres superposés ; les ornements en sont ambitieux à l'excès, les colonnes mal accouplées et les diverses parties hors de proportions. Le portail a 48 mètres de hauteur sur 24 mètres de largeur. Les niches sont ornées de statues. L'intérieur de l'église a les mêmes caractères que l'extérieur. Le chœur et la croisée sont ornementés à profusion. Au-dessus des chapelles règne une galerie à balustres carrés. La coupole est la partie la mieux réussie du monument. A droite de l'église est un étroit passage qui conduit au lycée Charlemagne.

Omnibus : Lignes O, R.
Tramways : Tv, K.

HOTEL DE VILLE

Occupe l'emplacement compris entre le Quai de l'Hôtel-de-Ville, la Place de l'Hôtel-de-Ville, la rue Lobeau et la rue de Rivoli.

Ce monument, construit sur l'emplacement du palais brûlé le 24 mai 1871, est l'œuvre des architectes Th. Ballu et de Perthes. La façade reproduit assez exactement celle de l'ancien monument; elle est ornée de nombreuses statues et de groupes; au centre une horloge avec deux statues, surmontées d'un campanile. Ce monument n'est public qu'en ce qui concerne la salle des séances du Conseil municipal qui se trouve au centre du premier étage, côté de la place. C'est à l'Hôtel-de-Ville que se trouvent centralisés les services du département et de la Ville de Paris. Nombreuses peintures. Escaliers et cours vraiment admirables.

Omnibus : Lignes C, G, O, Q, R.
Tramways : Tr. C, K.

SAINT MERRI

Saint Merri

Située rue Saint-Martin. Commencée en 884, terminée en 1612; style ogival. Portail avec sculptures. A l'intérieur, vitraux des seizième et dix-septième siècles. Nombreuses peintures et fresques, parmi lesquelles il faut citer : les *Pèlerins d'Emmaüs* et le *Martyre de saint Jacques le Majeur*, par Coypel; le *Saint-Charles Borromée*, de Vanloo. L'église contient une chapelle souterraine, où était jadis le tombeau de saint Merri. C'est à Saint-Merri qu'officièrent, de 1797 à 1803, les *Téophilanthropes*, qui avaient donné à l'église le nom de *Temple du Commerce*. A côté de l'église, cloître remarquable devenu maison particulière.

Omnibus : Ligne L.

TOUR SAINT-JACQUES DE LA BOUCHERIE

Tour St Jacques.

Située dans le square Saint-Jacques. Cette tour est le seul vestige de l'église Saint-Jacques-de-la-Boucherie ; elle a 52 mètres de haut et a été restaurée par Ballu. Elle date de 1522. On y remarque quelques statues, entre autres celle de Pascal, par Cavelier, placée sur le soubassement au-dessous de la clef de voûte. Le square qui l'entoure contient en outre deux statues de bronze. C'est à la Tour Saint-Jacques que Pascal fit quelques-unes de ses expériences barométriques les plus importantes.

L'intérieur de la tour ne se visite pas.

Omnibus : Lignes C, G, J, K, L, O, Q, R, AD, AI.

OPÉRA-COMIQUE

Place du Châtelet. Construit en 1861 par M. Davioud, et inauguré en 1862, sous le nom de Théâtre Lyrique; affecté, en 1887, à la suite de l'incendie de l'Opéra-Comique, aux représentations de la troupe de la salle Favart. On y a joué successivement l'opéra français, le drame, la comédie et l'opéra italien. Incendié en partie sous la Commune, ce théâtre a été reconstruit et restauré. Le rez-de-chaussée et le premier étage sont percés de cinq arcades à plein cintre. La salle peut contenir 1,500 personnes. Pour le prix des places, voir p. 246.

Omnibus : Lignes C, G, J, K, O, Q, R, AD, AI.
Tramways : Tv. C, G, H, Q.

TRIBUNAL DE COMMERCE

Situé Quai de la cité et Boulevard du Palais. Construit en 1864 par Bailly. A l'intérieur, belle cour vitrée et nombreuses statues de Carrier-Belleuse, Cabet, Pascal, Maindron et Chapu. Au rez-de-chaussée se trouvent le conseil des Prud'hommes et la salle d'audience du Conseil de Préfecture. Le premier étage comprend les salles du Tribunal. Belles peintures de P. Delaroche, Robert-Fleury et Scheffer. Nombreuses salles de réunion, greffe, importantes archives. Ouvert au public tous les jours, dimanches exceptés.

Omnibus : Lignes G, I, J, L, Q, AD, AI.
Tramways : Tv. G, H, Q.

PRÉFECTURE DE POLICE

7, Boulevard du Palais. Contient les différents services de l'administration de la police municipale. Le cabinet du préfet se trouve dans cet édifice. L'état-major des sapeurs-pompiers et celui de la Garde Républicaine sont logés dans des bâtiments contigus. La façade, occupée par le cabinet du préfet, est vis-à-vis l'entrée du Palais de Justice (tribunaux correctionnels). Une partie des services de la préfecture est établie dans les bâtiments attenant au Palais de Justice.

Omnibus : Lignes I, J, L, Q, Al.
Tramways : Tv. G, H.

HOTEL-DIEU

Hotel-Dieu

Situé place du Parvis-Notre-Dame. Terminé en 1878. Occupe une superficie de 22,000 mètres carrés. Contient plus de 500 lits. Le service est fait par 8 médecins, 4 chirurgien et de nombreux étudiants internes et externes. Ce bâtiment a remplacé l'ancien Hôtel-Dieu, fondé en 660, et qui était établi de l'autre côté du Petit-Pont, avec annexes sur la place du Parvis et autour de Notre-Dame. L'édifice a coûté environ 28 millions de francs de construction et plus de 20 millions pour l'achat du terrain. Consultations gratuites tous les matins, de 8 à 9 heures. Entrée place du Parvis. C'est à l'Hôtel-Dieu qu'est installé le bureau central des hôpitaux.

Omnibus : Lignes G, R, L.

EGLISE NOTRE-DAME

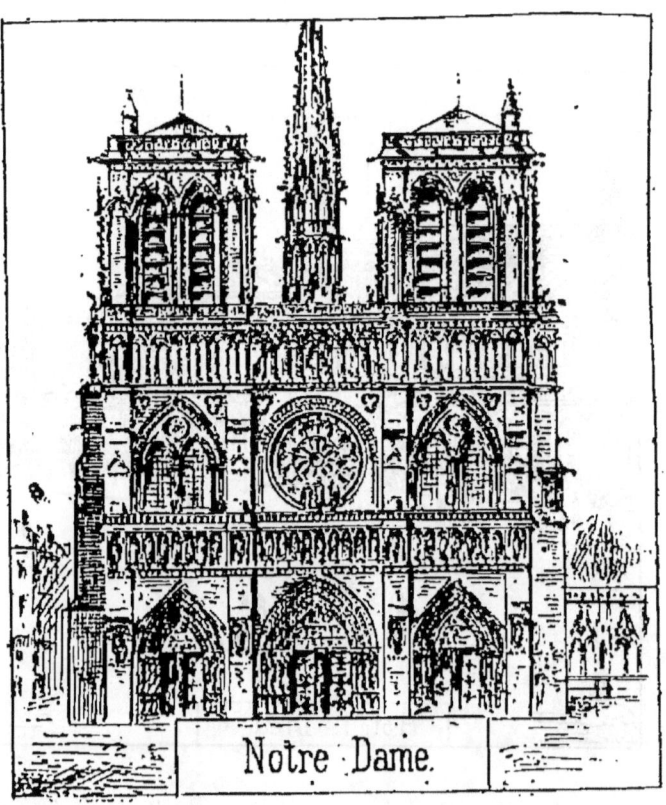

Notre Dame.

Située place du Parvis, dans la Cité. Bâtie de 1163 à 1235. Belle façade de 40 mètres de développement, divisée en trois parties ; triple portail décoré d'arabesques en fer, rosace et galerie d'où s'élèvent les deux tours hautes de 68 mètres. Bourdon pesant 13,000 kil. L'église contient 36 chapelles. Le monument a subi des mutilations à l'époque de la Révolution ; il a été restauré par Duban, Lassus et Viollet-le-Duc. Beaux bas-reliefs, tombeaux, trésor remarquable. Les boiseries des stalles du chœur sont de premier ordre ; les galeries sont ornées de sculptures coloriées représentant la vie du Christ. Parmi les plus beaux tableaux figurent la *Présentation*, de Ph. de Champaigne ; la *Visitation*, de Jouvenet ; l'*Assomption*, de Coypel. Pour les *Renseignements pratiques*, voir p. 225.

Omnibus : Lignes G, K, L.

ABSIDE DE NOTRE-DAME

Abside de Notre-Dame

Située à l'extrémité Est de la cathédrale, donnant sur un square faisant face à la Morgue. L'abside se compose de trois étages en retraite l'un sur l'autre, avec des arcs-boutants mesurant 15 mètres d'envergure. Beaux vitraux. On remarque aussi la flèche, œuvre de Viollet-le-Duc, dont la hauteur totale est de 95 mètres; elle est en chêne recouvert de plomb, et pèse 750,008 kil. De là on a une vue d'ensemble du monument, lequel mesure, dans son œuvre, 130 mètres de long, 35 mètres de hauteur.

Omnibus : Lignes G, K, L, Q.

NOTRE-DAME

LA PORTE ROUGE

Située sous la fenêtre de la chapelle du chœur, portail nord, troisième fenêtre. Le tympan représente le Couronnement de la Vierge ; on voit aux voussures des scènes de la vie de saint Marcel. A remarquer, à gauche de la porte, sept bas-reliefs importants : la *Mort*, l'*Ensevelissement*, l'*Assomption de la Vierge*, le *Christ dans sa Gloire*, le *Couronnement de Marie*, la *Vierge intercédant auprès de son fils* et l'*Histoire de Théophile*.

LA MORGUE

La Morgue

Située dans la Cité, derrière l'église Notre-Dame.

Les individus frappés de mort subite sur la voie publique sont transportés à la Morgue aux fins d'autopsie ; on y reçoit aussi tous les cadavres non reconnus trouvés dans le ressort de la Préfecture de Police. Les corps sont exposés dans une salle où le public a vue, à travers un mur vitré ; ils sont couchés sur des dalles de pierre et leurs vêtements sont suspendus à côté d'eux. Grâce à une température constamment maintenue à 4 degrés au-dessous de zéro, on peut conserver très longtemps les cadavres sans qu'ils se décomposent. La Morgue contient un laboratoire de médecine légale.

Omnibus : Lignes G, K.

PLAN DU Ve ARRONDISSEMENT

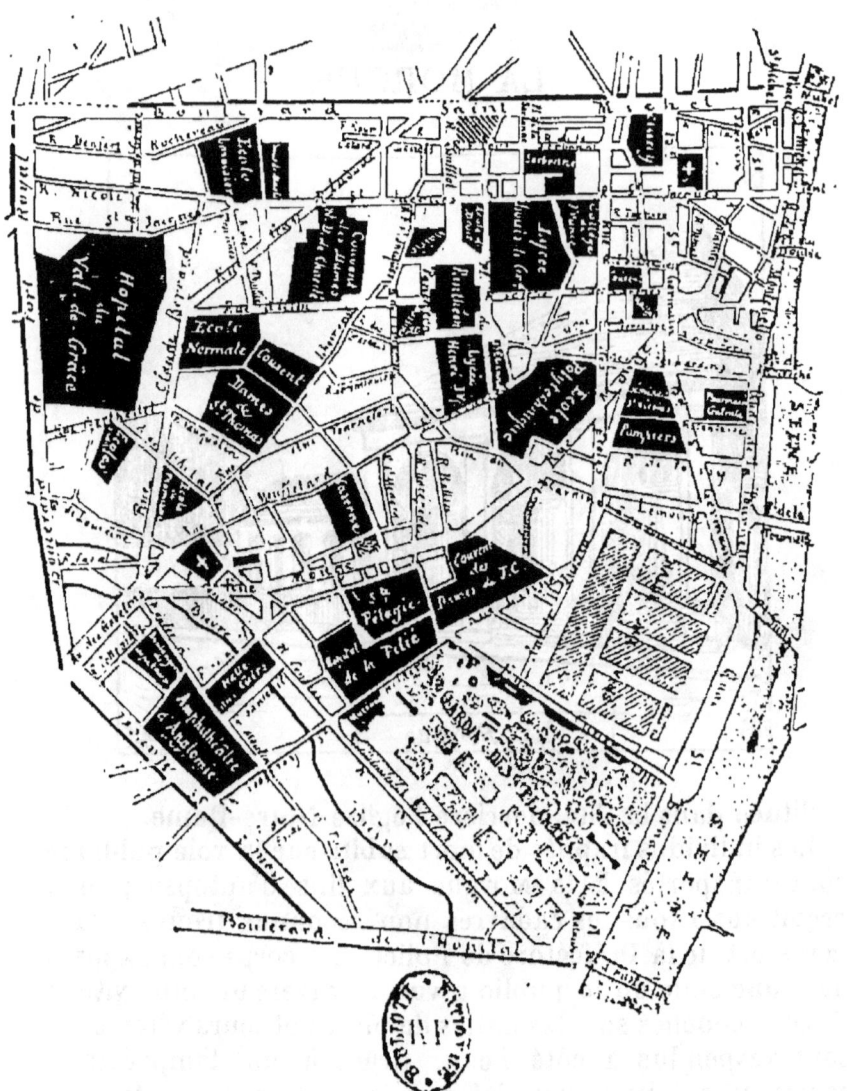

(Voir au dos les renseignements pratiques.)

Ve ARRONDISSEMENT

(PANTHÉON)

Mairie. — Place du Panthéon, 13.

Commissariats de police. — Rue de Poissy, 31. — Rue Geoffroy-Saint-Hilaire, 5. — Rue Rataud, 11. — Poste du Panthéon (Provisoire).

Poste, télégraphe, cabines téléphoniques. — Rue de Poissy, 9. P. T. C. — Rue Monge, 104. P. T. C. — Rue Claude-Bernard, 77. P. T. — Boulevard de l'Hôpital, 26. P. T. C.

Églises catholiques. — *Saint-Étienne du Mont.* — *Saint-Severin.* — *Saint-Jacques du Haut-Pas.* — *Saint-Nicolas du Chardonnet.*

Temples protestants. — *Saint-Marcel*, rue Tournefort, 19 (*calv.*).

Église orthodoxe. — Rue Saint-Julien-le-Pauvre, 11.

Église roumaine. — Rue Jean-de-Beauvais, 9.

EGLISE SAINT-JULIEN-LE-PAUVRE

Saint-Julien-le-Pauvre

Située dans la rue du même nom, cette église existait déjà au vɪ⁰ siècle. Grégoire de Tours en fait mention. En 1031, elle fut donnée par Henri 1ᵉʳ à l'évêque de Paris. A partir de 1655, et pendant deux siècles, elle servit de chapelle à l'ancien hôpital de l'Hôtel-Dieu. L'aspect extérieur en est misérable ; mais l'intérieur contient d'intéressants vestiges d'ancienne architecture.

Omnibus : Ligne G

HOTEL NESMOND

Hôtel Nesmond

55, Quai de la Tournelle, à côté de la pharmacie centrale des hôpitaux. Cet hôtel, séparé du quai par un mur élevé, est composé de plusieurs bâtiments de formes très irrégulières. Un vaste portail livre accès dans une cour rectangulaire où donnent les façades de différents corps de logis. Cet hôtel, qui date du règne d'Henri IV, est occupé par la distillerie Joanne.

Omnibus : Lignes G, K, T.

LOGES DES ANIMAUX FÉROCES

AU JARDIN DES PLANTES

Loges des animaux féroces

Près de l'entrée du quai Saint-Bernard. La ménagerie se compose de 22 cages, garnies de barreaux de fer, contenant des lions, des ours, des tigres, des panthères, etc. Le repas des animaux a lieu à 3 heures 15 en hiver et à 3 heures 45 en été. Ouvertes au public le jeudi, de 1 heure à 4, quand les animaux ne sont pas exposés au dehors, et les autres jours aux mêmes heures avec carte demandée d'avance et par écrit au directeur.

Omnibus pour le Jardin des Plantes : Lignes G, K, P. Tramways : Tr. N, Tr. Sud 3, 4, 8.

AMPHITHÉATRE DE L'ÉCOLE DE MÉDECINE

Amphithéatre de l'Ecole de Medecine

Situé rue du Fer-à-Moulin. Cet amphithéâtre a été construit en 1833 sur l'emplacement du cimetière de Clamart; il est exclusivement réservé par l'administration de l'Assistance publique, à qui il appartient, aux élèves en médecine et en chirurgie des hôpitaux et aux élèves de l'école des Beaux-Arts. On y fait tous les jours des cours de dissection et d'anatomie. Les sujets à disséquer sont partagés par moitié entre l'amphithéâtre et l'école pratique. C'est à Clamart qu'a lieu l'autopsie des suppliciés, particulièrement intéressante au point de vue scientifique.

VAL-DE-GRACE

Situé 279, rue Saint-Jacques. Louis XIV, âgé de sept ans, posa la première pierre de ce monument, qui remonte à 1645. Le dôme imite celui de Saint-Pierre de Rome. Le Val-de-Grâce, utilisé aujourd'hui comme hôpital militaire, était jadis un couvent de bénédictins; c'est là que, dans un caveau spécial, étaient déposés les cœurs des princes et princesses de la famille royale et les corps des princes d'Orléans. L'hôpital contient environ 1000 lits de malades, officiers et soldats; il est placé dans le service de l'Intendance militaire. On obtient de visiter les anciens appartements d'Anne d'Autriche et la blanchisserie.

Omnibus : Ligne J

LE PANTHÉON

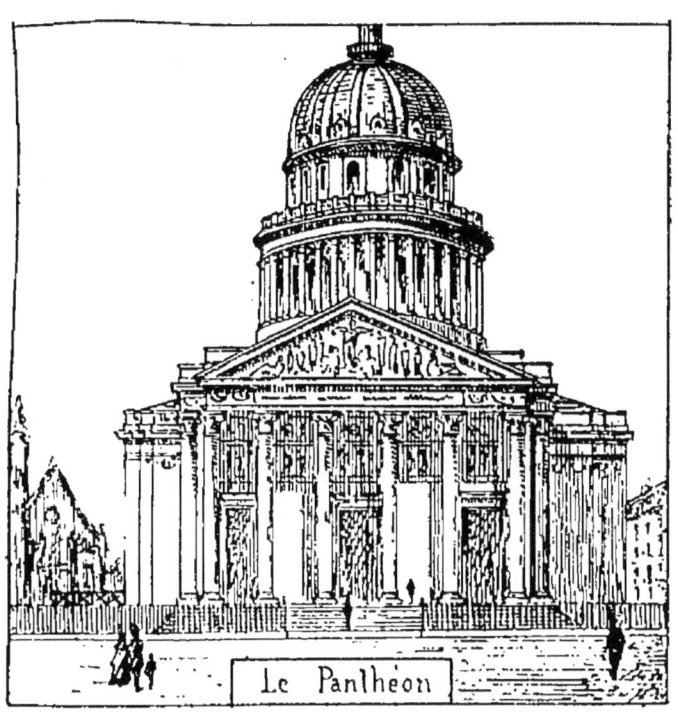

Le Panthéon

Ancienne église Sainte-Geneviève. Situé sur la place du même nom. A été bâti sur les plans de Soufflot, en 1765. Depuis le 26 mai 1885, le service religieux ne s'y célèbre plus A l'extérieur, un péristyle orné de colonnes auquel on a accès par un perron, abrite plusieurs statues ; au centre du monument, s'élève un dôme de 83 mètres, surmonté lui-même d'une lanterne, ornée de dix colonnes. La coupole a été décorée par Gros. A l'intérieur, belles peintures. Au-dessus du monument, est creusée une crypte divisée en plusieurs galeries, contenant les tombeaux de Victor Hugo, de J.-J. Rousseau, de Voltaire, de Lannes et de Soufflot, Carnot, etc. Au fronton, sous un vaste bas-relief de David d'Angers, on lit l'inscription : *Aux Grands Hommes, la Patrie reconnaissante*. Pour les *renseignements pratiques*, voir p. 228.

Omnibus : Ligne AF.

ÉGLISE SAINT-ÉTIENNE-DU-MONT

Située place Sainte Geneviève, derrière le Panthéon. Commencée en 1517, terminée seulement en 1624. L'extérieur présente un grand portail orné de quatre colonnes, et une tour. A l'intérieur, on admire un merveilleux jubé, datant de 1605, dû au sculpteur Biard. Beaux vitraux des XVe et XVIIe siècles; nombreuses peintures. La chaire est une merveille. Dans une chapelle, à droite du chœur, se trouve la châsse de Sainte-Geneviève, étincelante d'or et de pierres précieuses. Les piliers sont réunis entre eux par une galerie faisant le tour de la nef et du chœur. Saint-Étienne-du-Mont peut-être considérée comme une des plus belles et des plus curieuses (sinon la plus curieuse) des églises de Paris.

Omnibus : Ligne AF.

BIBLIOTHÈQUE SAINTE-GENEVIÈVE

Place du Panthéon. Vaste bâtiment rectangulaire, construit sur les plans de M. Labrouste et inauguré en 1850. La façade se compose d'un soubassement surmonté d'arcades. Au-dessous des fenêtres sont taillés en creux les noms des principaux écrivains anciens et modernes, nationaux et étrangers. Dans le vestibule, dont le plafond est soutenu par des pilastres corinthiens, se trouvent les bustes *des écrivains* français les plus célèbres. Le mur du grand escalier est décoré d'une copie de l'*École d'Athènes*, de Raphaël. La salle de lecture, toute en pierre et en fer, occupe tout le premier étage du bâtiment; le cabinet des estampes est au rez-de-chaussée. Pour les *renseignements pratiques*, voir p. 227.

Omnibus : Ligne AF.

LA SORBONNE

La Sorbonne.

Située place de la Sorbonne, 13 et 15, en face du lycée Saint-Louis. — Cet édifice, où se donne l'enseignement supérieur, comprend plusieurs amphithéâtres, une bibliothèque et une église. Celle-ci a été bâtie, en 1643, sur les ordres de Richelieu, qui y est enterré dans un splendide tombeau de Girardon. — Les cours de la Sorbonne sont publics et gratuits ; des affiches indiquent les jours et heures où ils ont lieu. Le grand amphithéâtre peut contenir 2,000 auditeurs. Laboratoires nombreux et exceptionnellement complets. Siège du vice-recteur (faisant fonctions de recteur) de l'Académie de Paris.

Omnibus : Lignes J, Z.
Tramways : Tr. G, H, Q.

HOTEL DE CLUNY

Hôtel de Cluny

Situé 24, rue du Sommerard. Occupe un espace compris entre cette rue, la rue Saint-Jacques, les boulevards Saint-Germain et Saint-Michel. Ce monument est réuni à l'ancien palais romain des Thermes de Julien ; il date du xve siècle, fut bâti par Jean de Bourbon pour les abbés de Cluny. Marie d'Angleterre l'a habité. Son architecture est très ornée et bien conservée. Jolie chapelle. — Le musée de Cluny est des plus curieux et des plus riches en objets d'art anciens ; ce musée des Thermes contient des antiquités gallo-romaines et des Ruines romaines. — Pour *Renseignements pratiques*, voir p. 223

Omnibus : Lignes J, L, Z.

Tramways : T, G, H, I, M, A ; Tr. Sud, 9, 10.

PLAN DU VIᵉ ARRONDISSEMENT

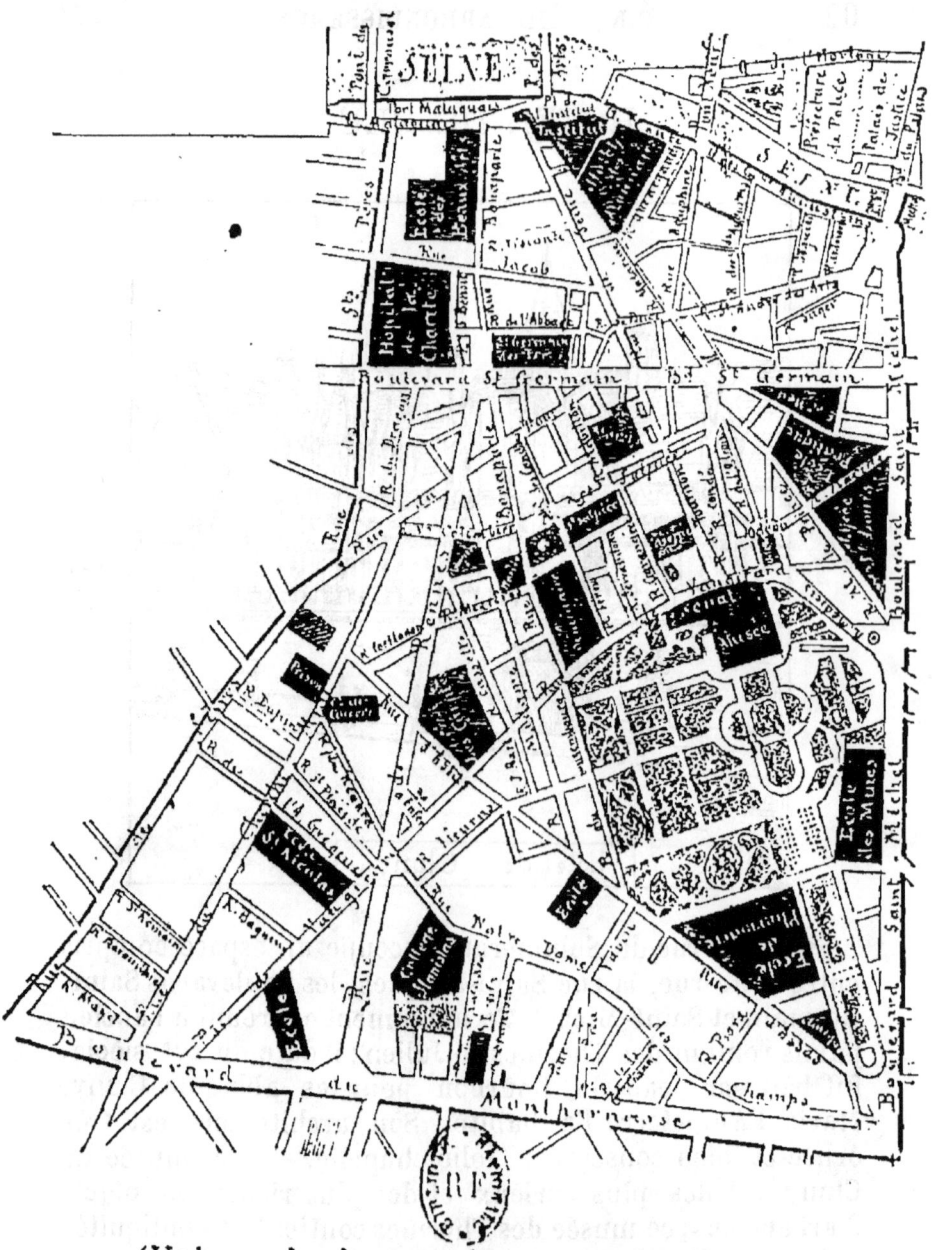

(Voir au dos les renseignements pratiques.)

VIe ARRONDISSEMENT

(LUXEMBOURG)

Mairie. — Rue Bonaparte, 78.

Commissariats de police. — Rue Suger, 11. — Rue Crébillon, 2. — Rue du Cherche-Midi, 71. — Rue des Saints-Pères, 47.

Poste, télégraphe, cabines téléphoniques. — Boulevard Saint-Germain, 104. P. T. C. — Rue Littré, 22. P. T. C. Palais du Sénat. P. T. C. — Rue Vaugirard, 36. P. T. C. — Rue Bonaparte, 21. P. T. C. — Rue du Vieux-Colombier, 21. P. T C.

Églises catholiques. — *Notre-Dame des Champs.* — *Saint-Germain des Prés.* — *Saint-Sulpice.* — *Sainte-Chapelle.*

Chapelle protestante libre. — Rue Madame, 59.

FONTAINE SAINT-MICHEL

Fontaine St Michel

Cette fontaine monumentale, qui a 26 mètres de haut sur 15 de large, date de 1850 ; elle couvre entièrement le mur de la maison sise à l'angle du boulevard et de la place Saint-Michel. Elle se compose d'un groupe en bronze représentant saint Michel terrassant le démon, sculpté par Duret. Quatre colonnes de marbre rouge sont surmontées de consoles supportant des statues de bronze dues à Barre, Guillaume, Grimery et Robert. Au-dessous du groupe de Duret se trouve la chute d'eau qui aboutit à une vasque ; à droite et à gauche de cette vasque, deux dragons ailés en bronze, œuvre de Jacquemin, lancent des jets d'eau.

Omnibus : Lignes I, J, L, Q, AE, AI
Tramways : Tv. G, H, Q.

LA MONNAIE

La Monnaie

Située sur le quai Conti. A été construite en 1775 par Antoine. Ce monument est orné de statues. A l'intérieur, bel escalier dont la double rampe est considérée comme un chef-d'œuvre. Dans le musée monétaire, se trouve une collection de médailles, de monnaies et des appareils réduits usités pour la frappe. C'est à la Monnaie qu'est installé le bureau de garantie qui contrôle les objets d'or et d'argent et les poinçonne. L'établissement frappe des monnaies pour le compte des gouvernements étrangers ; il possède une intéressante collection de coins allégoriques et fournit au commerce des médailles destinées aux distributions de récompenses et aux fêtes commémoratives. Pour les *Renseignements pratiques*, voir p. 228.

Omnibus : Ligne V.

PALAIS DE L'INSTITUT

Palais de l'Institut

Le palais de l'Institut, dont l'entrée principale est située quai Conti vis-à-vis le pont des Arts, occupe l'espace compris entre les rues de Seine, Buci, Mazarine, Guénégaud. Les bâtiments contiennent, entre autres curiosités, la salle des séances publiques (placée sous la coupole), de nombreuses salles de délibérations, affectées aux diverses académies et des appartements.

Deux bibliothèques y sont installées : la Mazarine qui est publique, celle de l'Institut, qui est réservée aux membres de ce grand Corps.

Construit en 1663 sur l'emplacement de l'hôtel de la Tour de Nesles, il fut d'abord affecté par Mazarin au collège ecclésiastique et ce n'est qu'en 1806 que les académies fondées par la Convention en 1795, y furent installées.

Omnibus : Ligne V.

COUR DU PALAIS DES BEAUX-ARTS

Cour du palais des Beaux-Arts.

14, rue Bonaparte. Le palais des Beaux-Arts occupe l'emplacement de l'ancien couvent des Petits-Augustins. Il a été commencé en 1820, par l'architecte Debret, et terminé en 1878 par M. Duban. La cour est séparée de la rue par une grande grille surmontée de statues de Poussin et de Puget. Au centre est une colonne en marbre rouge jaspé, surmontée de la statue en bronze de l'*Abondance*. A droite, portail du château d'Anet, bas-reliefs et statues d'après Phidias ; à gauche, portiques, colonnes, au-dessus desquels est une grande plaque en lave coloriée, représentant l'*Eternel bénissant le monde* ; au fond, façade à jour du château de Gaillon. Sur le côté droit, accès à d'autres cours intéressantes. Au fond, le musée.

Omnibus : Lignes B, AD.

ÉCOLE DE MÉDECINE

Cette école forme un vaste bâtiment compris entre le boulevard Saint-Germain et la rue de l'Ecole de Médecine, avec d'importantes dépendances qui s'étendent jusqu'à la rue Racine. La façade du nouveau corps de bâtiment est sur le boulevard Saint-Germain ; elle est dans le style sévère du Palais de Justice (place Dauphine). Elle comporte un rez-de-chaussée, percé d'un portail et de quatorze fenêtres, et un étage à quinze fenêtres séparées par des colonnettes. La partie ancienne date du quinzième siècle. Elle a une belle cour, précédée d'une galerie à deux rangs de colonnes ioniques, et au fond de laquelle est une statue en bronze de Bichat, par David d'Angers.

Omnibus : Lignes L, AF.
Tramways : Tr. L, M, K.

ÉCOLE SPÉCIALE DE DESSIN

5, rue de l'École de Médecine. Fondée en 1766 par lettres patentes de Louis XV et sur la demande des six corps de métiers de la Ville de Paris, cette École occupe l'ancien amphithéâtre de Saint-Come ; c'est un beau spécimen de l'architecture du commencement du dix-septième siècle. On pénètre dans la cour par un portique richement ornementé, dû à Constant Dufeux. Au-dessus de la porte principale de l'amphitéâtre, s'élève un dôme à huit pans ; les autres façades des bâtiments donnant sur la cour, forment des galeries en arcades, ornées de bas-reliefs. Les cours de dessin ont lieu le matin et le soir ; ils sont gratuits. L'enseignement prépare surtout pour les carrières d'art industriel. Cette école s'appelle aussi École des Arts décoratifs.

Omnibus : Ligne Z.
Tramways : Tr. G, H.

ODÉON

Odéon

Théâtre situé sur la place du même nom. Est également nommé second Théâtre-Français. Il reçoit de l'État une subvention de 100,000 francs. Le directeur est nommé par l'administration des Beaux-Arts. La salle a été construite de 1773 à 1782, par de Wailly et Peyre. Détruite par un incendie en 1799, elle ne fut reconstruite qu'en 1807. Brûlée de nouveau en 1818, elle fut réouverte en octobre 1819. Jusqu'en 1841, elle a été affectée à des représentations de divers genres. Depuis lors, le théâtre est exclusivement consacré aux œuvres dramatiques d'un genre analogue à celles que représente la Comédie-Française. La salle est très belle. Le rideau est un chef-d'œuvre de l'art décoratif.

Pour le prix des places, voir p. 230.

Omnibus : Lignes H, Z, AF.

LE LUXEMBOURG

Le Luxembourg.

Palais situé dans le jardin du même nom et rue de Vaugirard ; bâti en 1620, par Jacques Debrosses ; a servi d'habitation princière et de prison, a été le siège du Directoire et du Consulat, du Sénat, de la Pairie, de la préfecture de la Seine et enfin, de nouveau du Sénat. Le jardin du Luxembourg contient la fontaine Médicis avec le groupe très original de Polyphème-Galathée-Acis ; un grand bassin des terrasses ornées de balustrades en pierre avec des statues de femmes illustres. Nombreuses sculptures, serres, orangeries, vergers où des professeurs font des cours d'arboriculture.

Omnibus : Lignes H, J, Z, AF
Tramways : Tv. G, Q.

PALAIS DU SÉNAT

Palais du Sénat

Situé rue de Vaugirard, vis-à-vis la rue de Tournon. Cet édifice a été construit au seizième siècle, pour le duc de Piney-Luxembourg et achevé par ordre de Marie de Médicis (1612-1620). Outre la salle des séances, la salle des Maréchaux et la grande galerie, le palais contient une bibliothèque des plus importantes, réservée aux membres du Parlement, et de nombreuses salles de commission. Les appartements de la Présidence et de la questure sont situés dans un corps de logis annexe placé à droite du palais. Un jardin public peuplé de statues, et d'une grande beauté, entoure presque complètement le palais.

Omnibus : Lignes H, Q, Z

MUSÉE DU LUXEMBOURG

Situé rue de Vaugirard, dans la partie ouest du palais. Est réservé aux œuvres acquises par l'Etat, provenant de peintres et de sculpteurs vivants, ou morts depuis moins de dix ans. On y trouve des peintures de tous les principaux peintres et des sculptures remarquables.

Pour les *Renseignements pratiques*, voir p. 224.

Omnibus : Voir le *Luxembourg*.

ÉCOLE DE PHARMACIE

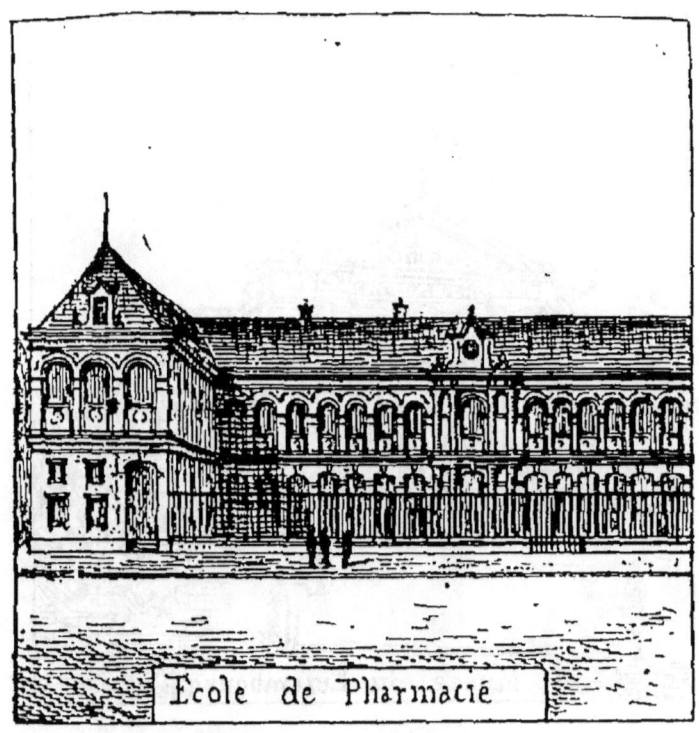

École de Pharmacie

Avenue de l'Observatoire, sur l'emplacement de l'ancienne pépinière du Luxembourg, qui fut partiellement rasée en exécution d'un décret de 1865, malgré une pétition revêtue de 12,000 signatures. Cette École contient des laboratoires d'une disposition très remarquable, deux amphithéâtres de 500 places chacun, des collections de minéralogie, de zoologie et de botanique, une bibliothèque scientifique de plus de 15,000 volumes. Des jardins et des serres, contenant de nombreux échantillons de plantes médicinales, sont annexés à l'École.

EGLISE SAINT-SULPICE

Eglise St Sulpice

Située rue et place du même nom. Commencée en 1646, cette église n'a été terminée qu'en 1779, par Servandoni. Les tours sont restées inachevées. Statues de saint Pierre et de saint Paul, par Thomas. Belles peintures, entre autres *Tobie et l'Ange*, par Eugène Delacroix. Bénitier donné à François I*er* par la République de Venise. La chapelle de la Vierge est particulièrement remarquable ; elle contient une statue de la Vierge, par Pigalle, et des panneaux de Vanloo. La statue est éclairée par un jour dissimulé. Les bénitiers sont faits de gigantesques conques marines naturelles.

Omnibus : Lignes H, L, AF, AH.

PLAN DU VIIe ARRONDISSEMENT

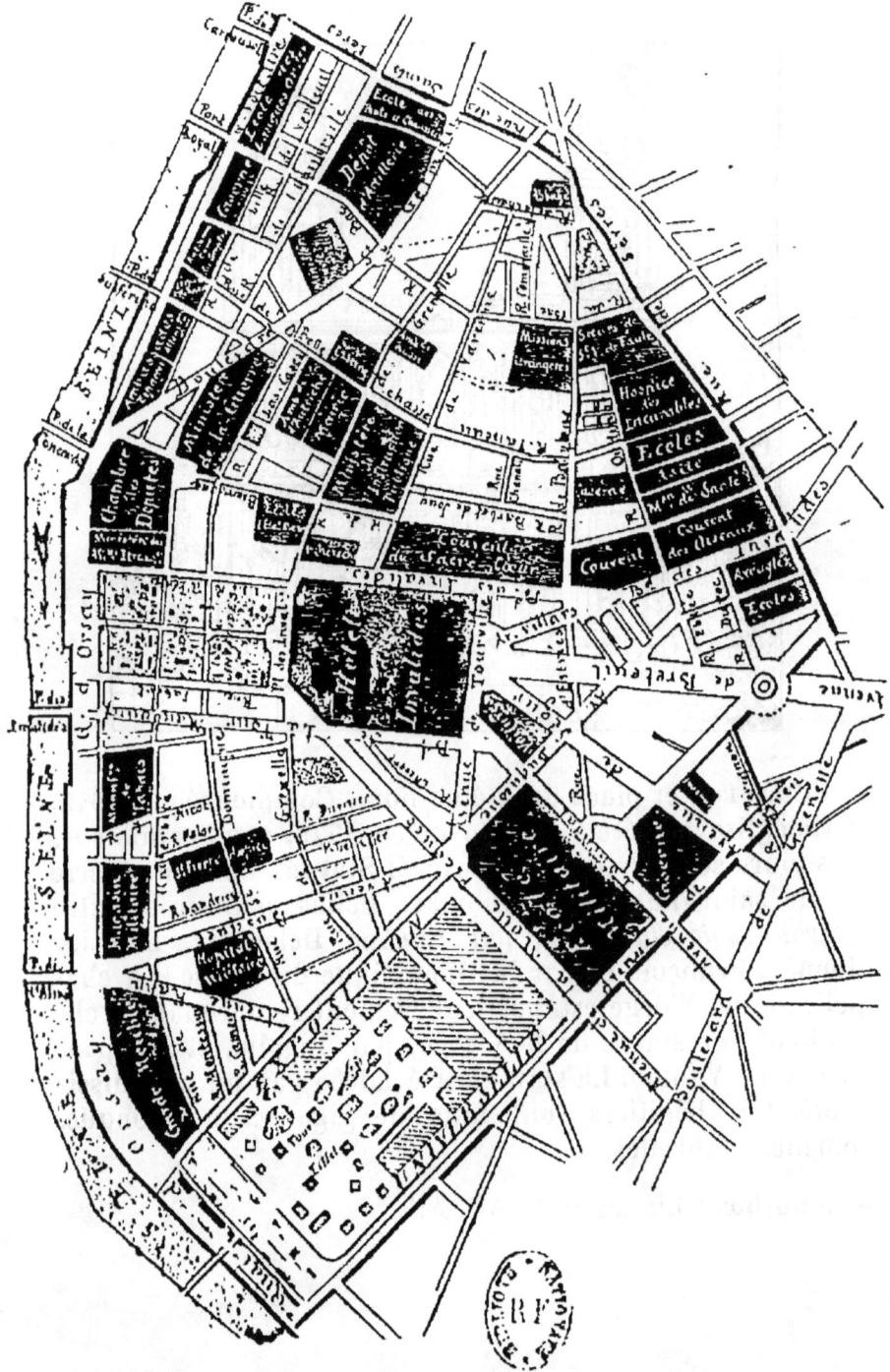

(Voir au dos les renseignements pratiques.)

VIIe ARRONDISSEMENT

(PALAIS-BOURBON)

Mairie. — Rue de Grenelle, 116.

Commissariats de police. — Rue Gribeauval, 3. — Rue de Varennes, 84. — Avenue de Breteuil, 55. — Avenue de la Mothe-Piquet, 32.

Poste, télégraphe, cabines téléphoniques. — Rue Saint-Dominique-Saint-Germain, 86. P. T. C. — Chambre des Députés. P. T. C. — Boulevard Saint-Germain, 195. P. T. C. — Rue du Bac, 146. P. T. C. – Rue de Grenelle, 103. P.T.C.

Eglises catholiques. — *Sainte-Clotilde.* — *Saint-François-Xavier.* — *Saint-Thomas d'Aquin.* — *Chapelle des Invalides.* — *Saint-Pierre du Gros-Caillou.* — *Missions étrangères.*

Temples protestants. — *Pentémont*, rue de Grenelle, 106 (*calv.*). — *Gros-Caillou*, rue Amélie, 19 (*luth.*).

Synagogue. —

Ambassades, légations et consulats. — *Allemagne*, rue de Lille, 78. — *Espagne*, rue Saint-Dominique, 53. — *Pays-Bas*, avenue Bosquet, 7. — *Russie*, rue de Grenelle, 79. — *Saint-Siège*, rue de Varennes, 58.

Ministères. — *Instruction publique*, rue de Grenelle, 110. — *Postes et télégraphes*, rue de Grenelle, 103. — *Affaires étrangères et Protectorats*, rue de l'Université, 130. — *Agriculture*, rue de Varennes, 78. — *Commerce, Colonies, Postes*, boulevard Saint-Germain, 224. — *Guerre*, rue Saint-Dominique, 14 — *Travaux publics*, boulevard Saint-Germain, 244.

PONT D'IÉNA

Pont d'Iéna

Relie le Trocadéro au Champ-de-Mars. Construit, de 1806 à 1813, par Dillon et Lamandé. Son nom lui vient de la victoire que remporta Napoléon sur les Prussiens, le 14 octobre 1806. Lors de l'entrée des alliés à Paris, Blücher voulut le faire sauter : Louis XVIII s'y opposa, mais il dut débaptiser le pont et l'appeler pont des Invalides. Toutefois, l'ancien nom prévalut et redevint officiel après juillet 1830. Le pont repose sur cinq arches dont les piles sont ornées d'aigles. Sa largeur est de 12 mètres et sa longueur de 140 mètres. Aux deux extrémités, groupes monumentaux dus à Etex.

Tramways : Tr. A, B, AB.

CHAPELLE DES INVALIDES

Les Invalides.

Située dans la partie sud du palais. On y accède par l'avenue de Tourville, place Vauban. L'entrée est au fond de la cour principale, longue de 130 mètres et large de 62 mètres. Le dôme, construit par Mansart, est en plomb brodé de côtes dorées; il mesure 104 mètres au-dessus du sol. Au centre de la chapelle se trouve, au fond d'un caveau circulaire formant puits, le tombeau de Napoléon Ier, en granit rouge; dans la crypte qui l'entoure sont des monument élevés à des officiers généraux du premier Empire. Statues et tableaux. Dans la nef de la chapelle sont pendus un grand nombre de drapeaux pris sur l'ennemi.

Pour les *Renseignements pratiques*, voir p. 222.

Omnibus : Lignes Y, AD.
Tramways : Tr. Sud, 2.

MINISTÈRE DES AFFAIRES ÉTRANGÈRES

Ministère des Affaires Étrangères.

Situé quai d'Orsay. L'Hôtel du Ministère des affaires étrangères a été construit en 1845, par Lacornée. On remarque, au-dessus des fenêtres du premier étage, une série de quinze médaillons en marbre blanc où sont figurées les armes des principales puissances. Le bâtiment formant façade sur le quai est occupé par les appartements du ministre et les salons de réception qui sont décorés avec le plus grand luxe, sinon avec le goût le plus parfait.

L'entrée des bureaux est située rue de l'Université, 120. Les services relatifs aux passeports sont attribués au premier bureau de la sous-direction des affaires de chancellerie.

Tramways : Tr. L, M ; tr. Sud, 2.

CHAMBRE DES DÉPUTÉS

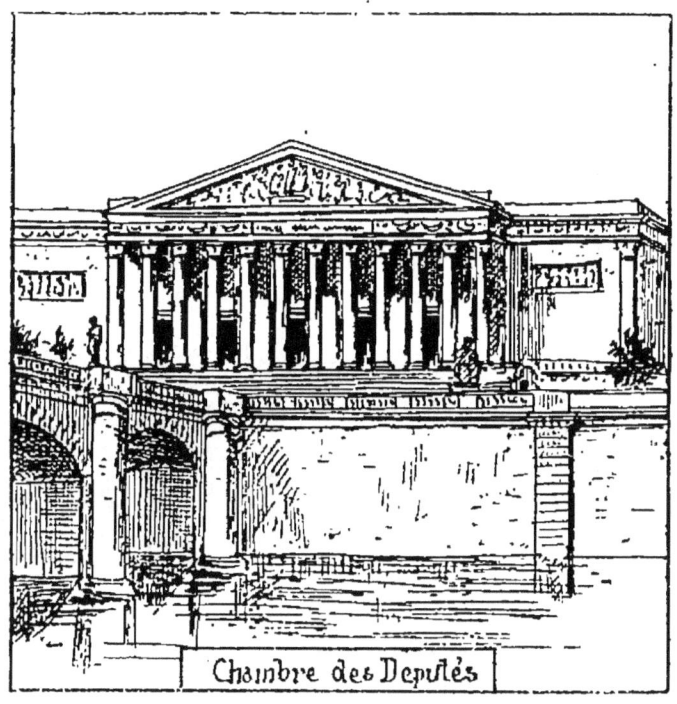

Chambre des Députés

Située quai d'Orsay et rue de l'Université, dans l'ancien Palais-Bourbon. Ce palais, commencé en 1722, ne fut définitivement achevé qu'en 1832 ; il a deux façades, l'une sur le quai, en face du pont, élevée sur un perron, avec un péristyle orné de 12 colonnes ; l'autre sur la rue de l'Université avec une grande porte au milieu d'une colonnade corinthienne. A l'intérieur, se trouvent la salle des séances, avec de nombreuses statues ; la salle Casimir Périer, la salle du Trône, la salle des conférences et le salon de la Paix avec de nombreuses peintures et statues. La Bibliothèque compte 150,000 volumes. Elle est réservée aux membres du Parlement ; le plafond est couvert d'admirables fresques par Eug. Delacroix.

Pour les *Renseignements pratiques*, voir p. 222.

Omnibus : Lignes Y, AC, AF.
Tramways : Tr. A, B, J, L, M, AB.

HOTEL DE LA LÉGION D'HONNEUR

Hôtel de la légion d'Honneur

L'hôtel de la Légion d'honneur est situé quai d'Orsay. Ce palais, reconstruit depuis 1871, a été rétabli sur les plans de l'ancien, brûlé par la Commune. Les frais de réédification ont été couverts par les souscriptions des membres de l'ordre. Le grand chancelier de la Légion d'honneur y habite et les services administratifs y sont installés.

On sait que l'ordre fut institué par Napoléon Ier en récompense des actes de courage et des services rendus à l'Etat. L'ancien palais datait de 1786 et avait été construit par l'architecte Rousseau pour le prince de Salm ; en 1796 et 1797, il fut occupé par le faussaire Lieuthand, qui finit au bagne. L'entrée du palais est rue de Lille ; l'entrée des bureaux est rue de Solférino.

PLAN DU VIIIe ARRONDISSEMENT

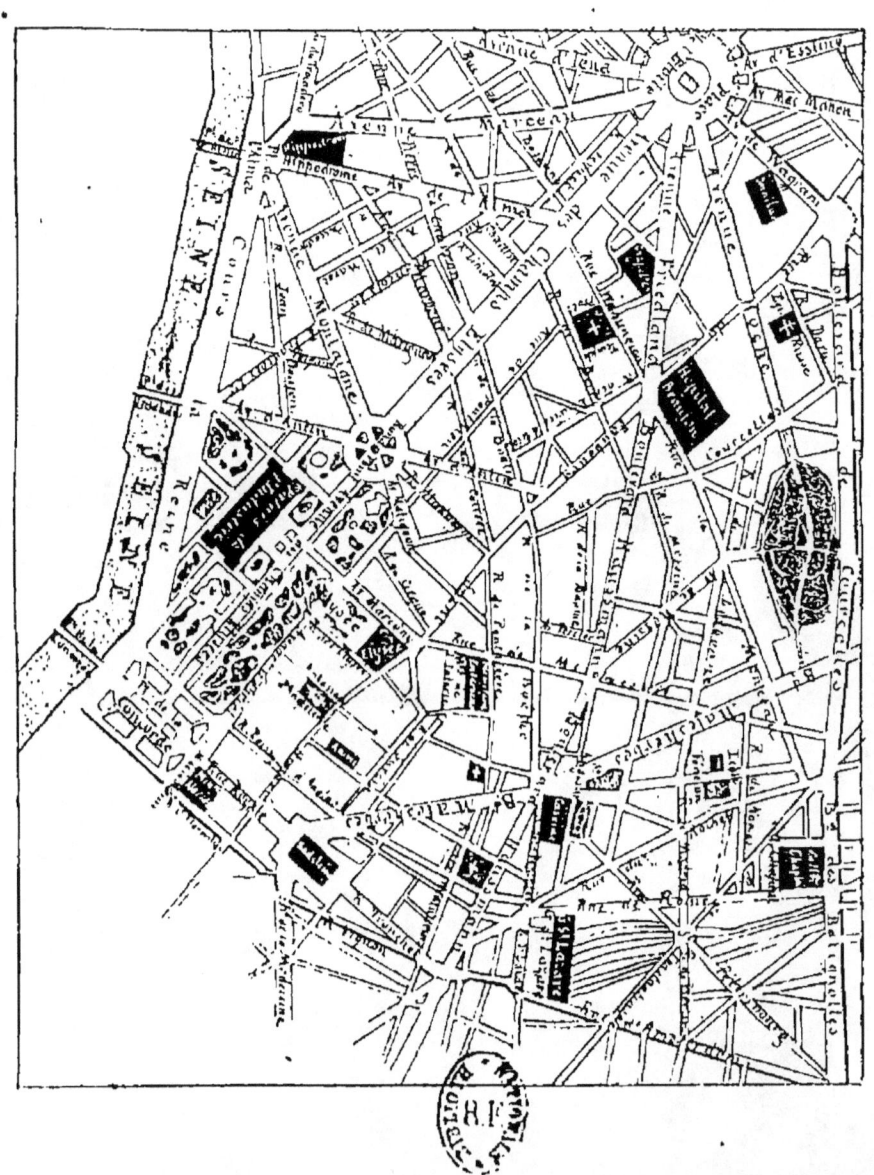

(Voir au dos les renseignements pratiques.)

VIIIe ARRONDISSEMENT

(ÉLYSÉE)

Mairie. — Rue d'Anjou, 11.

Commissariats de police. — Avenue d'Antin, 29. — Rue Berryer, 12. — Rue d'Astorg, 28. — Impasse d'Amsterdam, 1.

Poste, télégraphe, cabines téléphoniques. — Rue Clément-Marot. P. T. — Rue Montaigne, 26. P. T. C. — Boulevard Malesherbes, 6. P. T. C. — Boulevard Malesherbes, 101. P. T. C. — Rue d'Amsterdam, 19. — Boulevard Haussmann, no 121. P. T. C. — Avenue des Champs-Elysées, 33. P. T. C. — Avenue Friedland, 25. P. T

Églises catholiques. — *Saint-Augustin.* — *Madeleine.* — *Saint-Philippe du Roule.*

Église russe. — Rue Daru, 12.

Temples protestants. — *Saint-Esprit,* rue Roquépine, 5 (calv.).

SERVICE EN ANGLAIS

Églises anglicanes. — *West. Methodist,* rue Roquépine, 4. — *Cour Chapel,* rue Royale, 23. — *English church,* rue d'Aguesseau, 5.
Église américaine. — *American Chapel,* rue de Berri, 21.
Églises écossaises. — *Am. Épisc. churc,* rue Bayard, 17. — *Church of Scotland,* rue de Rivoli, 160.

Ambassades, légations, consulats. — *Autriche-Hongrie,* avenue de l'Alma, 7. — *Bavière,* rue Washington, 23. — *Belgique,* faubourg Saint-Honoré, 153. — *Bolivie,* Champs-Elysées, 44. — *Brésil,* rue Téhéran, 17. — *Chili,* rue Washington, 36. — *Costa Rica,* rue Pierre-Charron, 16. — *Danemark,* rue de Courcelles, 20. — *Equateur,* boulevard Malesherbes, 41. — *Etats-Unis,* rue Galilée, 59. — *Grande-Bretagne et Irlande,* faubourg Saint-Honoré, 39. — *Grèce,* boulevard Haussmann, 127. — *Guatemala,* rue Pierre-Charron, 16. — *Haïti,* rue Montaigne, 8. — *Honduras,* avenue du Trocadéro, 136. — *Italie,* rue de Penthièvre, 11. — *Japon,* avenue Marceau, 75. — *Luxembourg,* rue du Faubourg-Saint-Honoré, 153. — *Nicaragua,* rue Bassano, 156. — *Portugal,* avenue Marceau, 45. — *République argentine,* rue de Téhéran, 22 — *République dominicaine,* rue Balzac, 1. — *Roumanie,* rue de Penthièvre, 5. — *Turquie,* rue de Presbourg, 10. — *Vénézuela,* rue de Presbourg, 5.

Ministères. — *Intérieur,* place Beauveau. — *Marine,* 2, rue Royale.

Présidence de la République. — Palais de l'Elysée, faubourg Saint-Honoré et place Beauveau.

PLACE DE LA CONCORDE

Place de la Concorde

Située entre les Tuileries, la Seine, les Champs-Elysées le Ministère de la Marine et l'hôtel de Crillon. La place es entourée de colonnes rostrales; huit statues figurant les principales villes de France décorent les angles : celle qui représente la ville de Strasbourg est toujours ornée de couronnes et de drapeaux. Dans l'axe deux fontaines, avec néréides de bronze, occupent les côtés de l'obélisque de Louqsor, qui se dresse au centre de la Place. Ce monolithe couvert d'hiéroglyphes a 22 mètres de haut; il provient de Thèbes. La place s'est antérieurement appelée place Louis XV et place de la Révolution.

Omnibus : Lignes A, C, AC, AF
Tramways : Tr. A, B, J, AB

ENTRÉE DU PALAIS DE L'ÉLYSÉE

Entrée du palais de l'Élysée

Faubourg Saint-Honoré. Ce palais, construit en 1718 pour le comte d'Evreux, fut successivement habité par madame de Pompadour, Louis XV, Napoléon 1er, Wellington, Murat, et la duchesse de Berri, qui l'abandonna après l'assassinat de son mari. C'est du salon blanc de l'Élysée que sont partis les ordres d'exécution du coup d'État (2 décembre 1851) Pendant l'Empire, le palais a servi à loger les souverains étrangers de passage à Paris. Il est aujourd'hui la résidence officielle du Président de la République et des bureaux de la Présidence. On y a ajouté récemment une salle des fêtes. Le jardin, qui s'étend jusqu'à l'avenue Gabriel, est planté d'arbres séculaires et orné de superbes pelouses et de pièces d'eau.

Omnibus : Lignes A, D, R, AB.

PALAIS DE L'INDUSTRIE

Palais de l'Industrie

Situé aux Champs-Élysées, sur le carré Marigny ; construit en 1855 pour l'Exposition Universelle, ce monument qui mesure 252 mètres de longueur sur 108 de largeur affecte la forme d'un rectangle avec un pavillon central où se trouve l'entrée principale, et des pavillons d'angle. La grande nef mesure 192 mètres de long sur 48 de large et 35 de haut. Des médaillons des grands hommes sont sculptés sur toutes les faces du monument. Les deux extrémités de la nef sont fermées par des vitraux de Maréchal (de Metz). Ce palais sert aux expositions annuelles de peinture, de sculpture et d'horticulture, aux expositions de chevaux, aux concours hippiques, et généralement aux expositions les plus diverses. Il n'est visible dans son entier qu'alors que ces expositions ont lieu. Il renferme aussi l'exposition permanente des colonies dont l'entrée est gratuite et le musée des Arts décoratifs.

Omnibus : Lignes A, C.

PONT DES INVALIDES

Pont des Invalides

Relie le quai d'Orsay au quai de la Conférence ; quatre arches, deux statues. Ce pont était, à l'origine, un pont suspendu construit en 1829 par Vergez et Bayard ; il formait alors trois travées suspendues par des chaînes de fer. Il a été remplacé, en 1855, par le pont actuellement existant. Deux statues sont posées de chaque côté sur la pile du milieu ; l'une représente la *Victoire Terrestre ;* l'autre, la *Victoire Maritime.* La longueur du pont est de 120 mètres ; l'ouverture des arches, de 30 mètres.

Tramways : Tr. A, B, J, L, M, AB.

EGLISE SAINT-PHILIPPE-DU-ROULE

Située rue du faubourg Saint-Honoré. Reconstruite de 1769 à 1784 par Chalgrin. Le monument antérieur fut érigé en paroisse à la fin du XVIIe siècle. Cette église a été récemment agrandie; le fronton est orné d'un bas-relief représentant la *Religion* par M. Duret. L'architecture du monument n'offre rien de remarquable. A l'intérieur, *Descente de croix* de Chassériaux. L'église a été, du XIIIe au XVIIe siècle, une chapelle réservée aux lépreux ; elle est aujourd'hui la paroisse du monde le plus élégant du faubourg Saint-Honoré.

Omnibus : Lignes D, R, AB

ARC DE TRIOMPHE DE L'ÉTOILE

Arc de Triomphe de l'Étoile

Situé place de l'Étoile, à l'extrémité des Champs-Élysées. Cet arc, élevé à la gloire des armées françaises, commencé, par Chalgrin en 1806, repris par Goust en 1814, abandonné jusqu'en 1825, puis continué par Huyot, abandonné de nouveau, et terminé par Blouet sous le règne de Louis-Philippe. Il devait être surmonté d'un groupe de Rude. Il a coûté 9 millions. Il porte les noms des victoires du premier Empire. Chacun des quatre massifs est orné d'un groupe monumental : le *Chant du Départ*, par Rude, le *Triomphe de 1810*, par Cortot ; la *Résistance* et la *Paix*, par Etex. Importants bas-reliefs sur chacune des faces et aux frises. Pour les *Renseignements pratiques*, voir p. 228.

Omnibus : Lignes C, AB.
Tramways : Tr. D, N, P, Tramways sud, 2 ; tramways nord, J.

ÉGLISE RUSSE

Eglise Russe

Située 12 rue Daru; bâtie, en 1861, dans le style byzantin-moscovite. Coupole dorée, surmontée d'une croix à double branche. Sur la façade de l'église, on voit un Christ, de style bizantin, donnant sa bénédiction. A l'intérieur, jolie cloison dorée séparant les fidèles du sanctuaire; pas de chaises; tapis; remarquables fresques; profusion de dorures. Service orthodoxe. Autour de la coupole se dressent quatre clochetons de même style. Cette église est quelquefois désignée sous le nom d'église grecque; elle est l'œuvre de Strohm, qui l'a construite sur les plans et dessins de Kouzmine. Sa longueur est de 34 mètres, sa largeur de 28 et la hauteur de la coupole de 48.

PARC MONCEAU

LA NAUMACHIE

La Naumachie.

Située au Parc Monceau. Vaste pièce d'eau, peuplée d'oiseaux, et entourée, en partie, par une colonnade de style corinthien. Elle provient, selon les uns, du château du Raincy; selon d'autres, d'une vaste rotonde que Catherine de Médicis avait fait commencer, au nord de la basilique de Saint-Denis, pour recevoir le mausolée d'Henri II et le sien, et qui ne fut pas achevée. Il ne subsiste plus qu'une partie de cette colonnade.

Omnibus ; Lignes AF, AJ.
Tramways : Tr. D, P; Tr. Nord, 2, 3, 8.

COLLÈGE CHAPTAL

47 et 49, Boulevard des Batignolles. Cet établissement, construit, de 1866 à 1872, par Train, occupe un vaste quadrilatère ; il est bâti en pierres et en briques, sans luxe inutile, mais dans toutes les conditions de salubrité que réclame un collège. Il est spécialement consacré aux études industrielles et commerciales ; on y prépare au baccalauréat-ès-sciences, à l'Ecole polytechnique et à l'Ecole centrale. La durée normale des cours est de six années. Le collège Chaptal est administré par un comité formé de membres du conseil municipal.

Omnibus : Ligne F.
Tramways : Tr. D, P.

GARE SAINT-LAZARE

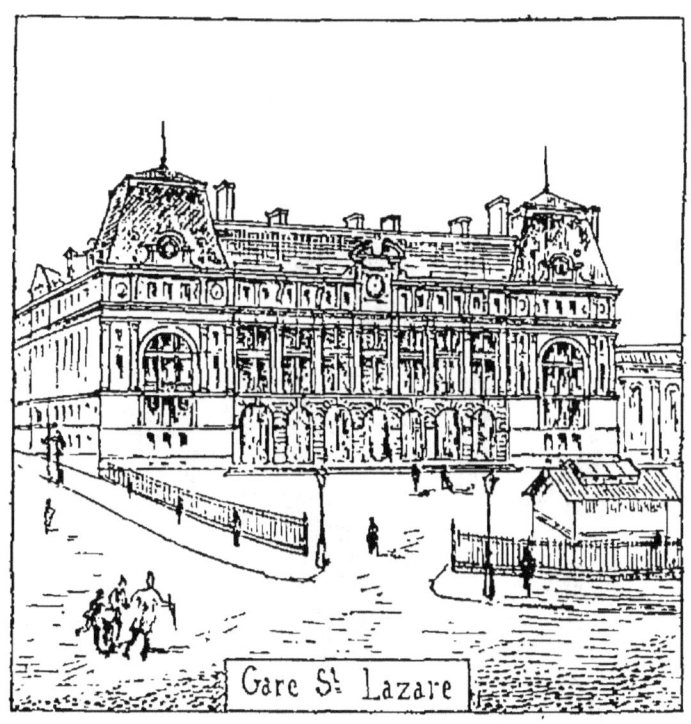

Située rue Saint-Lazare, rue d'Amsterdam et rue de Rome. C'est la première gare qui ait été construite à Paris. Elle a conservé jusqu'en 1888 son aspect primitif et le fronton de sa maigre façade portait encore les mots : *Chemin de fer*. La gare actuelle a été élevée de 1887 à 1889. La façade principale est précédée d'une cour entourée de grilles. La salle des pas-perdus s'étend de la rue de Rome à la rue d'Amsterdam. Les services administratifs sont installés dans un bâtiment situé rue de Rome. La vue de la façade est malheureusement obstruée par l'Hôtel Terminus.

Omnibus : Lignes B, F, X, AI.
Tramways : Tr. nord, 4, 6, 7.

SAINT-AUGUSTIN

St Augustin.

Située à l'angle du boulevard Malesherbes et du boulevard Haussmann. Monument de style composite, construit de 1860 à 1868 sous la direction de Baltard. La forme triangulaire du terrain concédé à l'architecte a déterminé celle de l'église. La façade a la même largeur que la nef à l'extrémité de laquelle est une rotonde qui entoure l'autel, et sert de base à un dôme de 25 mètres de hauteur. La coupole est entourée de quatre tourelles. Les trois principales portes de l'édifice sont en cuivre galvanoplastique. Le style de l'intérieur rappelle le style byzantin. Sous l'autel règne une crypte et une église inférieure s'étend sous la nef.

Omnibus : Lignes B, AF.
Tramways : Tr. N; Tr. Nord, 2, 3, 8.

CHAPELLE EXPIATOIRE

Monument de forme rectangulaire, et qui n'a pas l'aspect d'une chapelle. Il est situé dans un square compris entre les rues Pasquier, d'Anjou, des Mathurins et le boulevard Haussmann; construite en 1820, par ordre de Louis XVIII, sur l'emplacement du cimetière de la Madeleine, où avaient reposé les restes de Louis XVI et de Marie-Antoinette, cette chapelle fut destinée à en perpétuer le souvenir. Œuvre de l'architecte Fontaine, elle a été inaugurée le jour anniversaire de la mort de Louis XVI (21 janvier 1825) et achevée après son inauguration. A l'intérieur : *Louis XVI et son confesseur*, groupe en marbre de Bosio; et *Marie-Antoinette et la Religion*, groupe en marbre de Cortot. On a gravé sur les piédestaux les testaments du roi et de la reine. La chapelle est entourée d'un jardin public enclos d'une grille.

Tramway : N.

LA MADELEINE

Située Place et boulevard du même nom. Terminée en 1843. — Style grec. Quadrilatère entouré d'une colonnade sous laquelle se trouvent 34 statues contenues dans des niches magnifiques. Portes en bronze. Fronton de Lemaire. A l'intérieur, beaux groupes de marbre de Rude et de Pradier; peintures de Bouchot, Schnetz, Abel de Pujol, Ziégler, Couder, Louis Cogniet, Signol et Etex. La Madeleine a d'abord été une chapelle; puis on projeta de la transformer en église. Napoléon 1er voulut en faire le *Temple de la Gloire*, ou devaient être placées les statues des plus illustres capitaines français et des inscriptions sur des plaques d'or, d'argent, de bronze ou de marbre.

Omnibus : Lignes A, D, E, AB, AC, AF.
Tramways : Tr. Nord, 2, 3, 8.

MARCHÉ AUX FLEURS DE LA MADELEINE

Marché aux Fleurs de la Madeleine

Se tient sur les côtés de l'église, les mardis et vendredis. On y trouve, non seulement des plantes, mais aussi des bouquets montés. Ce marché est très fréquenté, spécialement par une clientèle aristocratique. Il fournit, de plus, beaucoup de fleurs aux marchands qui n'ont pas un débit suffisant pour faire à Nice et sur le littoral méditerranéen d'importantes commandes.

Pour les omnibus et tramways, voir la *Madeleine*.

PLAN DU IXe ARRONDISSEMENT

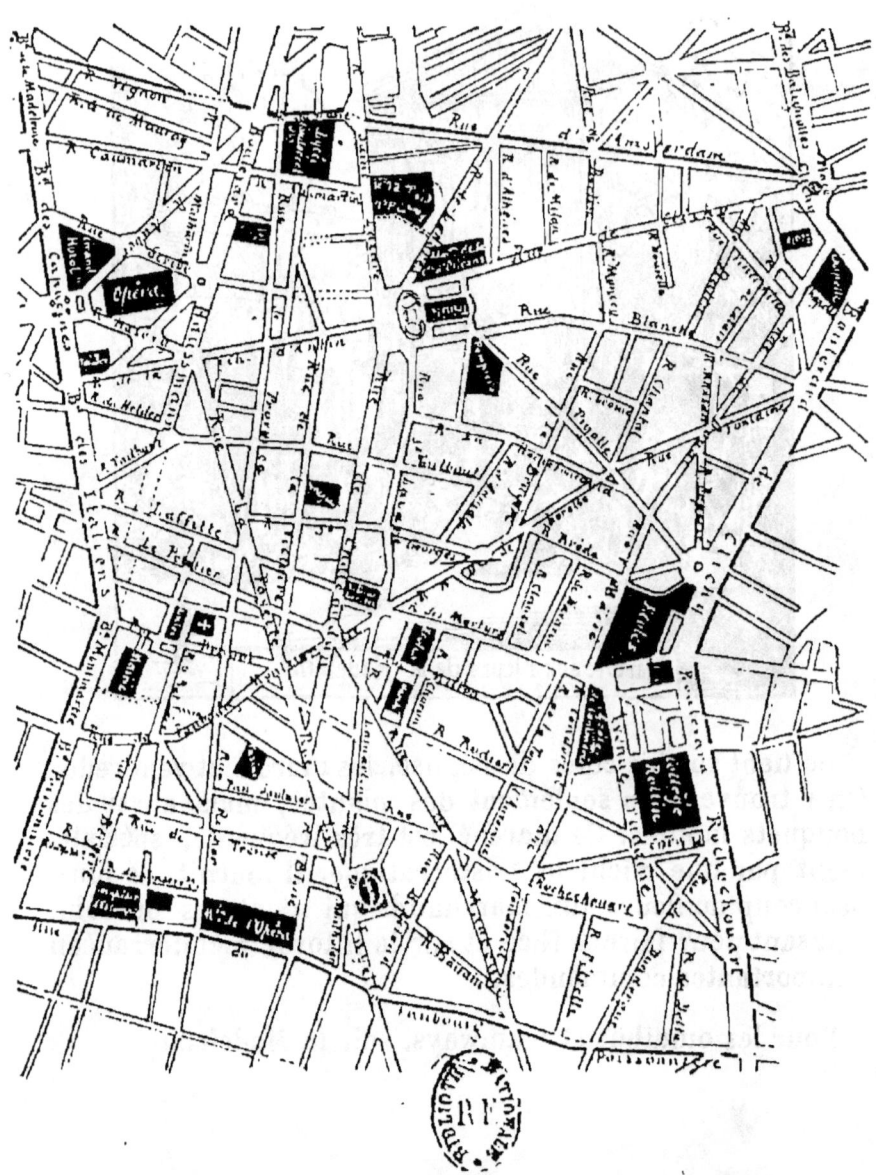

(*Voir au dos les renseignements pratiques.*)

IXe ARRONDISSEMENT

(OPÉRA)

Mairie. — Rue Drouot, 6.

Commissariats de police. — Rue Larochefoucauld, 37. — Rue de Provence, 64. — Faubourg Montmartre, 21. — Rue Bochard-de-Saron, 10.

Poste, télégraphe, cabines téléphoniques. — Rue Sainte-Cécile, 2. P. T. — Boulevard Rochechouart, 68. P. T. — Rue Taitbout, 46. C. — Rue Milton, 1. P. T. C. — Rue Lafayette, 35. P. T. C. — Rue Bleue, 14. P. T. — Boulevard de Clichy, 83. P. T. C. — Grand-Hôtel. C.

Églises catholiques. — *Notre-Dame de Lorette.* — *Saint-Eugène.* — *La Trinité.* — *Saint-Louis d'Antin.*

Temples protestants. — *Milton,* rue Milton, 5 (*calv.*). — *Rédemption,* rue Chauchat, 16 (*luth.*).

Synagogues. — Rue de la Victoire, 44. — Rue Raffault, 28.

Ambassades, légations et consulats. — *Hawaï,* rue de Châteaudun, 55. — *Paraguay,* rue Lafayette, 1. — *Pérou,* rue de Milan, 1. — *San Salvador,* rue de Châteaudun, 45.

Loge maçonnique. — *Le Grand-Orient,* rue Cadet.

OPÉRA

Occupe l'espace compris entre la place de l'Opéra, la rue Auber, la rue Scribe, le boulevard Haussmann, la rue Meyerbeer et la rue Halévy. Commencé par Charles Garnier en 1861, il a été inauguré le 5 janvier 1875. Sa superficie est de 11,237 mètres carrés. A droite de la façade est le fameux groupe la *Danse*, de Carpeaux. A l'intérieur, escalier monumental, foyer de 54 mètres de long, 13 de large et 18 de haut, décoré de peintures de Baudry; couloirs ornés de bustes de musiciens célèbres: salle contenant 2,200 places, rouge et or, plafond peint sur cuivre; scène large de 15 mètres; nombreuses collections de documents et d'accessoires précieux; salle des armures, bibliothèque. Le sous-sol mérite une visite.

Pour le prix des places, voir p. 230.

Omnibus: Lignes E, F, G, AC, AI.

PAVILLON DE L'OPÉRA

Pavillon de l'Opera

Ce pavillon est situé sur la gauche du monument. On y arrive par une double rampe carrossable. Originairement destiné à servir de salon au chef de l'État, ce pavillon a été affecté au logement de la bibliothèque du Théâtre et d'une collection de maquettes. L'intérieur n'est pas encore complètement terminé. Ouvert au public de 11 heures à 4 heures, excepté pendant les vacances.

Omnibus : Voir *Théâtre de l'Opéra*.

THÉATRE DU VAUDEVILLE

Vaudeville

Situé boulevard des Capucines, au coin de la rue de la Chaussée-d'Antin. Construit par Magne en 1867-69. Sa façade est une demi-rotonde où l'on pénètre par trois arcades cintrées. Le *Génie de la Comédie*, par Chevalier, orne le fronton. Au-dessus des fenêtres, niches renfermant les bustes de Collé, Scribe et Désaugiers. Au deuxième étage, quatre cariatides : la *Folie*, la *Musique*, la *Satire* et la *Comédie*, par Salmson. Le plafond de la salle a été peint par Mazerolle. Le théâtre est encastré dans les maisons d'angle du boulevard et de la Chaussée-d'Antin ; c'est dans l'une des maisons de la rue qu'est l'entrée des artistes et de l'administration. Drame, comédie.

Pour le prix des places, voir p. 231.

Omnibus : Lignes E, G, AC.

7.

ÉGLISE DE LA TRINITÉ

Située rue Saint-Lazare, en face de la Chaussée-d'Antin. Bâtie en 1867, par Ballu, cette église est du style Renaissance. La façade est formée d'un porche surmonté d'une galerie avec rosace. Clocher élevé de 63 mètres et flanqué de deux clochetons, terminés en coupole. La longueur intérieure de l'édifice est de 98 mètres; la nef, haute de 27 mètres, a 18 mètres de large. A l'intérieur, on remarque, sur un pilier, une plaque de marbre rappelant que pendant le siège de Paris, l'église a été convertie en ambulance. Sous l'église, se trouve une vaste crypte. Devant l'église s'étend un square demi circulaire d'une superficie de 3,000 mètres carrés, enclos d'une belle rampe ornée de statues et d'une fontaine avec bassin. De chaque côté du square, une rampe carrossable mène sous le porche.

Omnibus : Lignes B, G.

SYNAGOGUE DE LA RUE DE LA VICTOIRE

Synagogue de la rue de la Victoire

Construite de 1866 à 1870, par Aldrophe. L'édifice appartient au style roman. Un vaste fronton demi-circulaire couronne la façade. On accède dans le bâtiment par un vestibule dallé et une série de portes. L'intérieur comprend une nef principale et deux bas-côtés surmontés de galeries. La grande nef principale se termine en un hémicycle coiffé d'une coupole et dont le fond est occupé par un tabernacle de style oriental. Les principaux offices ont lieu le vendredi soir et le samedi matin.

ÉGLISE NOTRE-DAME-DE-LORETTE

Située rue de Châteaudun, au bout de la rue Laffitte. Bâtie sur les plans d'Hippolyte Lebas à la suite d'un concours ouvert en en 1823. Commencée en 1824, elle ne fut achevée qu'en 1836. Sa longueur est de 70 mètres, sa largeur de 32 mètres, et sa hauteur de 18 mètres. L'extérieur n'a d'intéressant que le portique, de style néo-grec. L'intérieur est construit dans le style italien ; les murs sont en grande partie recouverts de marbre blanc. Une nef principale, dix chapelles ; dans l'une de ces chapelles, remarquables peintures d'Orsel, achevées par Perrin. Fronton de Nanteuil, surmonté des statues de la *Foi*, l'*Espérance* et la *Charité*. Nombreuses peintures.

Omnibus : Lignes B, H, I, AC.
Tramways : Tr. nord, 5.

HOTEL DES VENTES

Hôtel des Ventes

Construit sur l'emplacement de l'ancien hôtel Bouillon. Occupe le rectangle formé par les rues Drouot, Rossini, Chauchat et Grange-Batelière. Ce bâtiment est la propriété de la corporation des commissaires-priseurs, qui y procèdent à la vente aux enchères d'objets mobiliers de toute nature. Le bâtiment a été inauguré en 1858. Les ventes ont lieu dans des salles situées au rez-de-chaussée et au premier étage : il en est également fait dans la grande cour donnant sur la rue Rossini. Ces dernières sont presque exclusivement des ventes par autorité de justice.

Omnibus : Lignes H, I.

CONSERVATOIRE DE MUSIQUE

Situé rue du Faubourg-Poissonnière et rue du Conservatoire. Contient des classes de solfège, de chant, de musique instrumentale et d'ensemble, d'harmonie, de composition, de diction, de déclamation, de comédie, de tragédie et de maintien. Fondé par arrêt de Louis XVI, en 1784, et organisé par la Convention en 1793. Le Conservatoire reçoit environ 600 élèves des deux sexes, qui y sont admis à la suite d'un concours. L'enseignement est gratuit, mais les élèves prennent l'engagement de jouer, à la fin de leurs études, sur l'une des scènes subventionnées, s'ils en sont requis par le ministre des beaux-arts. Bibliothèque, musée d'instruments de musique, salle de concerts. Dans cette salle ont lieu les concours publics, les auditions des œuvres d'élèves concourant pour le prix de Rome et les célèbres concerts de la Société du Conservatoire.

Omnibus : Lignes T. V.

PLAN DU Xe ARRONDISSEMENT

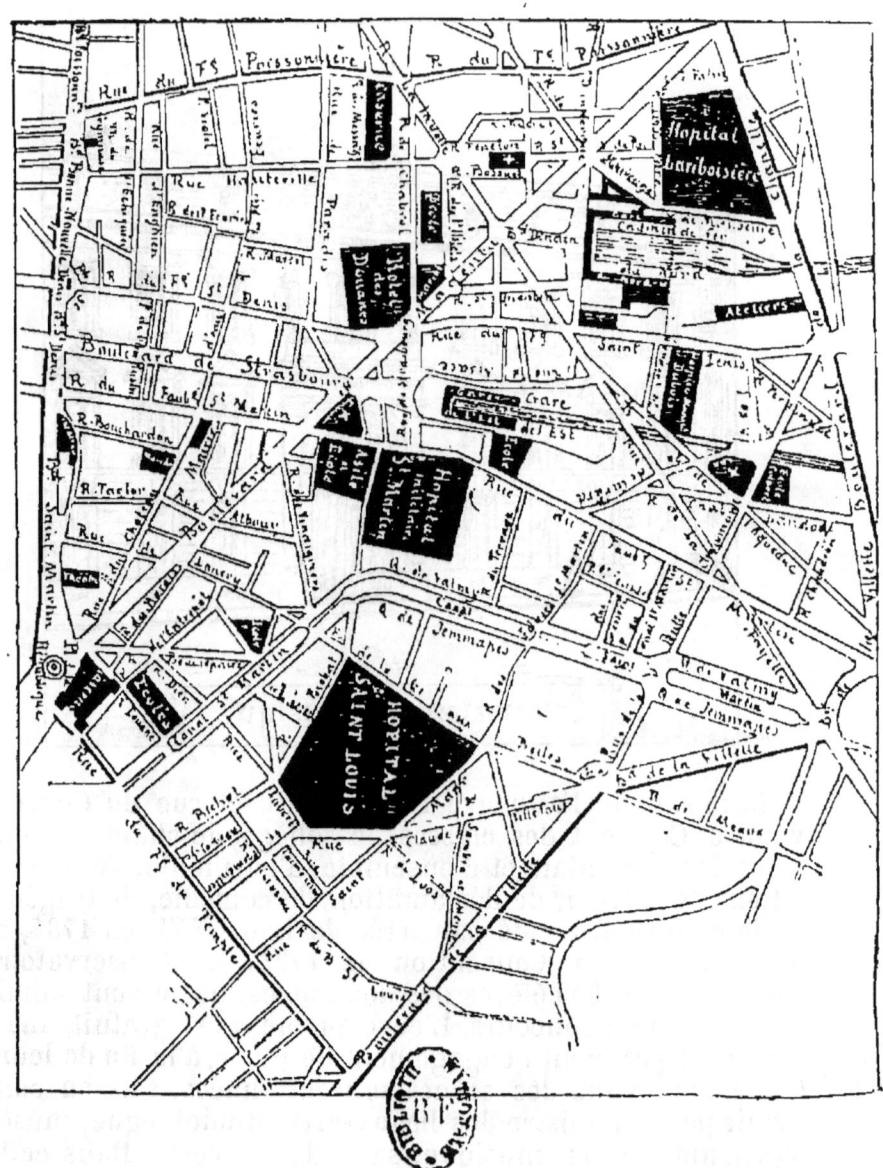

(Voir au dos les renseignements pratiques.)

X⁰ ARRONDISSEMENT

(ENCLOS SAINT-LAURENT)

Mairie. — Rue du Faubourg Saint-Martin, 72.

Commissariats de police. — Rue d'Alsace. — Cour des Petites-Ecuries, 11. — Passage du Désir. — Rue Vicq-d'Azir, 5.

Poste, télégraphe, cabines téléphoniques. — Gare du Nord. P. T. C. — Rue de Strasbourg, 8. P. T. C. — Rue d'Enghien, 21. P. T. C. — Rue des Ecluses-Saint-Martin, 4. P. T. C.

Eglises catholiques. — *Saint-Laurent.* — *Saint-Vincent de Paul.* — *Saint-Martin*

Chapelle protestante libre. — Rue des Petits-Hôtels, 17.

Ambassades, légations et consulats. — *Liberia*, rue des Petits-Hôtels, 34.

THÉÂTRE DU GYMNASE

Théâtre du Gymnase.

Situé boulevard Bonne-Nouvelle. Construit par Rougevin; inauguré en 1820. Fut placé, de 1824 à 1830, sous la protection de la duchesse de Berry, et porta le nom de théâtre de Madame. Il fut pendant de nombreuses années le théâtre attitré de Scribe, auquel il dut ses plus brillants succès; puis il devint le théâtre d'Alexandre Dumas fils. La plupart des comédiens dont le nom est resté, ont joué sur la scène du Gymnase. L'édifice et la salle ont été récemment restaurés. — Pour le prix des places, voir p. 231.

Omnibus : lignes E, Y.

ÉGLISE SAINT-VINCENT-DE-PAUL

Saint-Vincent de Paul

Située place Lafayette. A été commencée en 1824 et livrée au culte en 1844. Devant la façade s'étendent des rampes symétriques qui donnent accès au péristyle soutenu par des colonnes. Au centre est un large escalier et sur les côtés sont deux autres escaliers de petites dimensions. A droite et à gauche, se dressent deux tours de 54 mètres de hauteur, contenant l'horloge et les cloches. L'intérieur a l'aspect d'une basilique latine. La partie supérieure des murs de la nef et du chœur est entièrement couverte de peintures de Flandrin formant frise. Bronze de Rude, groupe remarquable de Carrier-Belleuse, situé derrière le maître-autel dans la chapelle de la Vierge; buste de Flandrin. Les vitraux sont remplacés par des treillis d'un aspect peu agréable

Omnibus : lignes B, V, AC.

Tramways : Tr Nord, 5.

GARE DU NORD

Gare du Nord

Place Roubaix. La façade, qui a 160 mètres de développement, est un spécimen grandiose de l'art des constructions en fer et en pierre. La gare a été construite en 1863 par Hittorf. Le pavillon du milieu est orné de statues de villes au premier étage et sur les diverses parties de son fronton. Les guichets et salles d'attente des lignes de banlieue se trouvent dans la partie de la galerie située immédiatement derrière la façade; les guichets et salles d'attente des grandes lignes sont dans la galerie latérale, à gauche. La cour d'arrivée, en grande partie couverte d'un vitrage, est à l'extrémité est de la gare.

Omnibus : lignes K, V, AC.
Tramways : Tr. 1; Tr. Nord, 5.

GARE DE L'EST

Gare de l'Est

Située place de Strasbourg, à l'extrémité du boulevard du même nom On y accède par une vaste cour entourée de grilles. Le péristyle est formé d'une colonnade surmontée d'un groupe allégorique de la ville de Strasbourg. Le service se décompose en deux parties : les lignes de l'Est proprement dites, dont les guichets et les salles d'attente se trouvent dans le vestibule qui fait suite au péristyle ; et la ligne de Mulhouse, dont les guichets et les salles d'attente sont placés dans la partie ouest du bâtiment, au fond d'une cour latérale.

Omnibus : lignes B, L, M.
Tramways : Tr. G, H, I ; Tr. Nord, 9, 10.

ÉGLISE SAINT-LAURENT

Située boulevard de Strasbourg, à l'angle du boulevard Magenta. Cette église, un des plus anciens monuments de Paris, remonte au sixième siècle, mais des réparations nombreuses ont modifié son aspect primitif. En 1866, une transformation complète a été nécessitée par l'état de vétusté de l'ancienne façade. Tour carrée; flèche élégante. A l'intérieur, groupes et tableaux; belles verrières; nombreux ex-votos. Au milieu de la façade et au-dessus de la porte d'entrée, se trouve un curieux bas-relief représentant saint Laurent sur son gril.

Omnibus : lignes B, L, M.
Tramways : Tr. G, H, I; Tr. Nord, 9, 10.

PORTE SAINT-DENIS

Monument commémoratif des victoires de Louis XIV en Flandre et dans la Franche-Comté. Construit en 1672, aux frais de la ville de Paris, par Blondel, à la fois architecte et maréchal-de-camp. Les soubassements sont percés de portes carrées, surmontées d'obélisques en haut relief, décorées de trophées devant lesquels sont des groupes allégoriques exécutés d'après les dessins de Girardon, par Michel Augrié, son élève. La voûte de l'édifice est surmontée d'un bas-relief représentant le passage du Rhin. A l'époque de sa construction, cet arc-de-triomphe était l'une des portes de l'enceinte de Paris. Au fronton on lit : *Ludovico magno*.

Omnibus : lignes E, K, N, T, Y.

PORTE SAINT-MARTIN

Monument commémoratif de la conquête de la Franche-Comté. Construit en 1674 par Pierre Bullet; situé boulevard Saint-Martin, à l'entrée du faubourg du même nom. Le bâtiment mesure 18 mètres de haut sur 18 mètres de large. L'arcade du milieu a 10 mètres de haut sur 5 de large. Quatre bas-reliefs remarquables : au Sud, *la Prise de Besançon* et *la Triple Alliance*, par Dujardin et G. Marty; au Nord, *la Prise de Limbourg* et *la Défaite des Allemands*, par Le Hongre et Legros père. L'intérieur du monument ne se visite pas.

Omnibus : lignes E, L, M, N, T, Y.

THÉATRE DE LA PORTE SAINT-MARTIN

Théatre de la Porte St Martin

Situé boulevard Saint-Martin. Bâti sur l'emplacement précédemment occupé par le théâtre du même nom et incendié en 1871. L'ancienne salle, œuvre de l'architecte Lenoir, datait de 1781. Les principales œuvres des poètes romantiques de 1830 y avaient été représentées ; les plus grands artistes, Frédéric Lemaitre, Bocage, Mlle Georges, Mme Dorval, etc., y avaient laissé d'impérissables souvenirs. La nouvelle salle a été édifiée rapidement ; la façade, ouverte au rez-de-chaussée par de larges baies, et surmontée d'un balcon soutenu par des cariatides, est remarquable par la vaste baie du premier étage par laquelle le foyer prend jour. L'entrée des artistes est rue de Bondy. — Pour le prix des places, voir p. 232.

Omnibus : lignes E, L, M, N, T, Y.

LA RENAISSANCE

La Renaissance

Théâtre situé à l'angle du boulevard Saint-Martin et de la rue de Bondy. Construit en 1872-73 par Lalande. Style composite moderne. Les cariatides de la façade sont de Carrier-Belleuse; le fronton allégorique et les groupes des façades latérales sont l'œuvre de Caccia et Cruchot fils. Le foyer, placé au premier étage, est de forme circulaire et soutenu par des colonnes. Salle coquettement ornée. Les plus grands succès du théâtre sont dus à l'opérette et à la comédie voisine de la bouffonnerie. — Pour le prix des places, voir p. 231.

Omnibus : lignes E, L, M, N, T, Y.

CASERNE DU CHATEAU-D'EAU

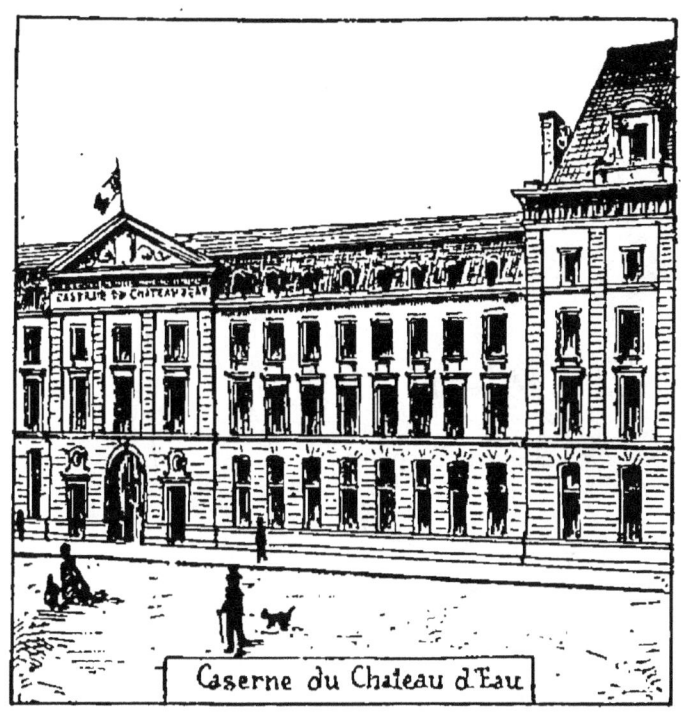

Caserne du Château d'Eau

Située place de la République, dont elle forme le côté nord. Construite en 1857-58. S'appela d'abord caserne du Prince-Eugène, en souvenir du prince Eugène de Beauharnais, cousin de Napoléon III. Cette caserne est la plus vaste de Paris ; de nombreuses troupes peuvent manœuvrer à l'aise dans la grande cour qui est placée au centre des bâtiments. Elle n'a jamais été occupée que par des troupes d'infanterie. Après la chute de l'Empire, elle reçut le nom de caserne du Château-d'Eau, qui était alors celui de la place de la République, dont le centre était occupé par une fontaine dite du Château-d'Eau, actuellement aux abattoirs de la Villette.

Omnibus : lignes E, N, S, U, AD.
Tramways : Tr. F, J ; Tr. Nord, 9.

PLAN DU XIe ARRONDISSEMENT

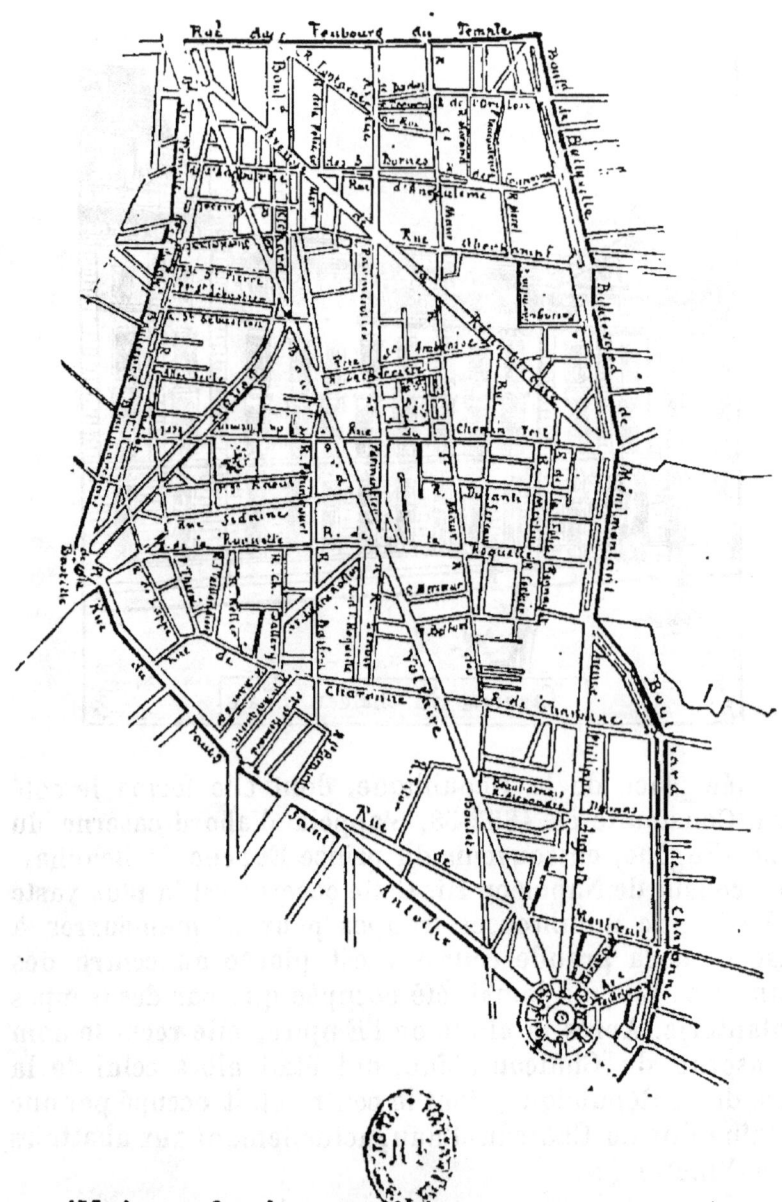

(*Voir au dos les renseignements pratiques.*)

XIe ARRONDISSEMENT

(POPINCOURT)

Mairie. — Place Voltaire, 9 et 12.

Commissariats de police. — Rue Folie-Méricourt, 83. Rue Lacharrière, 7. — Rue de la Roquette, 96. — Rue des Boulets, 38.

Poste, télégraphe, cabines téléphoniques. — Boulevard Richard-Lenoir, 108. P. T. C. — Boulevard Voltaire, 105. P. T. C. — Boulevard de Belleville, 45. P. T. — Place de la République, 10. P. T. C. — Boulevard Beaumarchais, 68. P. T. C. — Rue Alexandre-Dumas, 1. P. T.

Églises catholiques — *Saint-Ambroise*. — *Saint-Joseph*. *Sainte-Marguerite*.

Temple protestant. — *Bon-Secours*, rue de Charonnes, n° 97 (*luth.*).

CIRQUE D'HIVER

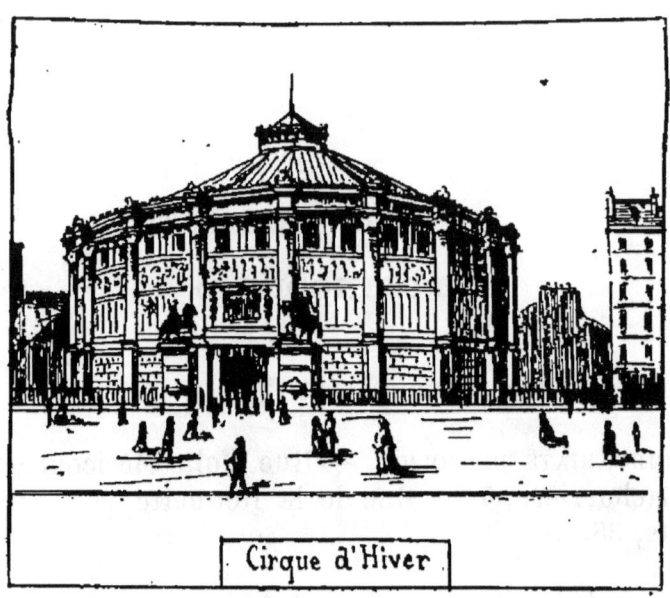

Cirque d'Hiver

Situé boulevard des Filles du Calvaire et rue de Crussol. Ouvert du 1er novembre au 30 avril. 3,800 places. Exercices équestres et de gymnastique, clowns et curiosités.

Ce cirque a été fondé en 1862 par Franconi qui eut pour successeur Dejean, lequel fit construire aux Champs-Élysées un second cirque affecté aux représentations d'été. Le cirque actuel n'a été édifié qu'en 1852. Il est décoré de bas-relief de Duret, Bosio et Dastan aîné; devant la porte d'entrée se trouvent deux statues équestres dues à Pradier et Bosio.

Pour le prix des places, voir p. 234.

Omnibus : Lignes D, E, O, S.

MAISON D'ARRÊT DE LA ROQUETTE

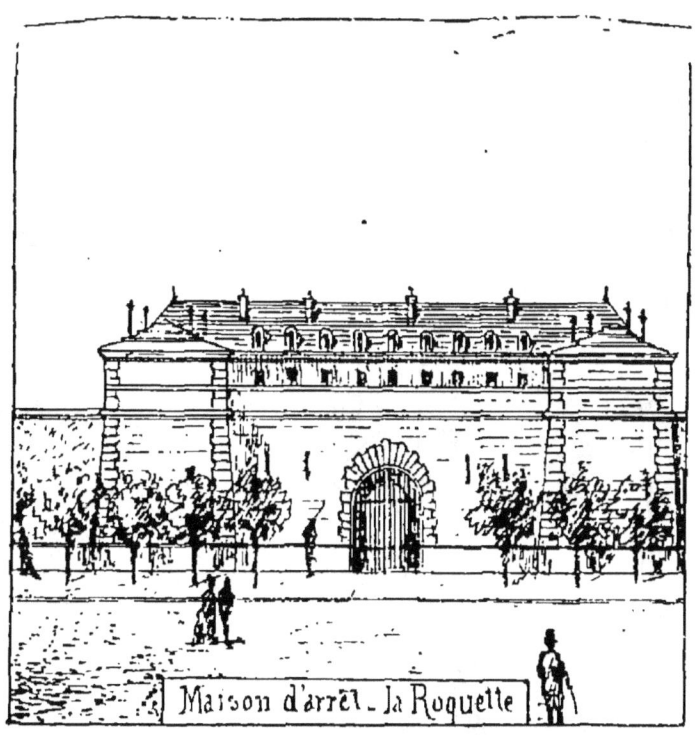

Située rue et place de la Roquette ; prison où sont enfermés les condamnés aux travaux forcés en attendant leur embarquement, et les condamnés à mort attendant l'exécution qui a lieu sur la même place de la Roquette en face de la porte. On remarque, sur la place, quatre dalles situées à l'endroit où sont placés les montants de la guillotine. Au-dessus de la porte d'entrée, on lit : *Dépôt des Condamnés*. Le régime est exclusivement cellulaire. La Roquette n'est visible que pour les personnes ayant une autorisation spéciale délivrée sur demande très sérieusement motivée par le Préfet de Police.

Omnibus : Ligne P.

PLAN DU XIIe ARRONDISSEMENT

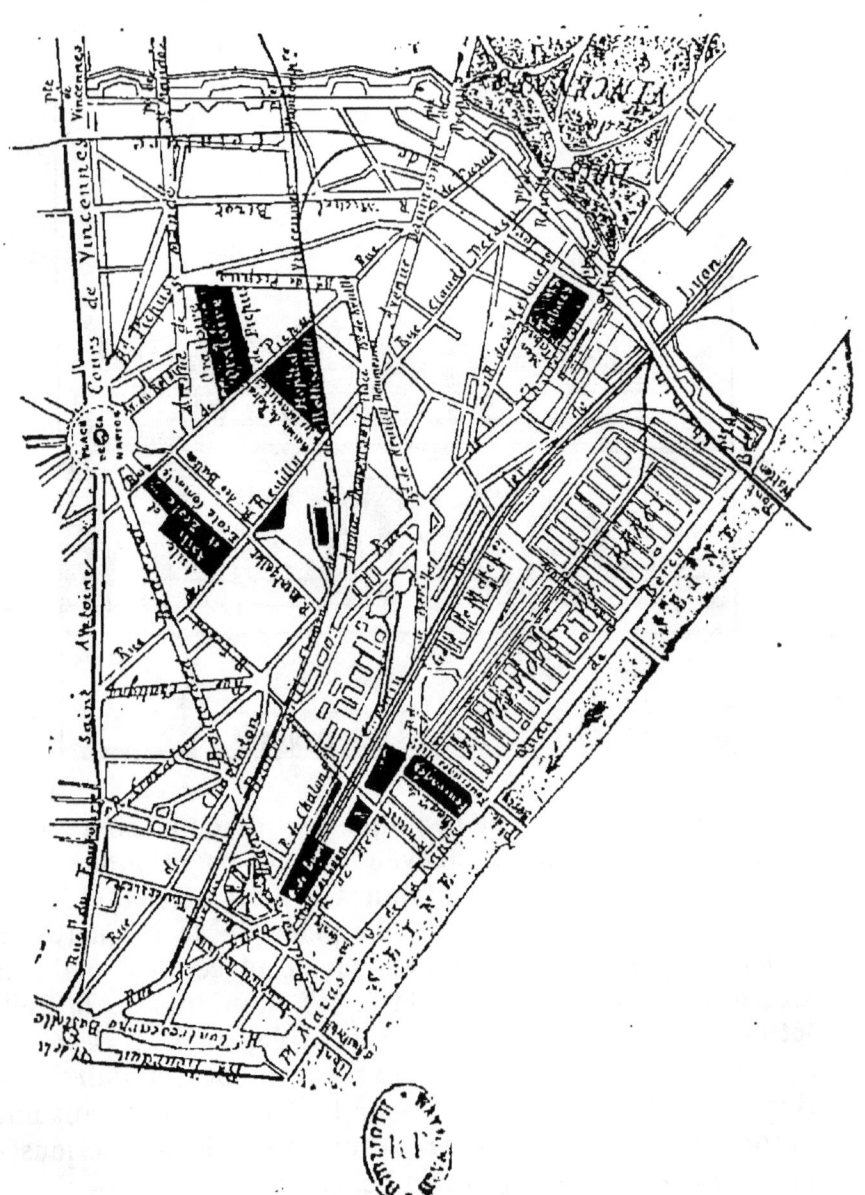

(Voir au dos les renseignements pratiques).

XIIe ARRONDISSEMENT

(REUILLY)

MAIRIE. -- Avenue Daumesnil.

COMMISSARIATS DE POLICE. — Rue Bignon, 3 (à la Mairie). — Rue de Bercy, 63. — Boulevard Diderot, 64.

POSTE, TÉLÉGRAPHE, CABINES TÉLÉPHONIQUES. —Rue Citeaux, n° 40. P. T. C. — Boulevard Diderot, 18. P. T. C. — SAINT-MANDÉ, rue du Rendez-vous, 20. P. T. C. — BERCY, rue de Charenton, 240. P. T. C. — Rue de Gallois, 34. P. T. C.

EGLISES CATHOLIQUES. — *Saint-Eloi.* — *Saint-Bernard.*

CHAPELLE PROTESTANTE LIBRE. — Avenue Ledru-Rollin, 153.

COLONNE DE JUILLET

Colonne de Juillet

Située place de la Bastille. Construite en 1840 par Alavoine et Duc. Elle mesure 47 mètres de haut. Sur le soubassement on lit, gravées sur une plaque de marbre blanc, les dates des journées de la Révolution de Juillet de 1830 ainsi que les noms des 615 combattants dont les restes reposent dans des caveaux situés sous le monument. La colonne est surmontée du *Génie de la Liberté*, en bronze doré. Bas-reliefs et sculptures de Barye. L'emplacement où elle s'élève faisait autrefois partie de la prison de la Bastille.

Pour les *Renseignements pratiques*, voir p. 228.

Omnibus : Lignes E, F, P, R, S, Z.
Tramways : Tv. C, I, K, L ; tr. Sud, 2, 7.

GARE DE VINCENNES

Gare de Vincennes

Place de la Bastille. Cette gare, comme la ligne qu'elle dessert, appartient à la Compagnie des chemins de fer de l'Est. Elle est en pierre et en briques. Les billets sont délivrés et les bagages enregistrés au rez-de-chaussée, côté gauche ; tout le premier étage est occupé par les voies et les quais. La gare présente cette particularité qu'elle est construite sur un large viaduc occupé, dans les intervalles compris entre les arcades, par des marchands d'ustensiles pour limonadiers, de meubles en bois blanc, de bouchons, d'eaux minérales, etc.

Omnibus : Lignes E, F, P, R, S, Z.
Tramways : Tv. C, I, K, L ; Tr. Sud, 3, 7.

MAISON D'ARRÊT DE MAZAS

Maison d'arrêt — Mazas

Située boulevard Diderot, sur l'emplacement de l'ancienne prison de la Force. Construite de 1841 à 1849 ; inaugurée en mars 1850. L'entrée est presque en face de la gare de Lyon. Prison bâtie selon le système cellulaire. Des galeries bordées de cellules convergent, en étoiles, vers un rond-point central où se tient le gardien chef et où se dit la messe. 1200 cellules. Dans l'intervalle de chaque bâtiment est un préau divisé en vingt promenoirs. On ne peut visiter qu'avec une autorisation spéciale du Préfet de Police, laquelle n'est accordée que rarement et sur demande motivée. C'est à Mazas que sont généralement enfermés les accusés sur lesquels pèsent des charges graves ; mais la prison n'est pas uniquement préventive.

Omnibus : Ligne R.
Tramways : Tv. M ; Tr, Sud, 7.

GARE DE LYON

Gare de Lyon

Située sur le boulevard Diderot, à l'extrémité de la rue de Lyon. Un escalier situé sur la place donne accès aux lignes de banlieue. Deux rampes carrossables aboutissent, l'une au départ, l'autre à l'arrivée; cette dernière passe sous un portique. Le buffet est au fond de la cour du départ. L'embarcadère a été construit sur les plans de Cendrier; il ne présente aucune façade monumentale, mais il se distingue par deux énormes baies vitrées de 21 mètres d'ouverture. La longueur de la toiture de verre qui couvre les voies et les quais dépasse 220 mètres.

Omnibus : Ligne R.
Tramways : Tv. M.

ENTREPOT DE BERCY

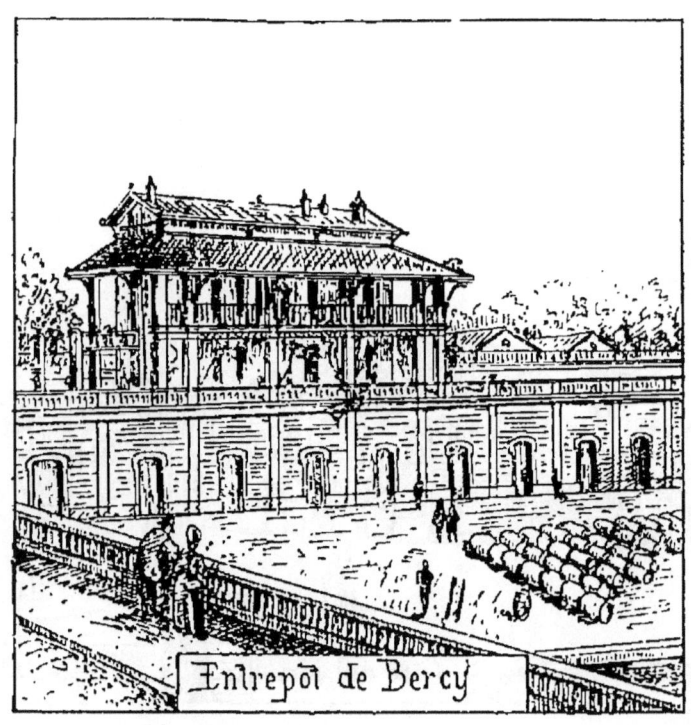

Situé entre le quai de Bercy, le boulevard de Bercy, la rue Gabriel Lamé et la rue de Bercy. Il est divisé en deux parties et traversé par la rue de Dijon. On y accède par le pont de Bercy et par le pont de Tolbiac. La gare des marchandises du chemin de fer de Lyon est derrière l'entrepôt. Cet emplacement est, au point de vue de l'octroi, considéré comme *étant en dehors des fortifications ; il est enclos d'une grille dont les portes sont gardées par des employés du fisc qui perçoivent les droits sur les marchandises sortantes. Outre les caves, il contient des hangars et un très grand nombre de maisonnettes occupées par les bureaux des grands négociants et par des banques.

Tramways : Tr. K ; Tr. Sud, 8.

PLAN DU XIIIᵉ ARRONDISSEMENT

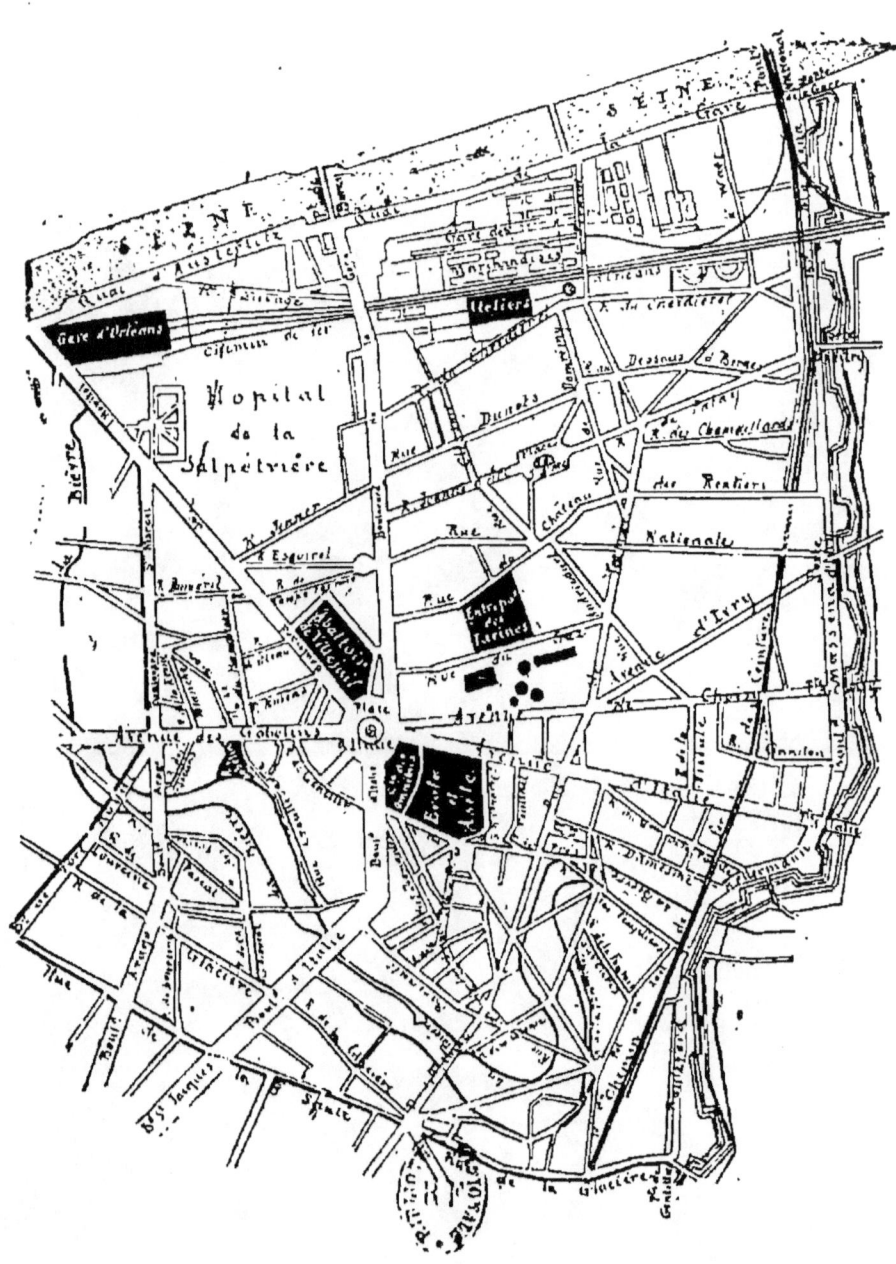

(Voir au dos les renseignements pratiques.)

XIIIᵉ ARRONDISSEMENT

(GOBELINS)

Mairie. — Place d'Italie.

Commissariats de police. — Rue Primatice, 4. — Rue Jeanne-d'Arc, 60. — Boulevard d'Italie, 41. — Rue Primatice, 4.

Poste, télégraphe, cabines téléphoniques. — Gare d'Ivry, place Jeanne-d'Arc, 41. P. T. — La Maison-Blanche, avenue d'Italie, 77. P. T. C.

Églises catholiques. — *Saint-Marcel.* — *Notre-Dame de la Gare.*

Temple protestant. — *Les Gobelins*, rue Lebrun, 35 (calv. *Maison-Blanche*, avenue d'Italie, 22 (luth.).

GARE D'ORLÉANS

Gare d'Orléans.

Située boulevard de l'Hôpital, place Walhubert et quai d'Austerlitz. Bâtie par une société coopérative de maçons, en 1867-68, sous la direction de l'architecte Renault, sur l'emplacement de la gare antérieure, brûlée pendant la révolution de février 1848. L'entrée des bureaux est place Walhubert, le départ sur le quai et l'arrivée sur le boulevard. La cour du départ a 160 mètres de long sur 39 de large ; la cour d'arrivée a 195 mètres de long sur 40 de large.

Omnibus : lignes G, K, P, T, AE.
Tramways : Tr. M ; Tr. Sud, 3, 4, 8.

LA SALPÉTRIÈRE

47, boulevard de l'Hôpital. Vaste hospice occupant près de 30 hectares. Originairement destiné par Louis XIII à servir d'arsenal, la Salpêtrière est aujourd'hui un des établissements de charité les plus importants du monde entier. Son architecture est très sobre ; seule, l'église, située au centre des bâtiments, mérite une mention spéciale. Bâtie en 1670 sur les dessins de Bruant, cette église peut contenir plus de 4,000 personnes ; elle se compose de quatre nefs et de quatre chapelles rayonnant autour d'une circonférence centrale dont le maître-autel occupe le centre sous un dôme octogonal. Les chapelles renferment les statues des douze apôtres. Le service le plus important de l'hôpital est celui des fous.

Omnibus : lignes G, K, P, T, AE.
Tramways : Tr. M ; Tr. Sud, 3, 4, 8.

LES GOBELINS

Les Gobelins

Manufacture nationale de tapisseries, 42, avenue des Gobelins. Cet établissement remonte au quinzième siècle et fut fondé par Jean Gobelin; en 1607, Henri IV le modifia et plus tard Louis XIV y établit la manufacture des meubles de la Couronne. Plus tard, les tapissiers de haute et basse lice restèrent seuls dans la place, et, depuis 1826, les métiers de haute lice y subsistent seuls. Les tapisseries des Gobelins rivalisent avec la peinture pour le fini et le moelleux des tons dans les sujets allégoriques. Chevreul a fondé dans la manufacture des cours encore existants de teinture et y a fait ses plus précieuses découvertes sur la production et la combinaison des couleurs. — Pour les *Renseignements pratiques*, voir p. 228.

Omnibus : ligne K.
Tramways : Tr. Q; Tr. Sud, 9, 10.

PLAN DU XIVᵉ ARRONDISSEMENT

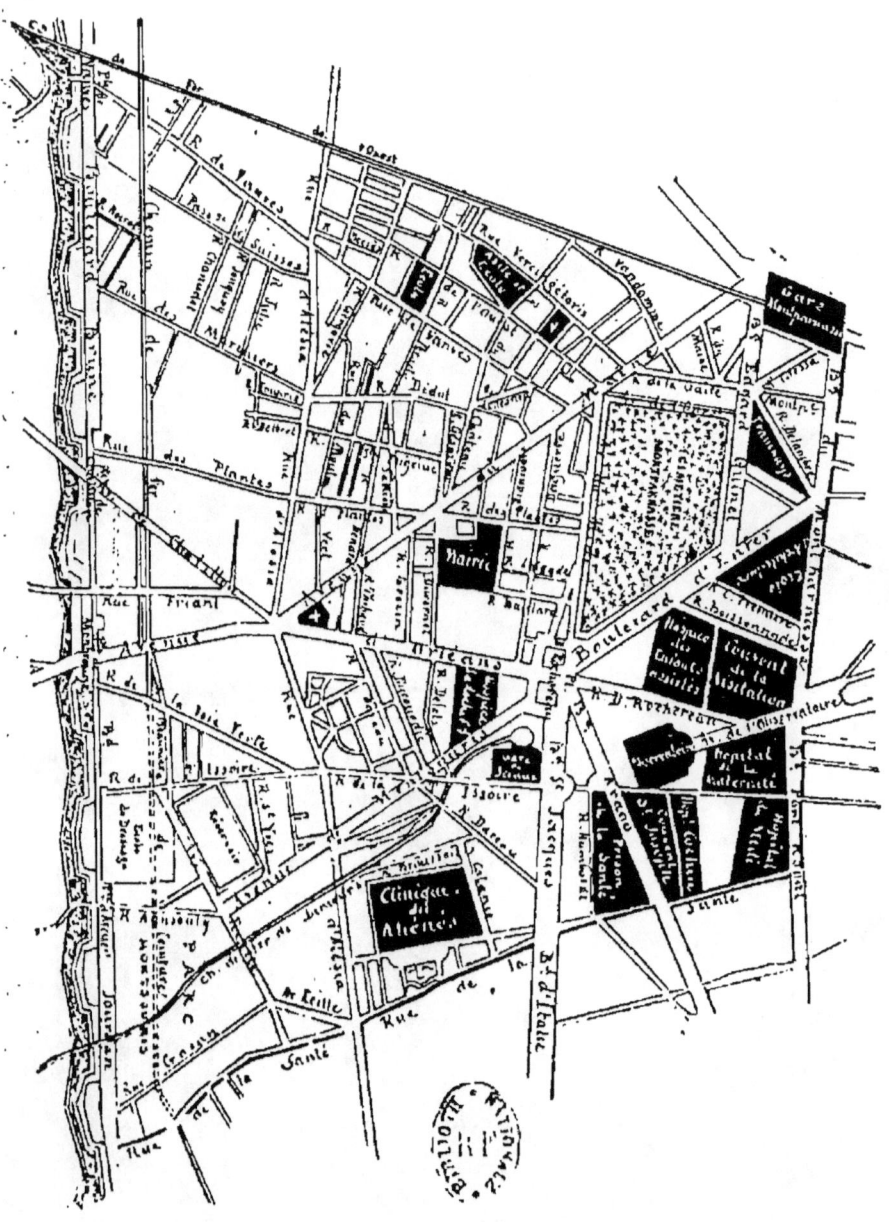

(Voir au dos les renseignements pratiques.)

XIVe ARRONDISSEMENT

(OBSERVATOIRE)

Mairie. — Place de Montrouge.

Commissariats de police. — Rue Huyghens, 4. — Avenue d'Orléans, 68. — Rue Sainte-Eugénie, 21.

Poste, télégraphe, cabines téléphoniques. — Boulevard Montparnasse. P. T. C. — Montrouge, avenue d'Orléans, 17. P. T. C. — Plaisance, rue de l'Ouest, 81. P. T.

Églises catholiques. *Saint-Pierre de Montrouge.* — *Notre-Dame de Plaisance.*

Temple protestant. — *Plaisance*, rue de l'Ouest, 97 (*calv.*).

OBSERVATOIRE

Situé avenue de l'Observatoire. Ce bâtiment date de 1672; il a été construit sur les dessins de Perrault. Ses quatre façades correspondent aux quatre points cardinaux; la latitude de la façade méridionale est prise pour la latitude de Paris. Deux ailes ont été ajoutées à l'édifice de 1832 à 1845; l'une renferme les cabinets d'observation, l'autre un amphithéâtre de 800 places. Au second étage, à gauche, est la salle de la méridienne, voûtée et dallée en pierres; la ligne méridienne de Paris est tracée sur ces dalles. Nombreux instruments astronomiques anciens. Télescopes, lunettes, collection d'appareils astronomiques de la plus haute valeur. Bureau des longitudes, service météorologique national. — Pour les *Renseignements pratiques*, voir p. 228.

Omnibus : ligne J.
Tramways : Tr. G; Tr. Sud, 3.

SAINT-PIERRE-DE-MONTROUGE

St-Pierre de Montrouge.

Avenue d'Orléans. Cette église appartient au style roman ; elle a été construite de 1862 à 1872 par Vaudremer. Elle est précédée d'une tour massive formant porche, dont le sommet, très élevé, se termine en flèche quadrangulaire taillée en écailles et surmontée d'une lanterne carrée. Derrière cette tour, deux tourelles s'élèvent à la base du pignon de la nef. La nef, le chœur et le transept sont flanqués de collatéraux. Au centre du transept s'élève une seconde tour, basse et terminée par un toit à double égout. Cette église est considérée par les architectes comme un spécimen des plus intéressants de la construction contemporaine.

Tramways : Tr. G ; Tr. Sud, 1.

PLAN DU XV° ARRONDISSEMENT

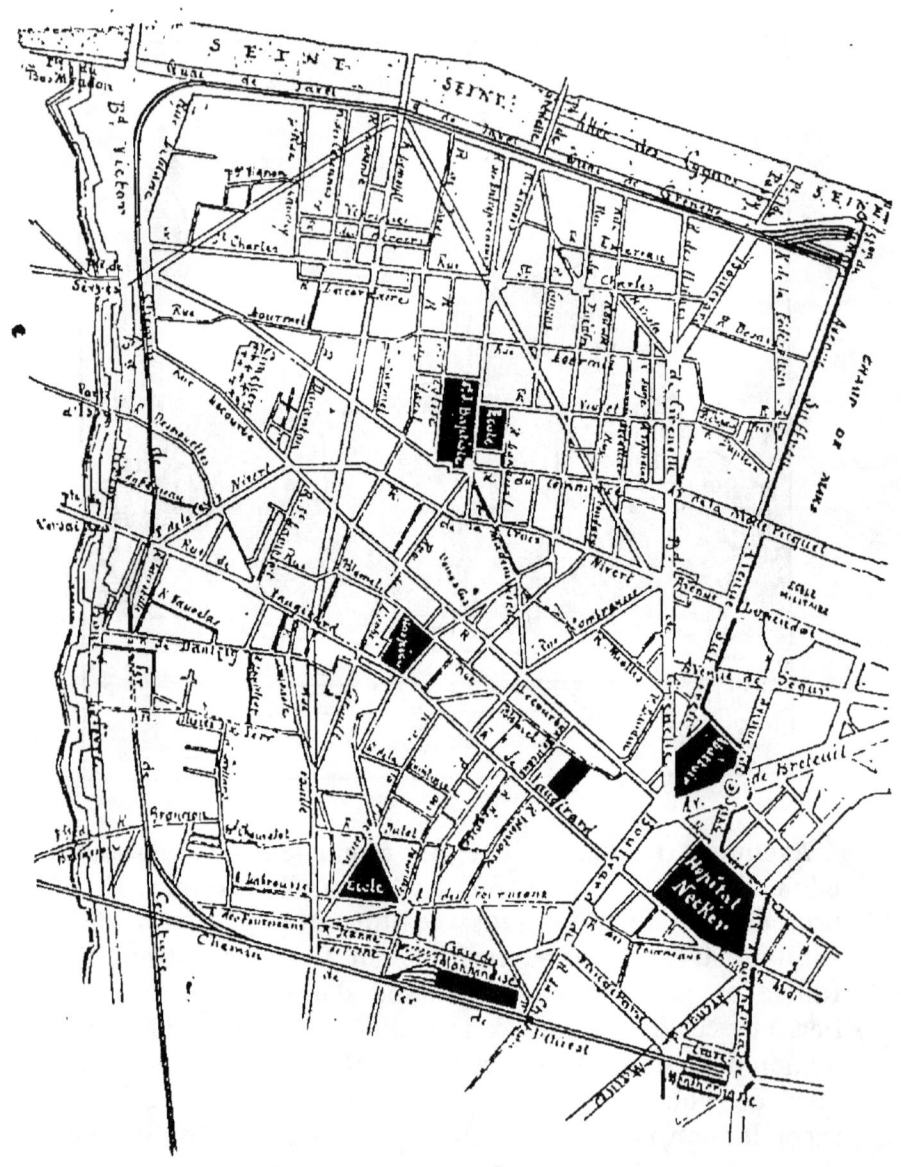

(Voir au dos les renseignements pratiques.)

XVe ARRONDISSEMENT

(VAUGIRARD)

Mairie. — Rue Peclet!

Commissariats de police. — Place Vaugirard, 16. — Rue Blomet, 15. — Rue Lakanal, 4. — Rue Saint-Charles, 135.

Poste, télégraphe, cabines téléphoniques. — Vaugirard, rue Blomet, 93. P. T. — Grenelle, rue de Lourmel, 35. P. T. C.

Église catholique. — *Saint-Lambert.*

Temples protestants. — *Résurrection,* rue Quinault *(luth.).*

GARE MONTPARNASSE

Gare Montparnasse

Boulevard Montparnasse, à l'extrémité de la rue de Rennes. Cette gare occupe un vaste rectangle. On arrive, par une cour disposée à gauche de la façade, au vestibule où se délivrent les billets et s'enregistrent les bagages. On monte aux salles de départ, parallèles aux voies, par un grand escalier qui débouche à l'une des extrémités du vestibule. C'est la gare qui sert d'embarcadère, non seulement pour Versailles (rive gauche) et les lignes de Bretagne appartenant à la compagnie de l'Ouest, mais encore pour les lignes Sud et Sud-Ouest des chemins de fer de l'État.

Omnibus : lignes O, V.
Tramways : Tr. Sud, 1, 2, 3, 5.

LE PUITS ARTÉSIEN

Le Puits artésien

A la jonction de l'avenue de Breteuil et de l'avenue de Saxe. Construit, de 1833 à 1841, par MM. Mulot et Mary. Profondeur, 547 mètres. La température moyenne de l'eau est 27 degrés centigrades ; le débit quotidien est de 518 mètres cubes. La tour monumentale qui surmonte le puits est en fonte ; elle repose sur un massif en pierres de taille, de forme circulaire, ayant 7 mètres de rayon et $2^m,50$ d'élévation. La hauteur de la tour est de 42 mètres ; elle a $3^m,88$ de diamètre à sa base et $2^m,90$ au sommet. Elle renferme un escalier à hélice et à jour, large de $0^m,75$, supporté par six montants également à jour. — Pour visiter le puits, se munir d'une permission du Service des eaux.

PLAN DU XVIe ARRONDISSEMENT

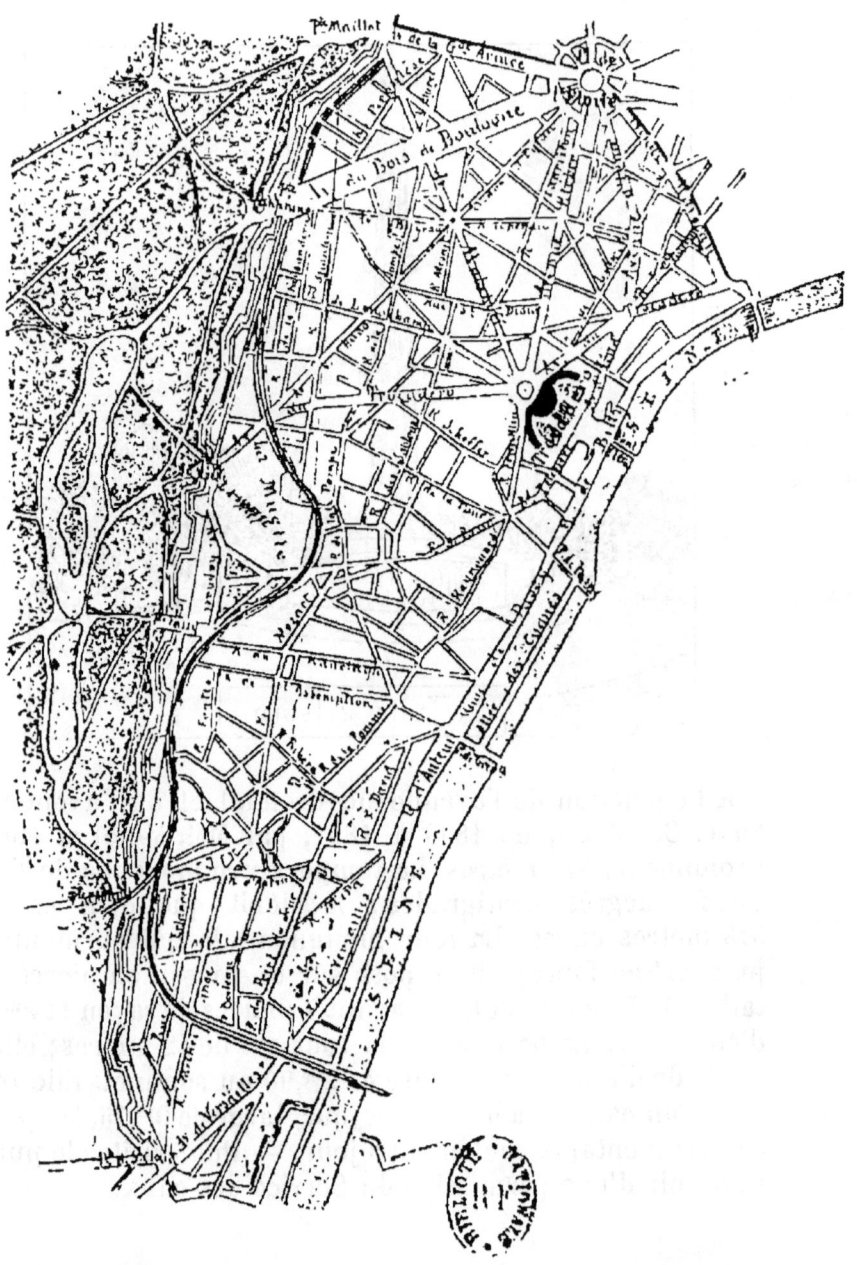

(Voir au dos les renseignements pratiques.)

XVIᵉ ARRONDISSEMENT

(PASSY)

Mairie. — Avenue Henri Martin, 119.

Commissariats de police. — Rue Michel-Ange, 23. — Rue Eugène-Delacroix, 19. — Rue Magdebourg, 7.

Postes, télégraphes, cabines téléphoniques. — Avenue Marceau, 29. P. T. C. — Auteuil, rue Pierre-Guérin, 9. P. T. C. — Passy, rue Guichard, 9. P. T. C. — Place Victor-Hugo, 3. P. T. C. — Rue Dufrénoy, 16 bis P. T.

Eglises catholiques. — *Saint-Honoré.* — *Saint-Pierre-de-Chaillot.* — *Notre-Dame d'Auteuil.* — *Notre-Dame-de-Grâce.*

Temples protestants. — Auteuil, rue des Sablons, 65 (*calv.*).

Ambassades, légations et consulats. — *Perse*, place d'Iéna, 1. — *Mexique*, 46, avenue Kléber. — *Chine*, rue de Juigné. — *Suède et Norwège*, rue Gœthe. — *Siam*, rue de Siam.

VIADUC D'AUTEUIL

Viaduc d'Auteuil

Situé au Point-du-Jour, qu'il relie à Issy; a été construit et terminé en 1865 par M. de Bassompierre et se compose de deux étages : le premier, destiné au passage des voitures et des piétons, est supporté par cinq arches; le deuxième est élevé sur arcades au-dessus du premier et sert au chemin de fer de ceinture; les piliers de ce deuxième pont forment des arches s'étendant sur quatre rangs tout le long de l'édifice. La longueur totale du pont est de 175 mètres; les cinq grandes arches ont 31 mètres de portée; la largeur du tablier est de 31 mètres au premier étage. Les jambages des arcades supérieures sont percés d'arcades plus petites formant de longues colonnades à piliers carrés. Le viaduc se continue au delà des quais jusqu'à Auteuil au nord et jusqu'à Issy au midi.

LE TROCADÉRO

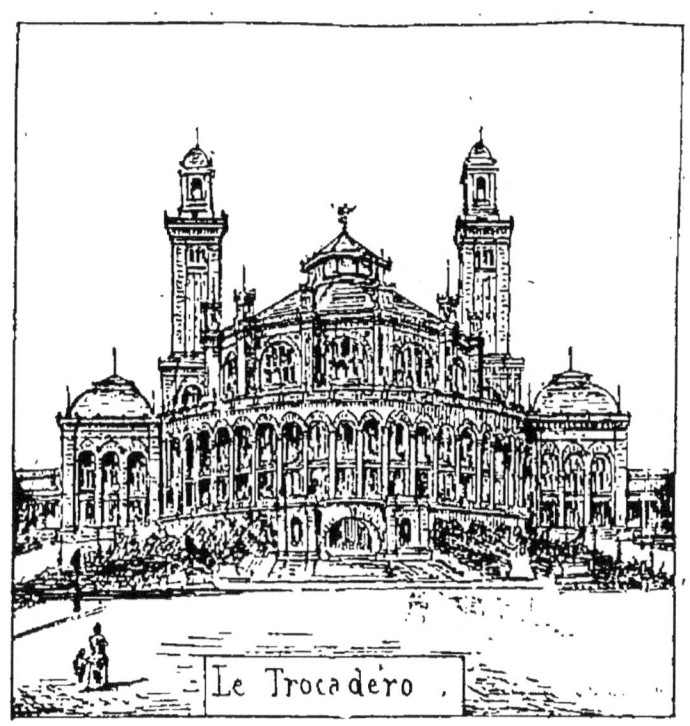
Le Trocadéro.

Situé place du Trocadéro. Ce palais, bâti à l'occasion de l'Exposition de 1878 par les architectes Davioud et Bourdais, se compose d'une rotonde centrale flanquée de deux tours et de deux galeries latérales en fer à cheval. La rotonde contient la salle des fêtes, où se trouve un orgue monumental. Les tours sont octogonales; elles ont 70 mètres de hauteur. La tour placée à l'est est munie d'un ascenseur. Les galeries latérales ont 400 mètres de développement. L'édifice central a 130 mètres de circonférence et 30 mètres de hauteur. La salle des fêtes peut contenir 5,000 personnes. Au-dessus de la coupole, statue de la *Renommée*, d'Antonin Mercié. Devant le palais est un vaste château d'eau. — Pour les *Renseignements pratiques*, voir p. 223 et 224.

Omnibus : lignes A, B, AB.
Tramways : Tr. A, — B, J, N, — P, AB.

PLAN DU XVIIᵉ ARRONDISSEMENT

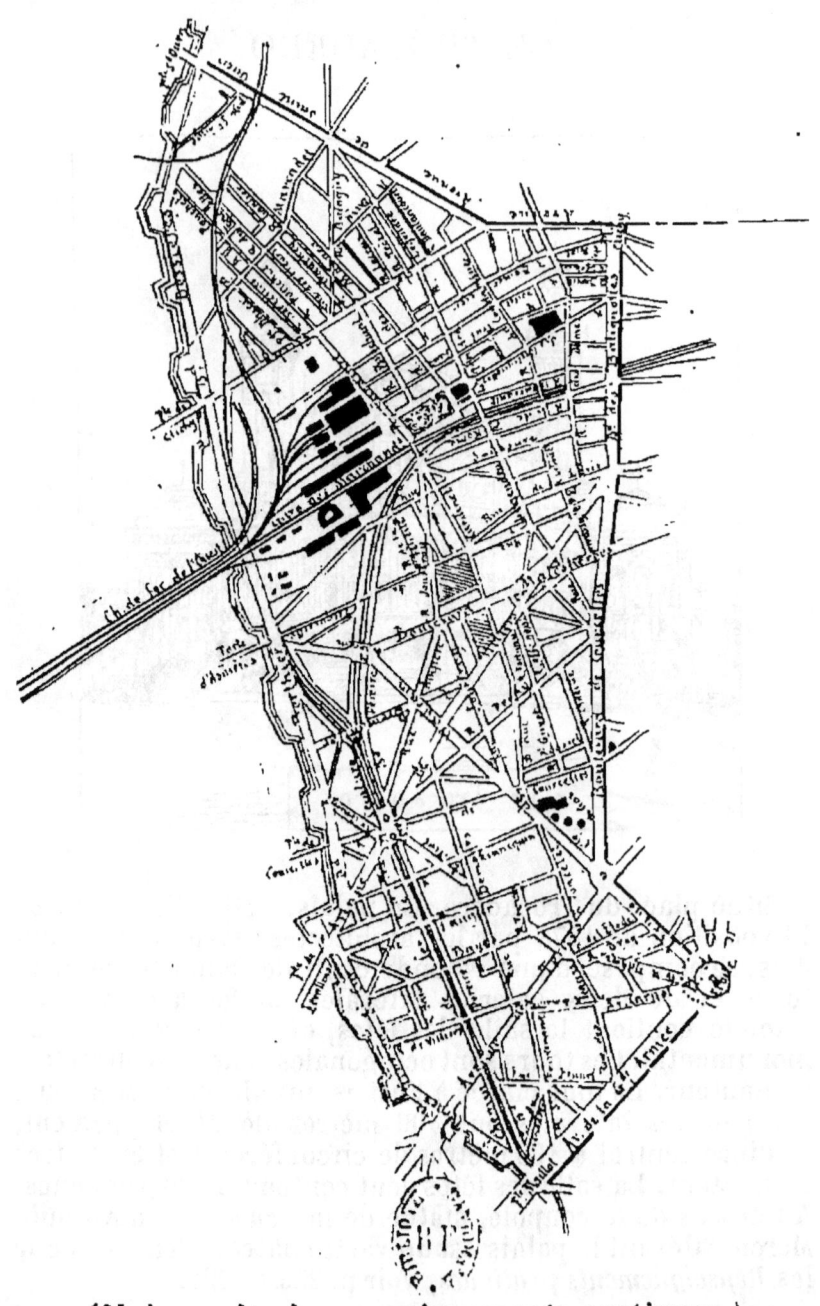

(Voir au dos les renseignements pratiques.)

XVIIe ARRONDISSEMENT

(BATIGNOLLES, MONCEAUX)

Mairie. — Rue des Batignolles, 18.

Commissariats de police. — Rue Laugier, 5. — Rue Demours, 98. — Place des Batignolles, 16. — Rue Gauthey, 38.

Poste, télégraphe, cabines téléphoniques. — Etoile, avenue de la Grande-Armée, 50 *bis*. P. T. C. — Les Ternes, rue Bayen, 16. P. T. C. — Les Batignolles, rue des Batignolles, 42. P. T. C. — Rue Legendre, 183. P. T. — Paris-Monceaux, rue Meissonier, 6. P. T.

Eglises catholiques. — *Saint-Ferdinand*. — *Saint-Michel*. — *Sainte-Marie*.

Temples protestants. — Etoile, avenue de la Grande-Armée, 54 (*calv.*). — Batignolles, boulevard des Batignolles, 46 (*cal.*). — Rue Dulong, 53 (*luth.*).

Ambassades, légations et consulats. — *République d'Orange*, rue Meissonier, 4. — *Urugay*, rue Lagelbach, 4.

NOTA.

Le XVIIe arrondissement ne contient aucune édifice public. Le seul monument qu'on y rencontre est le groupe sculptural élevé place Clichy, à la jonction des 8e, 9e, 17e et 18e arrondissements, en souvenir de la défense de Paris en 1815.

PLAN DU XVIIIᵉ ARRONDISSEMENT

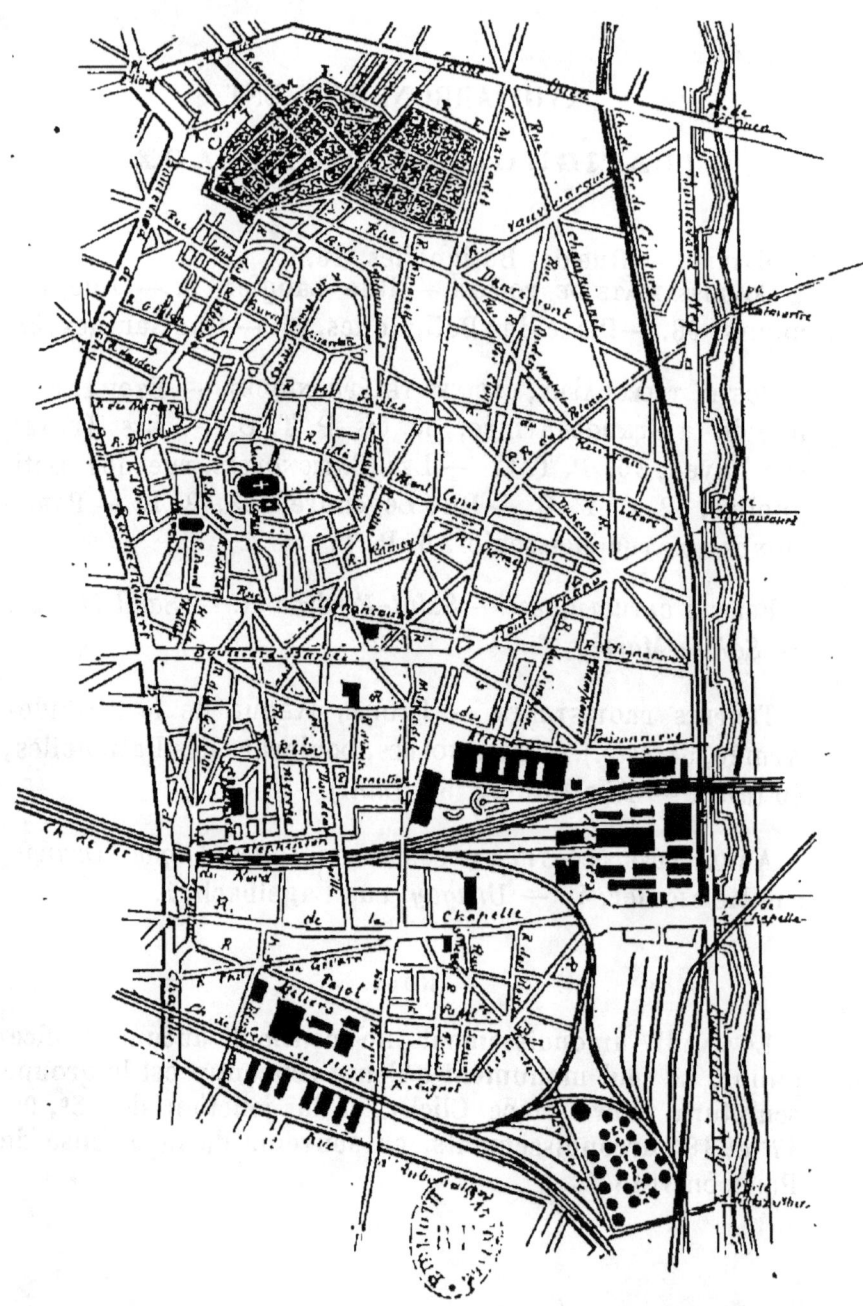

(Voir au dos les renseignements pratiques.)

XVIIIe ARRONDISSEMENT

(BUTTES-MONTMARTRE)

Mairie. — Place des Abbesses, 10.

Commissariats de police. — Rue Constance, 7. — Rue de Clignancourt, 66. — Rue Marcadet, 1. — Place de la Chapelle, 18.

Poste, télégraphe, cabines téléphoniques. — Montmartre, place des Abbesses, 8. P. T. — Clignancourt, rue Eugène-Sue, 29. P. T. — La Chapelle, rue Doudeauville, 4. P. T.

Eglises catholiques. — *Sacré-Cœur de Jésus*. — *Saint-Bernard*. — *Saint-Denis*. — *Saint-Pierre de Montmartre*.

Temples protestants. — Montmartre, rue Berthe, 2 *bis* (*cal.*). — rue des Poissonniers, 43 (*luth.*).

NOTA.

Le XVIIIe arrondissement ne contient aucun édifice public : mais on y trouve le cimetière du Nord ou cimetière Montmartre, où les monuments funéraires dignes de remarque sont peu nombreux, et une vaste basilique dite du Sacré-Cœur, en voie de construction depuis 1872 et dont le rez-de-chaussée est inachevé. Sa crypte est un important lieu de pèlerinage. On aperçoit du haut de la Butte-Montmartre un superbe panorama de Paris.

PLAN DU XIX⁹ ARRONDISSEMENT

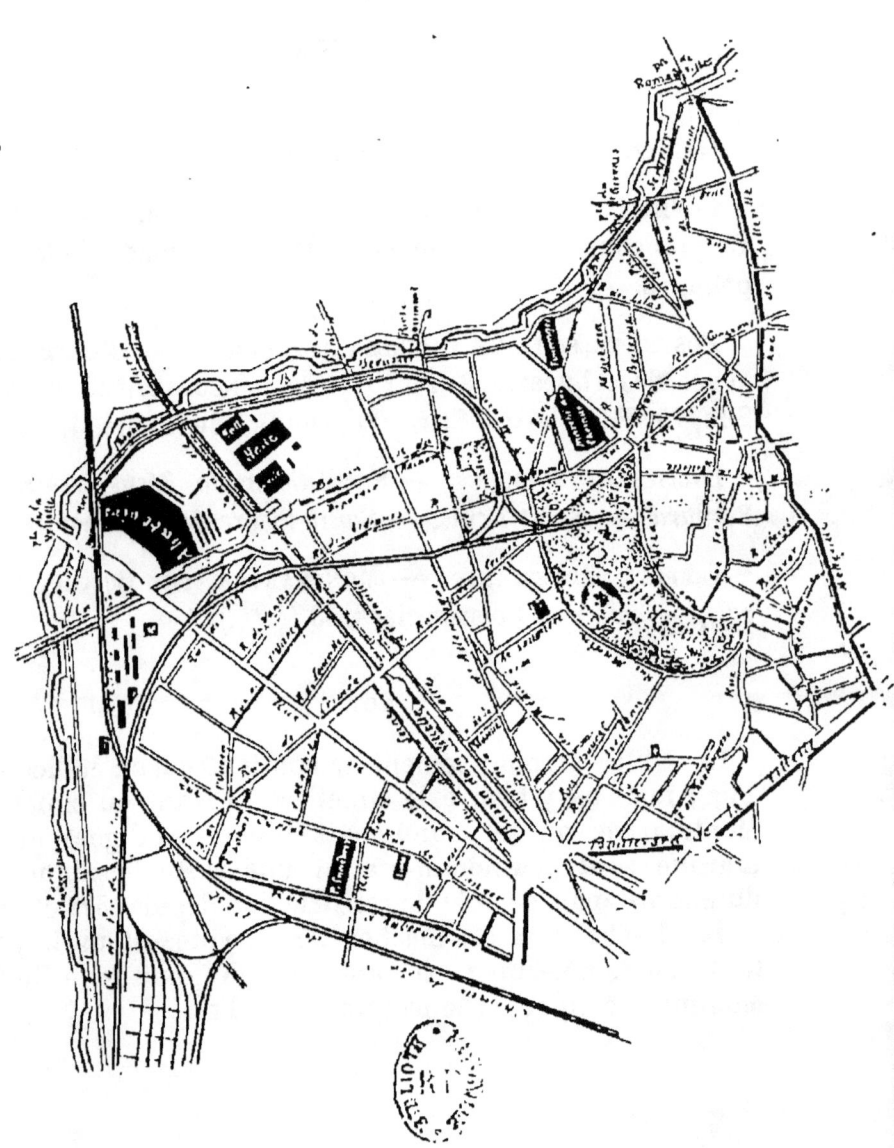

(Voir au dos les renseignements pratiques.)

XIXᵉ ARRONDISSEMENT

(BUTTES-CHAUMONT)

Mairie. — Avenue Laumière, 2.

Commissariats de police. — Rue de Tanger, 22. — Rue de Nantes, 19. — Rue d'Allemagne, 131. — Rue Pradier, 21.

Poste, télégraphe, cabine téléphonique. — La Villette, rue de Crimée, 174. P. T. C. — Rue d'Allemagne, 3. P. T. C. — Rue d'Allemagne, 130. P. T. C.

Églises catholiques. — Saint-Jacques et Cristophe. — Saint-Jean-Baptiste.

Temples protestants. — La Villette, rue de Crimée, 93 (*luth.*)

MARCHÉ AUX BESTIAUX

Marché aux bestiaux

Entrée principale, rue d'Allemagne. Ce marché a été construit, en même temps que les nouveaux abattoirs, par Janvier, sur les plans de Baltard (1865-1867). Un embranchement du chemin de fer de ceinture le relie à toutes les grandes gares; il est séparé des abattoirs par le canal de l'Ourcq. Une vaste cour précède la façade principale du marché ; au milieu s'élève l'ancienne fontaine du Château-d'Eau, à triple cuvette, et dont le bassin circulaire est partagé en quatre parties par huit lions accouplés qui lancent des jets d'eau. La façade du marché comprend la partie antérieure du pavillon du milieu ; à gauche, les bâtiments de la surveillance municipale; à droite, la régie. Derrière ces constructions sont deux abreuvoirs ; puis viennent trois immenses pavillons en fer qui constituent le marché proprement dit.

Omnibus : Ligne AC

PLAN DU XXᵉ ARRONDISSEMENT

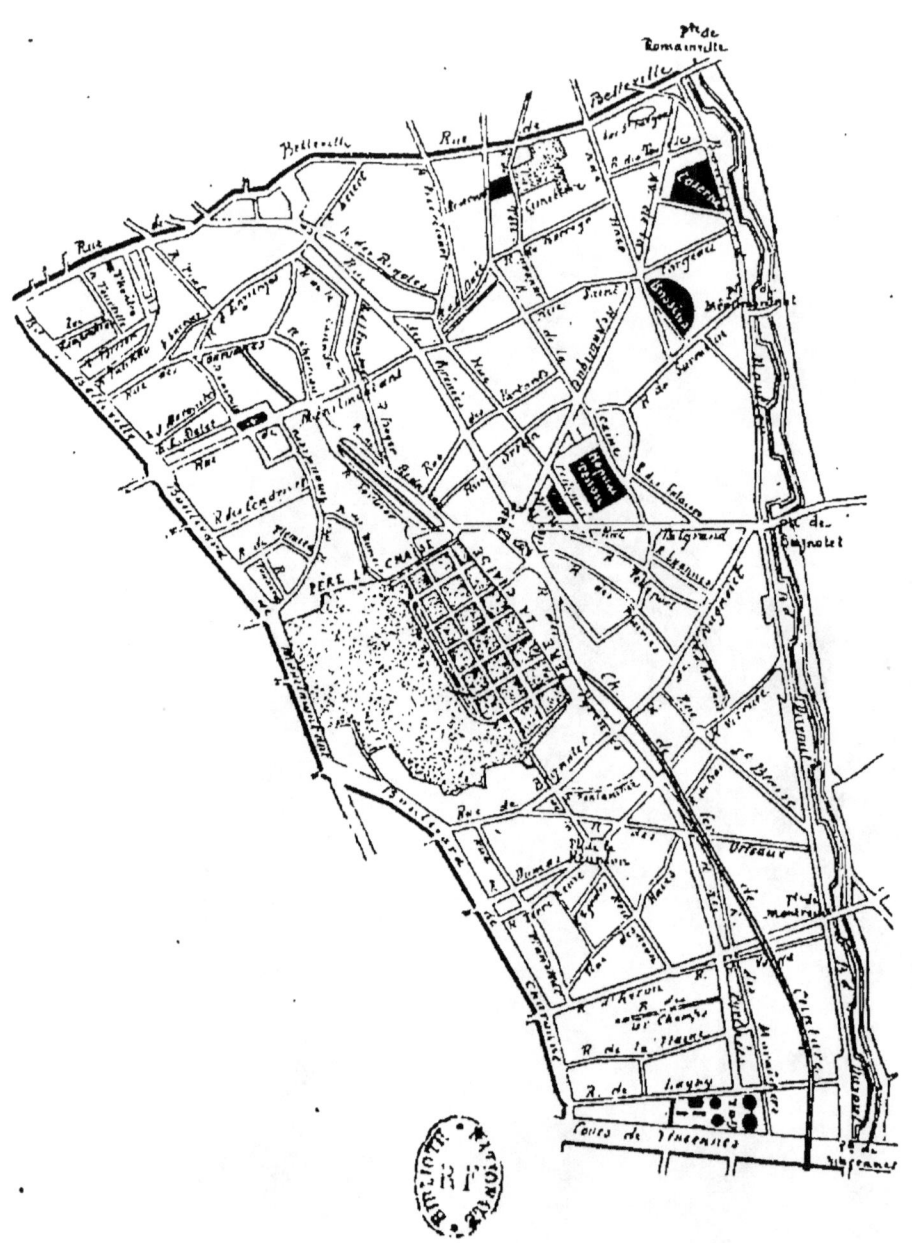

(Voir au dos les renseignements pratiques.)

XXᵉ ARRONDISSEMENT

(MÉNILMONTANT)

Mairie. — Place des Pyrénées.

Commissariats de police. — Rue Julien-Lacroix, 68. — Place des Pyrénées (à la Mairie). — Rue d'Avron, 60.

Poste, télégraphe, cabines téléphoniques. — Belleville, rue des Pyrénées, 397. P. T. C. — Charonne, rue de Bagnolet, 55. P. T.

Églises catholiques. — *Saint-Germain.* — *Notre-Dame de la Croix.*

Temples protestants. — Belleville, rue Julien-Lacroix, 97 (*calv.*).

CIMETIÈRE DU PÈRE-LACHAISE

Cimetière du Père-Lachaise

Situé boulevard Ménilmontant; on l'appelle également cimetière de l'Est. Il est de fondation relativement récente. Louis XIV, qui avait acquis le terrain d'un nommé Regnault, y avait établi un château de plaisance appelé Folie Regnault, dont il fit présent aux Jésuites. Le père Lachaise, supérieur de l'ordre et confesseur du roi, en prit possession. Après l'expulsion des jésuites, le terrain redevint propriété particulière; la ville de Paris l'acheta en 1804 et en fit un cimetière. Il contient les monuments funéraires de quantité de personnages illustres. Visiter en particulier la grande allée qui fait face à la porte d'entrée. — Pour les *Renseignements pratiques*, voir p. 229

Omnibus : Ligne P.
Tramways : Tr. E.

RENSEIGNEMENTS PRATIQUES

GARES DES CHEMINS DE FER

EMPLACEMENT DES GARES

I

DESSERVANT LES ENVIRONS DE PARIS

Chemins de fer de ceinture, gare Saint-Lazare, place du Havre.

Chemin de fer de Sceaux, place Denfert-Rochereau.

Chemin de fer de Vincennes, place de la Bastille.

Chemin de fer de Ceinture. — Gare Saint-Lazare. (Cette ligne fait le tour de Paris en longeant les fortifications.) Les trains s'arrêtent à Batignolles, Courcelles, Neuilly, Avenue du Bois de Boulogne, Avenue du Trocadéro, Passy, Auteuil, Point du Jour, Grenelle (embranchement pour le Champ-de-Mars), Issy, Ouest-Ceinture, Montrouge, La Glacière, La Maison Blanche, Orléans-Ceinture, La Rapée-Bercy, Bel-Air, Avenue de Vincennes, Charonne, Ménilmontant, Belleville-Villette, Pont de Flandre, Est-Ceinture, La Chapelle (Nord-Ceinture), Boulevard Ornano, Avenue de Saint-Ouen, Avenue de Clichy, Courcelles, Batignolles, Saint-Lazare. La durée totale de ce trajet circulaire est de deux heures.

II

DESSERVANT LES GRANDES LIGNES

Gare du Nord. — Place Roubaix. — Trains pour l'Angleterre *via* Boulogne et Calais, pour la Belgique et la Hollande, pour l'Allemagne, *via* Belgique.

GARE DE L'EST. — Place de Strasbourg. — Trains pour l'Allemagne par Nancy et Strasbourg, et pour la Suisse et l'Autriche *viâ* Delle.

GARE DE L'OUEST. — Place du Havre (lignes de Normandie). — Trains pour l'Angleterre, *viâ* Dieppe, le Hâvre, Cherbourg, Saint-Malo, pour New-York, *viâ* Le Havre.

GARE MONTPARNASSE (lignes de Bretagne). — Boulevard Montparnasse.

GARE D'ORLÉANS. — Place Walhubert. — Trains pour l'Espagne et le Portugal *viâ* Bordeaux ou Toulouse et la ligne du Midi, pour l'Amérique du Sud *viâ* Saint-Nazaire et Bordeaux.

GARE DE LYON-MÉDITERRANÉE. — Boulevard Diderot. — Trains pour la Suisse *viâ* Pontarlier, Genève, etc., pour l'Italie, *viâ* Modane et Vintimille, pour l'Espagne *viâ* Cette et Cerbère, pour l'Orient, l'Afrique et l'Asie, l'Australie *viâ* Marseille, pour l'Algérie *viâ* Marseille et Port-Vendres.

III

MOYENS D'ACCÈS AUX GARES

A la *Gare Saint-Lazare*. — Omnibus de la Compagnie de l'Ouest, partant de la Place de la République et de la Pointe-Saint-Eustache. — Omnibus : lignes B, F, X, A, I. — Tramways : Nord, 4, 6, 7.

A la *Gare Montparnasse*. — Omnibus de la Compagnie, partant de la Place de la Bourse. — Omnibus, ligne O. — Tramways : Sud, 1, 2, 3, 5.

A la *Gare du Nord*. — Omnibus : lignes K, V, AC. Tramways : ligne I.

A la *Gare de l'Est*. — Omnibus : lignes B, M. — Tramways : lignes G, H, I; Nord, 9, 10.

A la *Gare d'Orléans*. — Omnibus de la Compagnie d'Orléans, partant de la rue de Londres. — Omnibus : lignes G, P, T, A-E. Tramways : ligne M ; Sud, 3, 4, 8.

A la *Gare de Lyon*. — Omnibus, ligne R. — Tramways : ligne M ; Sud, 3.

A la *Gare de Sceaux*. — Omnibus de la Compagnie d'Orléans, partant de la rue de Londres. — Omnibus, ligne J. — Tramways : ligne G ; Sud, 1.

A la *Gare de Vincennes*. — Omnibus de la Compagnie de l'Est, partant de la place de la Bourse. — Omnibus : lignes E, F, P, R, S, Z. — Tramways : lignes C, I, K, L ; Sud, 7.

MOYENS DE TRANSPORT

DANS L'INTÉRIEUR DE PARIS

AVIS IMPORTANT. — Les objets oubliés dans les voitures ou bateaux (de même que ceux qui sont trouvés sur la voie publique) sont transportés à la Préfecture de Police. — Entrée : Quai du Marché-Neuf (Bureau des Objets trouvés, ouvert de 10 h. à 4 h.).

I

VOITURES PRISES SUR LA VOIE PUBLIQUE

TARIF

De six heures du matin à minuit trente :

Voitures à 2 places : la course, 1 fr. 50 ; l'heure, 2 fr.
— 4 — — 2 fr. — 2 fr. 50
— 6 — : — 2 fr. 50 — 3 fr.

De minuit trente à six heures du matin :

Voitures à 2 places : la course, 2 fr. 25 ; l'heure, 2 fr. 50
— 4 — : — 2 fr. 50 ; — 2 fr. 75
— 6 — : — 3 fr. — 3 fr. 50

Hors des fortifications, le tarif est ainsi modifié :

Voitures à 2 places : l'heure : 2 fr. 50
— 4 — : — 2 fr. 75

Indemnité de retour : 1 fr.
Bagages : 25 cent. par colis ; Maximum : 75 cent.

NOTA. La première heure se paie toujours intégralement et les autres par fractions de 5 minutes proportionnellement au prix de l'heure.

Les cochers sont tenus de remettre aux voyageurs le *numéro* de leurs voitures.

Les tarifs et les règlements de police sont inscrits sur ce *numéro*.

EXTRAIT DES RÈGLEMENTS DE POLICE

1° Les cochers de voitures dépourvues de galeries ne sont pas tenus d'accepter de bagages.

NOTA. Ne sont pas regardés comme bagages; les valises et objets pouvant être portés à la main ou placés dans la voiture sans la détériorer.

2° Les cochers ont le droit de demander des arrhes lorsqu'ils attendent à l'entrée d'un jardin ou d'un établissement où il est notoire qu'il existe plusieurs issues.

3° Les cochers ne sont pas tenus d'admettre plus de voyageurs qu'il n'y a de places indiquées à l'intérieur de leurs voitures.

NOTA. La voiture munie d'un strapontin est considérée comme voiture à 2 places, mais le cocher qui a accepté 3 voyageurs n'a plus le droit de refuser de conduire.

Un enfant au-dessous de 5 ans ne compte pas pour une personne.

4° Lorsque le temps employé pour le déplacement du cocher et l'attente du voyageur au lieu de chargement excèdent 15 minutes, le tarif à l'heure est appliqué à partir du moment où la voiture a été louée.

5° Le cocher qui se rend au lieu de chargement et n'est pas occupé a droit à la moitié du prix d'une course, si le temps employé pour le déplacement et l'attente ne dépasse pas un quart d'heure; le prix entier d'une course, si le temps excède un quart d'heure.

6° Lorsqu'un cocher est requis de s'arrêter en route ou de changer l'itinéraire le plus direct, l'heure est due; toutefois le cocher, quoique pris à la course, est tenu de laisser monter ou descendre un voyageur en route.

7° Après 10 heures du soir en hiver et minuit en été, les cochers ne sont pas tenus de franchir les fortifications.

8° Ils ne sont pas obligés, non plus, de recevoir des animaux.

9° Ils seront prévenants envers le public. Tout acte de grossièreté de leur part sera sévèrement réprimé.

II

LIGNES D'OMNIBUS

A. — Auteuil, Madeleine.
B. — Trocadéro, Gare de l'Est.
C. — Porte-Maillot, Hôtel-de-Ville.
D. — Ternes, Boulevard des Filles-du-Calvaire.
E. — Madeleine, Bastille.
F. — Place Wagram-Bastille.
G. — Batignolles-Clichy-Odéon.
H. — Batignolles-Jardin des Plantes.
I. — Place Pigalle, Halle aux vins.
J. — Montmartre, Place Saint-Jacques.
K. — Gare du Nord, Boulevard Saint-Marcel.
L — La Villette, Saint-Sulpice.

M. — Lac Saint-Fargeau, Arts-et-Métiers.
N. — Belleville, Louvre.
O. — Ménilmontant, Gare Montparnasse.
P. — Charonne, Place d'Italie.
Q. — Plaisance, Hôtel-de-Ville.
R. — Gare de Lyon, Saint-Philippe-du-Roule.
S. — Charenton, Place de la République.
T. — Gare d'Orléans, square Montholon.
U. — Chaussée d'Antin, Gare du Nord.
V. — Parc Montsouris, Place de la République.
X. — Vaugirard, Gare Saint-Lazare.
Y. — Grenelle, Porte Saint-Martin.
Z. — Grenelle, Bastille.
AB. — Passy, Bourse.
AC. — Petite Villette, Champs-Elysées.
AD. — Place de la République, Ecole militaire.
AE. — Forges d'Ivry, Pont Saint-Michel.
AF. — Panthéon, Place Courcelles.
AG. — Louvre, Porte de Versailles.
AH. — Auteuil, Place Saint-Sulpice.
AI. — Gare Saint-Lazare, Place Saint-Michel.
AJ. — Parc Monceau, La Villette.

III

LIGNES DE TRAMWAYS

1° Réseau central

A. — Louvre, Saint-Cloud.
B. — Louvre, Sèvres.
C. — Louvre, Vincennes.
D. — L'Etoile, la Villette.
E. — La Villette, Place de la Nation.
F. — Louvre, Cours de Vincennes.
G. — Montrouge, Gare de l'Est.
H. — Square Monge, La Chapelle.
I. — Saint-Ouen, Bastille.
J. — Louvre, Passy.
K. — Louvre, Charenton.
L. — Bastille, Pont de l'Alma.
M. — Gare de Lyon, Pont de l'Alma.
N. — Rue Taitbout, La Muette.
O. — Gare d'Auteuil, Boulogne.

P. — Trocadéro, La Villette.
Q. — Halles, Porte d'Ivry.
R. — Boulogne, Pont de Billancourt.
S. — Pont de Charenton, Créteil.
AB. — Louvres, Versailles.

1º Réseau nord

1. — Madeleine, Levallois-Perret.
2. — Madeleine, Parc de Neuilly.
3. — Madeleine, Suresnes.
4. — Boulevard Haussmann, Asnières.
5. — Place de la République, Pantin.
6. — Place de la République, Aubervilliers.
7. — Rue Taitbout, Saint-Denis.
8. — Boulevard Haussmann, Saint-Ouen.
9. — L'Etoile, Courbevoie.
10. — Rue de Lafayette, Saint-Denis.

3º Réseau sud

1. — Saint-Germain-des-Prés, Fontenay-aux-Roses.
2. — Gare Montparnasse, L'Etoile.
3. — Gare Montparnasse, Bastille.
4. — Gare d'Orléans, Villejuif.
5. — Saint-Germain-des-Prés, Clamart.
6. — Place de la Nation, Montreuil.
7. — Bastille-Charenton.
8. — Place de la Nation, Gare d'Orléans.
9. — Square Cluny, Ivry.
10. — Square Cluny, Vitry.
11. — Champs-Elysées, Vanves.

IV

BATEAUX A VAPEUR

Bateaux-Express. — Pont de Charenton, Auteuil, Point-du-Jour, Suresnes.

Hirondelles parisiennes. — Pont de Charenton, Pont d'Austerlitz.

Mouches. — Pont de Bercy, Auteuil.

Hirondelles. — Pont-Royal, Suresnes.

CE QU'ON PEUT VOIR

EN OMNIBUS — EN TRAMWAY — EN BATEAU

I

EN OMNIBUS

Voiture A. — D'Auteuil à la Madeleine.
Voiture jaune. — Feu rouge.

Parcours. — 6596 mètres. — Trajet, 54 minutes.

Voies principales. — Avenue du Trocadéro, Champs-Élysées, Place de la Concorde, rue Royale.

MONUMENTS. — Trocadéro, Hippodrome, Palais de l'Industrie, Panoramas, Cirque d'Été, Place de la Concorde, La Madeleine, Le Marché aux Fleurs.

Voiture B. — Du Trocadéro à la gare de l'Est.
Voiture brun Van Dyck, 1 feu rouge, 1 feu blanc.

Parcours. — 6119 mètres. — Trajet, 48 minutes.

Voies principales. — Avenue Kléber, rues de la Pépinière, Saint-Lazare, Chateaudun, Lafayette.

MONUMENTS. — Eglise Saint-Augustin, Caserne de la Pépinière, gare de l'Ouest, Eglise de la Trinité, Eglise Notre-Dame de Lorette, Square Montholon, Gare de l'Est.

Voiture C. — Porte Maillot à l'Hôtel-de-ville.
Voiture jaune, 1 feu rouge, 1 feu blanc.

Parcours. — 5600 mètres. — Trajet, 40 minutes.

Voies principales. — Champs-Élysées, Place de la Concorde, rue de Rivoli, Châtelet.

MONUMENTS. — Cirque d'Été, Palais de l'Industrie, Place de la Concorde, Tuileries, Palais et musée du Louvre, Ministère des Finances, Théâtre du Châtelet, Théâtre Lyrique, Hôtel-de-Ville.

Voiture D. — Ternes au boulevard des Filles-du-Calvaire.

Voiture jaune, feu rouge.

Parcours. — 7747 mètres. — Trajet, 52 minutes.

Voies principales. — Rue Saint-Honoré, Boulevard de la Madeleine, Palais-Royal, rue de Rivoli, les Halles.

MONUMENTS. — Eglise Saint-Philippe du Roule, Ministère de l'Intérieur, Palais de l'Elysée, Ambassade d'Angleterre, Théâtre Français, Madeleine, Place Vendôme, Palais-Royal, Colonne Vendôme, Louvre, Mairie du 1er arrondissement, Louvre, Saint-Germain l'Auxerrois, Eglise Saint-Eustache, Eglise Saint-Roch.

Voiture E. — Madeleine-Bastille.

Voiture brun, Van Dyck, 1 feu rouge, 1 feu blanc.

Parcours. — 4588 mètres. — Trajet, 32 minutes.

Voies principales. — Les grands boulevards.

MONUMENTS. — Eglise de la Madeleine, Marché aux Fleurs, Montagnes russes, Salle des Conférences, Opéra, Vaudeville, Robert Houdin, Musée Grévin, Variétés, Gymnase, Porte Saint-Denis, Porte Saint-Martin, Théâtre de la Renaissance et de la Porte Saint-Martin, Théâtre de l'Ambigu comique, Place du Château-d'Eau, Caserne, Marché aux Fleurs, Théâtre Déjazet, Cirque d'Hiver, Théâtre Beaumarchais, la Place de la Bastille, Gare de Vincennes, Colonne de Juillet.

Voiture F. — De la place Wagram à la Bastille.

Voiture brun foncé, feu rouge.

Parcours. — 6066 mètres. — Trajet, 53 minutes.

Voies principales. — Place du Havre, Opéra, la Bourse, Place des Vosges.

MONUMENTS. — Réservoir municipal, Collège Chaptal, Gare Saint-Lazare, Grand Opéra, Eglise Notre-Dame des Victoires, Place des Victoires, La Banque, Eglise Saint-Eustache, Archives nationales, Halles centrales, Musée Carnavalet, Place des Vosges, Théâtre Beaumarchais, Place de la Bastille.

Voiture G. — Clichy à l'Odéon.

Voiture jaune, 1 feu rouge, 1 feu blanc.

Parcours, — 6756 mètres. — Trajet, 58 minutes.

Voies principales. — Rue de Richelieu, Carrousel, rue de Saints-Pères.

Monuments. — Place Clichy, Place Saint-Georges (Hôtel Thiers), Eglise Notre-Dame de Lorette, Bibliothèque nationale, Théâtre-Français, Place du Carrousel, Tuileries, Louvre, Monument Gambetta, Pont des Saints-Pères, Hôpital de la Charité, Ecole des Ponts et Chaussées, Académie de médecine, Statue de Diderot, Eglise Saint-Germain-des-Prés, Mairie du VIe arrondissement, Grand séminaire, Fontaine et église Saint-Sulpice, Caserne-Palais du Luxembourg, Odéon.

Voiture H. — Des Batignolles au Jardin des Plantes.

Voiture brun clair, 1 feu vert, 1 feu blanc.

Parcours. — 6805 mètres. — Trajet, 56 minutes.

Voies principales. — Chaussée d'Antin, Opéra, Palais-Royal; Châtelet, Cité, Halle aux Vins.

Monuments. — Square des Batignolles, Mairie du XVIIe arrondissement, Eglise et square de la Trinité, Opéra, Théâtre-Français, Palais-Royal, Magasins du Louvre, Ministère des Finances, Palais et musée du Louvre, Place du Louvre, Place et théâtre du Châtelet, Ancien théâtre Lyrique, Pont Notre-Dame, Hôtel-Dieu, Caserne de la Cité, Place du Parvis Notre-Dame, Palais de l'Archevêché, Halle aux Vins, Jardin des Plantes.

Voiture I. — Place Pigalle à la Halle aux Vins.

Voiture verte, feu rouge.

Parcours. — 5387 mètres. — Trajet, 42 minutes.

Voies principales. — Rue des Martyrs, La Bourse, Place des Victoires.

Monuments. — Cirque Fernando, Eglise Notre-Dame de Lorette, Hôtel des Ventes, Mairie du IXe arrondissement, La Bourse, Place des Victoires, La Banque, Mairie du Ier arrondissement, Eglise Saint-Germain l'Auxerrois, Pont-Neuf, Palais de Justice, Tribunal de commerce, Place Saint-Michel, Ancien Hôtel-Dieu, Place Maubert, Eglise Saint-Nicolas-des-Champs, Halle aux Vins.

Voiture J. — De Montmartre à la place Saint-Jacques.

Voiture rouge, feu jaune.

Parcours. — 7503 mètres. — Trajet, 69 minutes.

Voies principales. — Rue Rochechouart, faubourg et rue Montmartre, Les Halles, La Cité, boulevard Saint-Michel, rue Saint-Jacques.

MONUMENTS. — Eglise Notre-Dame de Clignancourt, Square Montholon, Hôtel des Postes, Eglise Saint-Eustache, Les Halles, Place du Châtelet, Pont au Change, Tribunal de commerce, Palais de justice, Sainte-Chapelle, Caserne de la Cité, Préfecture de police, Pont et Fontaine Saint-Michel, Musée de Cluny, Lycée Saint-Louis, Place de la Sorbonne, Luxembourg, Eglise Saint-Jacques du Haut-Pas, La Maternité, Hôpital du Midi, Hospice Cochin, Observatoire, Place Saint-Jacques, Gare de Sceaux.

Voiture K. — Gare du Nord au boulevard Saint-Marcel.

Voiture jaune, 1 feu vert, 1 feu rouge.

Parcours. — 5773 mètres. — Trajet, 50 minutes.

Voies principales. — Châtelet, Cité.

MONUMENTS. — Gare du Nord, Prison Saint-Lazare, Porte Saint-Denis, Fontaine des Innocents, Place du Châtelet, Pont Notre-Dame, Hôtel-Dieu, La Cité, Notre-Dame, La Morgue, Pont de l'Archevêché, Halle aux Vins, Jardin des Plantes, La Pitié, Marché aux chevaux, Manufacture des Gobelins.

Voiture L. — De la Villette à Saint-Sulpice.

Voiture brun Van Dyck, 1 feu vert, 1 feu blanc.

Parcours, — 7500 mètres. — Trajet, 58 minutes.

Voies principales. — Faubourg Saint-Martin, Cité, boulevard Saint-Michel.

MONUMENTS. — Abattoirs, Canal Saint-Denis, Canal de l'Ourcq, Bassin de la Villette, Canal Saint-Martin, Gare de Strasbourg, Hôpital militaire, Mairie du Xe arrondissement, Porte Saint-Martin, Conservatoire et square des Arts-et-Métiers, Théâtre de la Gaîté, Pont Notre-Dame, L'Hôtel-Dieu, Parvis Notre-Dame, Caserne de la Cité, Préfecture de police, Petit Pont, Place et fontaine Saint-Michel, Musée de Cluny, Ecole de Médecine, Place Saint-Germain-des-Prés, Place Saint-Sulpice.

Voiture M. — Du Lac Saint-Fargeau aux Arts-et-Métiers.

Voiture brun foncé, 1 feu vert et 1 feu rouge.

Parcours. — 5727 mètres. — Trajet, 50 minutes.

Voies principales. — Faubourg Saint-Martin, Boulevard de Strasbourg.

MONUMENTS. — Buttes-Chaumont, Gare de Strasbourg, Eglise Saint-Laurent, Square des Arts-et-Métiers.

Voiture N. — De Belleville au Louvre.

Voiture verte, feu rouge.

Parcours. — 3852 mètres. — Trajet, 32 minutes.

Voies principales. — Boulevards Saint-Martin et Saint-Denis, rues d'Aboukir et Croix-des-Petits-Champs.

MONUMENTS. — Caserne du Château-d'Eau, Place de la République, Folies-Dramatiques, Théâtres de la Renaissance et Porte Saint-Martin, Porte Saint-Denis, Place des Victoires, La Banque, Magasins du Louvre.

Voiture O. — De Ménilmontant à la gare Montparnasse.

Voiture verte, 1 feu rouge, 1 feu vert.

Parcours. — 7334 mètres. — Trajet, 60 minutes.

Voies principales. — Boulevard Sébastopol, Châtelet, rue de Rennes.

MONUMENTS. — Mairie du XXe arrondissement, Eglise Notre-Dame de la Croix, Cirque d'Hiver, Imprimerie Sainte-Barbette, Mairie du IVe arrondissement, Hôtel-de-Ville, Place du Châtelet, Pont-Neuf, Place Saint-Germain des Prés, Gare Montparnasse.

Voiture P. — De Charonne à la place d'Italie.

Voiture jaune, feu rouge.

Parcours. — 6313 mètres. — Trajet, 48 minutes.

Voies principales. — Rue de la Roquette, rue de Lyon, Boulevard de l'Hôpital.

MONUMENTS. — Cimetière de l'Est (Père-Lachaise), Prisons de la Grande et Petite Roquette, Place de la Bastille, Gare de Vincennes, Pont d'Austerlitz, Place Valhubert (Jardin des Plantes, Gare d'Orléans), Marché aux chevaux, Salpêtrière, Eglise Saint-

Marcel, Anciens abattoirs de Villejuif, Mairie du XIIIe arrondissement.

Voiture Q. — De Plaisance à l'Hôtel-de-Ville.
Voiture bleu foncé, feu rouge.

Parcours. — 4782 mètres. — Trajet, 44 minutes.

Voies principales. — Rue du Montparnasse, rue Bonaparte, La Cité, boulevard Sétabospol.

Monuments. — Cimetière Montparnasse, Théâtre Montparnasse, Eglise Notre-Dame des Champs, Jardin du Luxembourg, Mairie du VIe arrondissement, Place Saint-Sulpice, Place et Pont Saint-Michel, Préfecture de Police, Caserne, Palais de Justice, Pont au Change, Place du Châtelet, Hôtel-de-Ville.

Voiture R. — Gare de Lyon à Saint-Philippe-du-Roule.
Voiture brun Van Dyck, 1 feu rouge, 1 feu blanc.

Parcours. — 6372 mètres. — Trajet, 50 minutes.

Voies principales. — Avenue Victoria, Boulevard Sébastopol, rue Royale, rue Saint-Honoré.

Monuments. — Gare de Lyon, Place de la Bastille, Mairie du IVe arrondissement, Hôtel-de-Ville, Place du Châtelet, Place du Palais-Royal, Théâtre Français, Ambassade d'Angleterre, Elysée, Ministère de l'Intérieur, Eglise Saint-Philippe du Roule.

Voiture S. — Barrière de Charenton à la Place de la République.
Voiture brun Van Dyck, 1 feu rouge, 1 feu blanc.

Parcours. — 5058 mètres. — Trajet : 40 minutes.

Voies principales. — Boulevards Beaumarchais, Filles-du-Calvaire et du Temple.

Monuments. — Mairie du XIIe, Hospice Saint-Eugène, Place de la Bastille, Théâtre Beaumarchais, Hôtel de Ninon de Lenclos, Théâtre Déjazet, Place de la République.

Voiture T. — Gare d'Orléans au Square Montholon.
Voiture jaune, feu orange.

Parcours. — 5337 mètres. — Trajet, 42 minutes.

Voies principales. — Rue de Rivoli, Faubourg Saint-Denis, rue Lafayette.

MONUMENTS. — Place Walhubert, Jardin des Plantes, Halle aux Vins, Pont de la Tournelle, Église Saint-Louis-en-l'Ile, Pont-Marie, Mairie du IVe arrondissement, Conservatoire des Arts-et-Métiers, Porte Saint-Martin, Porte Saint-Denis, Conservatoire de Musique, Square Montholon.

Voiture U. — Du Parc de Montsouris à la Place de la République.

Voiture jaune, 1 feu vert et un feu rouge.

Parcours. — 6218 mètres. — Trajet, 50 minutes.

Voies principales. — Rue Cuvier, rue Monge, rue de Turenne.

MONUMENTS. — Parc de Montsouris, Eglise Saint-Médard, Halle aux cuirs, Place Monge, Eglise Saint-Nicolas du Chardonnet. — Pont de Sully, Bibliothèque de l'Arsenal. — Musée Carnavalet, Les Archives, Square du Temple, Place de la République.

Voiture V. — Du Maine à la Gare du Nord.

Voiture brun clair, 1 feu vert et 1 feu rouge.

Parcours. — 7540 mètres. — Trajet, 55 minutes.

Voies principales. — Rue de Rennes, rue de la Banque, rue Vivienne, faubourg Montmartre.

MONUMENTS. — Gare Montparnasse, Prison militaire du Cherche-Midi, Place Saint-Germain-des-Prés, Ecole des Beaux-Arts, Palais de l'Institut, Pont-Neuf, Place du Louvre, la Banque, Place des Victoires, Caserne de la rue de la Banque, Le Timbre, La Bourse, Conservatoire de Musique, Caserne Poissonnière, Eglise Saint-Vincent-de-Paul, Gare du Nord.

Voiture X. — De Vaugirard à la Gare Saint-Lazare.

Voiture jaune, 1 feu vert, 1 feu jaune.

Parcours. — 6100 mètres. — Trajet, 46 minutes.

Voies principales. — Rue du Bac, Rue des Tuileries, Rue Tronchet, Rue Saint-Lazare.

MONUMENTS. — Eglise Saint-Humbert, Mairie du XVe arrondissement, Hospice Necker, Hôpital des Enfants malades, Intendance militaire, Pont Royal, Les Tuileries.

Voiture Y. — De Grenelle à la Porte Saint-Martin.

Voiture brun clair, 1 feu rouge, 1 feu blanc.

Parcours. — 7225 mètres. — Trajet, 52 minutes.

Voies principales. — Rue de Grenelle, rue de l'Université, rue J.-J Rousseau, rue Montmartre.

Monuments. — Théâtre de Grenelle, Champ-de-Mars, Ecole militaire, Les Invalides, Archevêché, Ecole d'Etat-Major, Palais-Bourbon, Ministère de la Guerre, Pont-Royal, Les Tuileries, Le Louvre, Place du Carrousel, Place du Palais-Royal, Hôtel des Postes, Le Gymnase, la Ménagère, Porte Saint-Denis, Porte Saint-Martin.

Voiture Z. — De Grenelle à la Bastille.
Voiture brun clair, feu vert.

Parcours. — 6979 mètres. — Trajet, 52 minutes.

Monuments. — Réservoirs de Vaugirard, Couvent des Carmes, Luxembourg, Odéon, Collège de France, Pont de la Tournelle, Église de Saint-Louis-en-l'Ile, Pont Marie, Lycée Charlemagne, Église Saint-Antoine, Place de la Bastille.

Voiture A-B. — De Passy à la Place de la Bourse.
Voiture verte, feu vert.

Parcours. — 6280 mètres. — Trajet, 52 minutes.

Voies principales. — Avenue Victor-Hugo, Faubourg Saint-Honoré, rue Royale, rue du 4 Septembre.

Monuments. — Mairie du XVI° arrondissement, Trocadéro, Maison de Victor Hugo, Place de l'Étoile, Arc de Triomphe, Église Saint-Philippe du Roule, Ministère de l'Intérieur, Palais de l'Elysée, Ambassade d'Angleterre, Place de la Madeleine.

Voiture A-C. — Petite-Villette aux Champs-Élysées.
Voiture jaune, 1 feu blanc, 1 feu vert.

Parcours. — 6079 mètres. — Trajet, 50 minutes.

Voies principales. — Rue de La Fayette, Chaussée d'Antin, rue Royale.

Monuments. — Bassin de La Villette, Gare du Nord, Eglise Saint-Vincent-de-Paul, caserne Poissonnière, Square Montholon, Église Notre-Dame-de-Lorette, Vaudeville, Place de la Madeleine Place de la Concorde, Cours-la-Reine.

Voiture A-D. — Place de la République à l'Ecole-Militaire.
Voiture verte, feu vert.

Parcours. — 6955 mètres. — Trajet, 54 minutes.

Voies principales. — Rue de Rivoli, rue Dauphine, rue Saint-Dominique, Avenue de la Motte-Piquet.

Monuments. — Place de la République, Marché du Temple, Hôtel Saint-Aignan, Hôtel-de-Ville, Tour Saint-Jacques, Place du Châtelet, Pont-Neuf, Place Saint-Germain-des-Prés, Hôpital de la Charité, Ministère de la Guerre, Ambassade d'Espagne, Esplanade des Invalides, Eglise Saint-Pierre, Hospice Leprince, Ecole militaire, Eglise Saint-Xavier.

Voiture A-E. — Des Forges d'Ivry au Pont Saint-Michel.

Voiture verte, feu vert.

Parcours. — 6102 mètres. — Trajet, 46 minutes.

Voies principales. — Les quais, depuis le Pont de la Gare jusqu'au Pont Saint-Michel.

Monuments. — Pont de Tolbiac, Gare des Marchandises, Pont de Bercy, Gare du Départ (Orléans), Place Walhubert, Pont d'Austerlitz, Halle et Port aux vins, Pont de Sully, Pont de la Tournelle, Pont de l'Archevêché, Pont au Double, Petit-Pont, Pont et Place Saint-Michel.

Voiture A-F. — Du Panthéon à la Place de Courcelles.

Voiture verte, feu rouge.

Parcours. — 7567 mètres. — Trajet, 55 minutes.

Voies principales. — Rue Soufflot, rue de Médicis, rue de Sèvres, rue du Bac, rue Royale, Boulevard Malherbes, Avenue de Messine.

Monuments. — Panthéon, Ecole de Droit, Luxembourg, Théâtre de l'Odéon, Place Saint-Sulpice, Fontaine de la rue de Grenelle, Ministère des Travaux publics, Ministère de la Guerre, Cercle Agricole, Palais Bourbon, Pont et Place de la Concorde, Ministère de la Marine, Place de la Madeleine, Eglise Saint-Augustin.

Voiture A-G. — Porte de Versailles au Louvre.

Voiture brun Van Dyck, 1 feu rouge, 1 feu blanc.

Parcours. — 5602 mètres. — Trajet, 42 minutes.

Voies principales. — Rue de Vaugirard, rue de Sèvres, rue Bonaparte.

Monuments. — Etablissement des Jésuites, Institut des Frères des Ecoles chrétiennes, Hôpital Laennec, Square des Ménages, Place Saint-Germain-des-Prés, Place du Carrousel, Théâtre-Français, Place du Palais-Royal, Magasins du Louvre.

Voiture A-H. — D'Auteuil à la Place Saint-Sulpice.
Voiture jaune, feu orange.

Parcours. — 6334 mètres. — Trajet : 49 minutes.

Voies principales. — Avenue de Lowendall, rue de Babylone, rue de Sèvres.

Monuments. — Pont de Grenelle, École Militaire, Caserne Lowendall, Couvent du Sacré-Cœur, Caserne de Babylone, Sœurs de Saint-Vincent-de-Paul, Missions étrangères, Square des Ménages, Place Saint-Sulpice.

Voiture A-I. — De la Gare Saint-Lazare à la Place Saint-Michel.
Voiture bleue, 1 feu rouge, 1 feu blanc.

Parcours. — 3250 mètres. — Trajet, 26 minutes.

Voies principales. — Rue Auber, rue de Rivoli, La Cité.

Monuments. — Gare Saint-Lazare, Lycée Condorcet, Opéra, Société des Comptes-courants, Cercle militaire, Place du Théâtre-Français, Tour Saint-Jacques, Place du Châtelet, Pont-au-Change, Tribunal de Commerce, Palais de Justice, Sainte-Chapelle, Préfecture de Police, Caserne de la Cité, Pont et Place Saint-Michel.

Ligne A-J. — Du Parc Monceau à La Villette.
Voiture verte, 1 feu vert, 1 feu blanc.

Parcours. — 5100 mètres. — Trajet, 48 minutes.

Voies principales. — Rue Championnet, rue Ordener, rue de Crimée.

Monuments. — Parc Monceau, Église Sainte-Marie (Batignolles), Église de Clignancourt, Ateliers de la Compagnie du Nord, Gare de la Chapelle, Pompes funèbres, Mairie du XIXe, Église de la Villette, Canal de l'Ourcq, Place de Bitche.

II

EN TRAMWAY

1° TRAMWAYS DE LA COMPAGNIE DES OMNIBUS

Tr. A. — De Saint-Cloud au Louvre.
Voitures vertes, feux orangé et blanc.

Parcours. — 10135 mètres. — Trajet, 1 heure.
Itinéraire. — Place d'Armes (Saint-Cloud), Pont de Saint-Cloud, Rond-Point de Boulogne, Avenue de Versailles, Quais de Passy, de Billy et de la Conférence, Place de la Concorde, Quai des Tuileries.
Monuments. — Trocadéro, Hippodrome, Palais de l'Industrie, Tuileries, Louvre, Saint-Germain-l'Auxerrois

Tr. B. — Du Louvre à Sèvres.
Voitures bleues, feux vert et blanc.

Parcours. — 11345 mètres. — Trajet, 1 heure 10 minutes.
Itinéraire. — Quais du Louvre et des Tuileries, Place de la Concorde, Quais de la Conférence, de Billy et de Passy, Avenue de Versailles, Point-du-Jour, Route de Versailles, Pont de Sèvres, Grande-Rue de Sèvres.
Monuments. — Saint-Germain-l'Auxerrois, Louvre, Tuileries, Palais de l'Industrie, Hippodrome, Trocadéro.

Tr. C. — Du Louvre à Vincennes.
Voitures brunes, feux orangé et blanc.

Parcours. — 8258 mètres. — Trajet, 58 minutes.
Itinéraire. — Quais du Louvre, de la Mégisserie, de Gesvres, de l'Hôtel-de-Ville et des Célestins, Boulevard Henri IV, Bastille, Faubourg Saint-Antoine, Place de la Nation, Boulevard Picpus, Avenues de Saint-Mandé, du Bel-Air et Poirier, Rue de Paris, Avenue de Vincennes.
Monuments. — Saint-Germain-l'Auxerrois, Louvre, Théâtres du Châtelet et de l'Opéra-Comique, Hôtel-de-Ville, Colonne de Juillet, Gare de Vincennes.

Tr. D. — De l'Etoile à La Villette.
Voitures brun foncé, feux blanc et rouge.

Parcours. — 5959 mètres. — Trajet, 44 minutes.

Itinéraire. — Avenue de Wagram, Boulevards de Courcelles, de Batignolles, Clichy, Rochechouart, de La Chapelle, de La Villette.

Monuments. — Arc-de-Triomphe, Collèges Chaptal et Rollin.

Tr. E. — De La Villette à la Place de la Nation.
Voitures brun foncé, feux rouge et blanc.

Parcours. — 4861 mètres. — Trajet, 32 minutes.

Itinéraire. — Boulevards de La Villette, de Belleville, de Ménilmontant et de Charonne.

Monument. — Père-Lachaise.

Tr F. — Du Cours de Vincennes au Louvre.
Voitures bleues, feux rouge et blanc.

Parcours. — 6495 mètres. — Trajet, 48 minutes.

Itinéraire. — Cours de Vincennes, Place de la Nation, Boulevard Voltaire, Place de la République, Rue Turbigo, rue Baltard, Rue du Pont-Neuf, Rue de Rivoli.

Monuments. — Eglise Saint-Ambroise, Caserne du Château-d'Eau, Ecole Centrale, Eglise Saint-Eustache, les Halles, Eglise Saint-Germain-l'Auxerrois, Louvre.

Tr. G. — De Montrouge au Chemin de Fer de l'Est.
Voitures brun foncé, feux rouge et blanc.

Parcours. — 6395 mètres. — Trajet, 48 minutes.

Itinéraire. — Avenue d'Orléans, Rue Denfert-Rochereau, Boulevard et Pont Saint-Michel, Boulevard du Palais, Pont-au-Change, Place du Châtelet, Boulevards de Sébastopol et de Strasbourg.

Monuments. — Gare de Sceaux, Lion de Belfort, Observatoire, Ecole des Mines, Luxembourg, Sorbonne, Lycée Saint-Louis, Musée de Cluny, Palais-de Justice, Tribunal de Commerce, Théâtres de l'Opéra Comique et du Châtelet, Tour Saint-Jacques, Eglise Saint-Leu, Théâtre de la Gaîté, Conservatoire des Arts-et-Métiers, Théâtre des Menus-Plaisirs, Eglise Saint-Laurent, Gare de l'Est.

Tr. H. — De La Chapelle au Square Monge.

Voitures jaunes, feux vert et blanc.

Parcours. — 6237 mètres. — Trajet, 50 minutes.

Itinéraire. — Rue de La Chapelle, Faubourg-Saint-Denis, Rue de Strasbourg, Boulevards de Strasbourg et de Sébastopol, Pont-au-Change, Boulevard du Palais, Pont et Boulevard Saint-Michel, Rue des Ecoles.

MONUMENTS. — Gare de l'Est, Eglise Saint-Laurent, Théâtre des Menus-Plaisirs, Conservatoire des Arts-et-Métiers, Théâtre de la Gaité, Eglise Saint-Leu, Tour Saint-Jacques, Théâtres de l'Opéra-Comique et du Châtelet, Tribunal de Commerce, Palais-de-Justice, Musée de Cluny, Sorbonne, Collège de France, Ecole Polytechnique.

Tr. I. — Du Cimetière Saint-Ouen à la Bastille.

Voitures vertes, feux orangé et blanc.

Parcours. — 7062 mètres. — Trajet, 50 minutes.

Itinéraire. — Route départementale nº 20, Porte Clignancourt Boulevards Ornano, Barbès et Magenta, Rue de Strasbourg Boulevards de Strasbourg et Magenta, Place de la République, Boulevards Voltaire et Richard-Lenoir.

MONUMENTS. — Gares du Nord et de l'Est, Caserne du Château-d'Eau. Colonne de Juillet, Gare de Vincennes.

Tr. J. — Du Louvre à Passy.

Voitures brun Van Dick, feux rouge et blanc.

Parcours. — 5510 mètres. — Trajet, 42 minutes.

Itinéraire. — Quais du Louvre et des Tuileries, Place de la Concorde, Quai de la Conférence, Avenues du Trocadéro, d'Iéna et Delessert, Rue de Passy, Chaussée de la Muette.

MONUMENTS. — Eglise Saint-Germain-l'Auxerrois, Louvre, Tuileries, Palais de l'Industrie, Hippodrome, Trocadéro, Château de la Muette.

Tr. K. — Du Louvre à Charenton.

Voitures jaunes, feux orangé et blanc.

Parcours. — 8372 mètres. — Trajet, 1 heure.

Itinéraire. — Rue du Louvre, Rue de Rivoli, Rue Saint-

Antoine, Bastille, Boulevard Contrescarpe, Quais de la Râpée et de Bercy, route départementale n° 50.

Monuments. — Eglise Saint-Germain-l'Auxerrois, Louvre, Tour Saint-Jacques, Hôtel-de-Ville, Eglise Saint-Paul, Lycée Charlemagne, Colonne de Juillet, Gare de Vincennes, Entrepôt de Bercy.

Tr. L. — De la Bastille au Pont de l'Alma.

Voitures bleues, feux vert et blanc.

Parcours. — 5543 mètres. — Trajet, 40 minutes.

Itinéraire. — Boulevard Henri IV, Pont Sully, Boulevard Saint-Germain, Quai d'Orsay.

Monuments. — Gare de Vincennes, Colonne de Juillet, Théâtre et Musée de Cluny, Ecole de Médecine, Eglise Saint-Germain-des-Prés, Hôpital de la Charité, Ministère de la Guerre, Palais-Bourbon (Chambre des Députés), Ministère des Affaires étrangères.

Tr. M. — De la Gare de Lyon au Pont de l'Alma

Voitures jaunes, feux orangé et blanc.

Parcours. — 6450 mètres. — Trajet, 48 minutes.

Itinéraire. — Boulevard Diderot, Pont d'Austerlitz, Place Walhubert, Quai Saint-Bernard, Boulevard Saint-Germain, Quai d'Orsay, Pont de l'Alma

Monuments. — Gares de Lyon et d'Orléans, Jardin des Plantes, Halle aux Vins, Théâtre et Musée de Cluny, Ecole de Médecine, Eglise Saint-Germain-des-Prés, Hôpital de la Charité, Ministère de la Guerre, Palais-Bourbon (Chambre des Députés), Ministère des Affaires étrangères.

Tr. N. — De la Muette à la rue Taitbout.

Voitures vertes, feux vert et blanc.

Parcours. — 6464 mètres. — Trajet, 44 minutes.

Itinéraire. — Chaussée de la Muette, Avenues Prudhon, Raphaël, du Trocadéro et Kléber, L'Etoile, Avenue Friedland, Boulevard Haussmann.

Monuments. — Château de la Muette, Palais du Trocadéro, Arc-de-Triomphe, Hôpital Beaujon, Eglise Saint-Augustin, Caserne de la Pépinière, Chapelle expiatoire, Opéra.

Tr. O. — De la Gare d'Auteuil au Rond-Point de Boulogne.

Voitures brun foncé, feux rouge et blanc.

Parcours. — 2760 mètres. — Trajet, 20 minutes.

Itinéraire. — Rue et Porte d'Auteuil; route départementale n° 29, Grande-Rue de Boulogne.

Tr. P. — Du Trocadéro à La Villette.

Voitures jaunes, feux orange et blanc.

Parcours. — 7502 mètres. — Trajet, 56 minutes.

Itinéraire. — Avenue Kléber, L'Etoile, Avenue de Wagram, Boulevards de Courcelles, Batignolles, Clichy, Rochechouart, La Chapelle et La Villette.

MONUMENTS. — Palais du Trocadéro, Arc-de-Triomphe, Collèges Chaptal et Rollin.

Tr. Q. — De la Porte d'Ivry aux Halles.

Voitures jaunes, feux blanc et rouge.

Parcours. — 5590 mètres. — Trajet, 45 minutes.

Itinéraire. — Routes d'Ivry et de Choisy, Place d'Italie, Avenue des Gobelins, Rue Claude-Bernard, Rue Gay-Lussac, Boulevard, Place et Pont Saint-Michel, Boulevard du Palais, Pont-au-Change, Place du Châtelet, Rue Saint-Denis, Rue des Halles, Rue Baltard.

MONUMENTS. — Les Gobelins, Ecole Normale, Luxembourg, Sorbonne, Lycée Saint-Louis, Musée de Cluny, Palais-de-Justice, Sainte-Chapelle, Tribunal de Commerce, Théâtres de l'Opéra-Comique et du Châtelet, les Halles, Saint-Eustache.

Tr. R. — De Boulogne au Pont de Billancourt.

Voitures bleues, feux rouge et blanc.

Parcours. — 2573 mètres. — Trajet, 16 minutes.

Itinéraire. — Boulevard de Strasbourg.

Tr. S. — Du Pont de Charenton à Créteil.

Voitures bleues, feux rouge et blanc.

Parcours. — 4782 mètres. — Trajet, 32 minutes.

Itinéraire. — Route nationale n° 19, Grande-Rue de Créteil.

Tr. A-B. — Du Louvre à Versailles.

Parcours. — 19000 mètres. — Trajet, 1 heure 50 minutes.

Itinéraire. — Quais du Louvre et des Tuileries, Place de la Concorde, Quais de la Conférence, de Billy et de Passy, Avenue de Versailles, Point-du-Jour, Route de Versailles, Sèvres, Chaville, Viroflay.

MONUMENTS. — Eglise Saint-Germain-l'Auxerrois, Louvre, Tuileries, Palais de l'Industrie, Hippodrome, Palais du Trocadéro.

2° TRAMWAYS-SUD

1. — De Saint-Germain-des-Prés à Fontenay-aux-Roses.

Feu rouge.

Parcours. — 9074 mètres. — Trajet, 1 heure 5 minutes.

Itinéraire. — Rue de Rennes, boulevards Montparnasse et d'Enfer, avenue d'Orléans et de Châtillon, Malakoff, Châtillon, route de Fontenay.

MONUMENTS. — Saint-Germain-des-Prés, Gares Montparnasse et de Sceaux, Lion de Belfort, Cimetière Montparnasse.

2. — De l'Etoile à la gare Montparnasse.

Feu rouge.

Parcours. — 4190 mètres. — Trajet, 28 minutes.

Itinéraire. — Avenue Marceau, Pont de l'Alma, Avenues Bosquet et de Tourville, Place Vauban, Avenue de Villars, Boulevards des Invalides et Montparnasse.

MONUMENTS. — Arc de triomphe, Hippodrome, Ecole militaire Invalides, Eglise Saint-François-Xavier, Gare Montparnasse.

3. — De la gare Montparnasse à la Bastille.

Feu vert.

Parcours. — 5042 mètres. — Trajet, 35 minutes.

Itinéraire. — Boulevards Montparnasse, de Port-Royal, Saint-Marcel et de l'Hôpital, Pont d'Austerlitz, quai de la Rapée, boulevard Diderot, rue de Lyon.

MONUMENTS. — Gare Montparnasse, Observatoire, Gobelins, La Salpêtrière, Gare d'Orléans, Jardin des Plantes, Gare de Lyon, Colonne de Juillet.

4. — De la place Walhubert à Villejuif.
Feu rouge.

Parcours. — 5934 mètres. — Trajet, 43 minutes.

Itinéraire. — Quai d'Austerlitz, Pont de Bercy, Boulevard de la gare, Avenue d'Italie, routes de Fontainebleau, de Bicêtre et de Villejuif.

MONUMENTS. — Gare d'Orléans, Jardin des Plantes.

5. — De Saint-Germain-des-Prés à Clamart.
Feu vert.

Parcours. — 9728 mètres. — Trajet, 1 heure 8 minutes.

Itinéraire. — Rue de Rennes, boulevard Montparnasse, rue de Sèvres, rue Lecourbe, rue Croix-Nivert, rue de Vaugirard, Issy, Vanves.

MONUMENTS. — Eglise Saint-Germain-des-Prés, Gare Montparnasse.

6. — De la place de la Nation à Montreuil.
Feu rouge.

Parcours. — 4104 mètres. — Trajet, 33 minutes.

Itinéraire. — Avenue Taillebourg, boulevard de Charonne, rue d'Avron, Porte de Montreuil.

7. — De la Bastille à Charenton.
Feu rouge.

Parcours. — 6148 mètres. — Trajet, 33 minutes.

Itinéraire. — Rue de Lyon, Avenue Daumesnil, Saint-Mandé, Bois de Vincennes.

MONUMENTS. — Gare de Vincennes, Colonne de Juillet, Mairie du XIIe arrondissement.

8. — De la place de la Nation à la place Walhubert.
Feu vert.

Parcours. — 4191 mètres. — Trajet, 27 minutes.

Itinéraire. — Avenue du Bel-Air, Boulevards de Picpus, de Reuilly et de Bercy, Quais de Bercy et d'Austerlitz.

MONUMENTS. — Entrepôt des vins, Gare d'Orléans, Jardin des Plantes.

9. — Du square Cluny à Ivry.
Feu rouge.

Parcours. — 7497 mètres. — Trajet, 56 minutes.

Itinéraire. — Boulevard Saint-Germain, rue Monge, Avenue des Gobelins, boulevard de la Gare, rue Jeanne d'Arc, rue de Patay, route d'Ivry.

MONUMENTS. — Musée de Cluny, Théâtre de Cluny, Ecole polytechnique, Gobelins, Mairie du XIIIe arrondissement.

10. — Du square Cluny à Vitry.
Feu rouge.

Parcours. — 8164 mètres. — Trajet, 1 heure 20 minutes.

Itinéraire. — Boulevard Saint-Germain, rue Monge, Avenue des Gobelins et d'Italie, route de Fontainebleau, Bicêtre.

MONUMENTS. — Musée de Cluny, Théâtre Cluny, Ecole polytechnique, Gobelins, Mairie du XIIIe arrondissement.

11. — De Vanves à l'avenue d'Antin.
Feu vert.

Parcours. — 7500 mètres. — Trajet, 59 minutes.

Itinéraire. — Issy, rue de Vaugirard, rue Nivert, rue Lecourbe, rue Cambronne, Boulevard de Grenelle, Champ-de-Mars, Avenue de la Motte-Piquet et de la Tour-Maubourg, Pont des Invalides

MONUMENTS. — Ecole militaire, Invalides, Palais de l'Industrie.

3e TRAMWAYS-NORD

1. — De l'Etoile à Courbevoie.
Feu vert.

Parcours. — 3533 mètres.

Itinéraire. — Avenues de la Grande-Armée et de Neuilly, Porte Maillot, Pont de Neuilly, Avenue de Saint-Germain.

MONUMENTS. — Arc de triomphe.

2. — De la Madeleine au parc de Neuilly.
Feu orangé.

Parcours. — 4240 mètres.

Itinéraire. — Boulevard Malesherbes, Avenue de Villiers, Boulevard de Courcelles, Porte de Champerret, Boulevard Bineau.

MONUMENTS. — Madeleine, Caserne de la Pépinière, Eglise Saint-Augustin, Parc Monceau, Ecole Monge.

3. — De la Madeleine à Levallois-Perret.
Feu vert.

Parcours. — 4141 mètres.

Itinéraire. — Boulevard Malesherbes, Avenue de Villiers, Boulevard et rue de Courcelles, rue Cavé.

MONUMENTS. — Madeleine, Caserne de la Pépinière, Eglise Saint-Augustin, Parc Monceau, Ecole Monge.

4. — Du boulevard Haussmann à Gennevilliers.
Feu vert.

Parcours. — 6518 mètres.

Itinéraire. — Rue de Rome, rue Saint-Pétersbourg, Place, avenue et porte de Clichy, Asnières.

MONUMENTS. — Gare Saint-Lazare.

5. — De la rue de La Fayette à Saint-Denis.
Feu orangé.

Parcours. — 8000 mètres.

Itinéraire. — Rue de Lafayette, rue de Chateaudun, rue de Maubeuge, boulevard, rue et porte de la Chapelle, Plaine Saint-Denis.

6. — Du boulevard Haussmann à Saint-Denis.
Feu rouge.

Parcours. — 6229 mètres.

Itinéraire. — Rue de Rome, rue Saint-Pétersbourg, Place et avenue de Clichy, Avenue et porte de Saint-Denis, route de la Révolte.

MONUMENT. — Gare Saint-Lazare.

7. — Du boulevard Haussmann à Saint-Ouen.
Feu orangé.

Parcours. — 7300 mètres.

Itinéraire. — Rue de Rome, rue Saint-Pétersbourg, Place et avenue de Clichy, Avenue de Saint-Ouen, rue de Paris.

Monument. — Gare Saint-Lazare.

8. — De la Madeleine à Suresnes.

Feu rouge.

Parcours. — 9184 mètres.

Itinéraire. — Boulevard Malesherbes, Avenue de Villiers, Courbevoie.

Monuments. — La Madeleine, Caserne de la Pépinière, Eglise Saint-Augustin, Parc Monceau, Ecole Monge.

6. — De la Place de la République à Aubervilliers.

Feu rouge.

Parcours. — 6716 mètres.

Itinéraire. — Boulevard Magenta, Faubourg Saint-Denis, rue Lafayette, Faubourg Saint-Martin, rue de Flandre, Les Quatre-Chemins.

Monuments. — Caserne du Château d'Eau, Gare de l'Est.

10. — De la Place de la République à Pantin.

Feu vert.

Parcours. — 5921 mètres.

Itinéraire. — Boulevard Magenta, Faubourg Saint-Denis, rue Lafayette, Faubourg Saint-Martin, rue d'Allemagne, Pantin.

Monuments. — Caserne du Château-d'Eau, Gare de l'Est.

III

EN BATEAU

Départ : Pont de Bercy.
Arrivée : Pont du Point du Jour.

Rive gauche.	*Rive droite.*
Gare d'Orléans.	Entrepôt de Bercy.
Jardin des Plantes.	Magasin de fourrages militaires.
Halle aux vins.	Archives de la Seine.

EN BATEAU

Rive gauche.	*Rive droite.*
Ile Saint-Louis.	Mag. de ville de Paris.
Notre-Dame (Cité).	Hôtel de Ville.
Hôtel-Dieu id.	Opéra-Comique.
Tribunal de commerce, id.	Théâtre du Châtelet.
Palais de Justice, id.	Louvre.
Préfecture de Police, id.	Tuileries.
Monnaie.	Place de la Concorde.
Institut.	Palais de l'Industrie.
Ecole des Beaux-Arts.	Hippodrome.
Ecole des langues orientales.	Intendance militaire.
Caisse des dépôts et consignations.	Palais du Trocadéro.
Palais de la Légion d'honneur.	
Palais-Bourbon.	
Ministère des affaires étrang.	
Invalides.	
Manufacture des tabacs.	
Magasin des hôpitaux.	
Garde-meuble.	
Champ-de-Mars (Tour Eiffel).	

PRINCIPAUX MONUMENTS

I

PALAIS

Palais-Bourbon (Chambre des Députés), rue de l'Université et quai d'Orsay. — Pour assister à une séance, demander des billets à la questure ou à un député. Pendant les vacances, on peut visiter la salle des séances sous la conduite d'un gardien. (Pourboire.)

Palais de l'Élysée, Faubourg-Saint-Honoré et avenue Gabriel. — Résidence officielle du Président de la République. — On n'y est admis que dans le cas d'une audience demandée et accordée.

Hôtel-de-Ville, place de l'Hôtel-de-Ville. — Ce monument n'est pas, à proprement parler, ouvert aux visiteurs; mais comme il renferme des services publics, on y pénètre et l'on y circule librement. — Les séances du Conseil municipal sont publiques.

Palais de l'Industrie, Champs-Elysées. — Ouvert seulement durant les expositions.

Palais de l'Institut, 21, quai Conti. — Visible tous les jours, excepté le dimanche, de onze heures à une heure. S'adresser au concierge. (Pourboire.)

Palais des Invalides, Esplanade des Invalides. — Ouvert tous les jours, de midi à trois heures en hiver, et de midi à quatre heures en été. (Pourboire.) — Le dimanche, à midi, messe militaire. — Le *Tombeau de Napoléon I*^{er} est visible les lundis, mardis, jeudis et vendredis, de midi à trois heures en hiver, et de midi à quatre heures en été.

Palais de Justice, boulevard du Palais. — Ouvert librement tous les jours, excepté les dimanches et fêtes. — Néanmoins, pour visiter la Conciergerie et les cuisines de saint Louis, il faut demander une autorisation au préfet de police. (Pourboire.)

Palais de la Légion-d'Honneur, quai d'Orsay. — On n'y est admis que pour audience.

Palais du Louvre. — Voir *Musées*.

Palais du Luxembourg, rue de Vaugirard. — Occupé par le Sénat. Ouvert seulement les jours de séance aux personnes munies de cartes délivrées par la questure ou par un sénateur. — Visible pendant les vacances, sur autorisation délivrée par la questure. (Pourboire.)

Palais-Royal, place du Palais-Royal. — Occupé par le Conseil d'Etat. N'est pas visible à l'intérieur.

Palais du Trocadéro, avenue du Trocadéro. — *La salle des fêtes* est visible tous les jours (Pourboire). On peut monter dans les *tours* au moyen d'un *ascenseur*. (Prix, 1 franc.) L'*aquarium* est ouvert de 9 à 11 heures et de 1 à 5 heures. (Pour les *musées de sculpture comparée et d'ethnographie*, voir *Musées*.)

II

MUSÉES

Musée d'Anatomie comparée, 12, rue de l'Ecole-de-Médecine. — Ouvert seulement aux médecins et aux étudiants, tous les jours, dimanches exceptés, de 11 heures à 4 heures.

Musée des Archives nationales, 60, rue des Francs-Bourgeois. — Ouvert le dimanche, de midi à 3 heures.

Musée d'Artillerie, palais des Invalides. — Visible les mardis, jeudis et dimanches, de midi à 3 heures en hiver et de midi à 4 heures en été.

Musée des Arts décoratifs, palais de l'Industrie, pavillon Sud-Est, porte n° 7. — Ouvert tous les jours, de 10 heures à 5 heures. Prix d'entrée: la semaine, 1 franc; le dimanche, 50 cent.

Conservatoire des Arts-et-Métiers, 292, rue Saint-Martin. — Ouvert les mardis, jeudis et dimanches, de 10 heures à 4 heures. — Visible les autres jours, de midi à quatre heures, avec une autorisation du directeur. (Pourboire.)

Musée astronomique, à l'Observatoire. — Visible avec permission du directeur. (Pourboire.)

Musée Carnavalet, 23, rue de Sévigné. — Visible les jeudis et dimanches, de 11 heures à 4 heures.

Musée de Cluny, 24, rue du Sommerard. — Ouvert tous les

jours, lundis et jours de fête exceptés, de 11 heures à 4 heures en hiver, et de 11 heures à 5 heures en été.

Musée Dupuytren, 15, rue de l'Ecole-de-Médecine. — Ouvert seulement aux médecins et aux étudiants, tous les jours, excepté le dimanche, de 11 heures à 3 heures.

Musée ethnographique, palais du Trocadéro (1er étage). — Ouvert les jeudis et dimanches, de midi à 4 heures. Visible le mardi, aux mêmes heures, avec cartes délivrées par l'administration du musée. (Pourboire.)

Muséum d'Histoire naturelle, Jardin des plantes. — La *ménagerie* est ouverte le jeudi, de 1 heure à 4 heures; et les autres jours, aux mêmes heures, sur la présentation de cartes délivrées par le directeur du Muséum. — *Le Pavillon des reptiles* peut être visité dans les mêmes conditions que la ménagerie. — La *Galerie d'anatomie comparée* est ouverte les jeudis et dimanches, de 11 heures à 3 heures; et, avec carte, les mardis, vendredis et samedis, aux mêmes heures. — Les *serres* sont visibles les mardis, vendredis et samedis, de 1 heure à 4 heures, avec des cartes (Pourboire). — Les *Galeries de zoologie* sont ouvertes les jeudis et dimanches, de 11 heures à 3 heures; et, avec cartes, les mardis, vendredis et samedis, aux mêmes heures. — Les *Galeries de minéralogie, de géologie et de botanique* sont visibles les jeudis et dimanches, de 11 heures à 3 heures; et, avec cartes, les mardis, vendredis, de 11 heures à 4 heures.

Musée d'instruments de musique, Conservatoire de musique et de déclamation, rue du Faubourg-Poissonnière. — Ouvert le jeudi, de midi à 4 heures. Visible pour les étrangers le lundi aux mêmes heures.

Musée du Louvre, palais du Louvre. — Ouvert tous les jours, excepté les lundis, l'hiver, de 10 heures à 4 heures, l'été de 9 heures (le dimanche, de 9 heures à quatre heures. —(Entrée générale par le pavillon Denon ou par le pavillon Sully). — Le *Musée des sculptures du moyen âge et de la Renaissance* a son entrée au guichet du pont des Arts; le *Musée égyptien,* à droite, sous la Colonnade; le *Musée assyrien,* à gauche, sous la colonnade.

Musée du Luxembourg, Jardin du Luxembourg. — Entrée par la grille donnant sur la rue de Vaugirard, en face de la rue Férou. — Ouvert tous les jours, excepté le lundi, l'hiver de 10 heures à 4 heures, l'été de 9 heures à 5 heures (le dimanche, de 9 heures à 4 heures).

Musée minéralogique, école nationale des Mines, boulevard Saint-Michel. — Ouvert les mardis, jeudis et samedis, de 11 heures à 3 heures.

Musée pédagogique, 51, rue Gay-Lussac. — Ouvert tous les jours, excepté le lundi, de 10 heures à 4 heures, aux personnes munies de cartes délivrées par le directeur du Musée ou par le directeur de l'enseignement primaire (s'adresser au ministère de l'instruction publique).

Musée de sculpture comparée, palais du Trocadéro. — Entrée sous le péristyle, à gauche. Ouvert tous les jours, excepté le lundi, de 11 heures à 4 heures.

III

ÉGLISES

N.-B. — Les églises sont ouvertes au public toute la journée. Le dimanche et les jours de fête, la grand'messe est chantée en musique.

Dans la liste qui suit, nous ne mentionnons que les églises qui donnent lieu à des indications spéciales.

Notre-Dame. — Le *Trésor* est visible tous les jours, excepté les dimanches et fêtes, de 10 h. 1/2 à 4 heures. S'adresser au suisse (prix : 50 centimes). — Pour monter aux *tours*, 20 centimes; pour voir le *bourdon*, 20 centimes. Entrée à gauche du portail.

Saint-Gervais, place Lobau. — Pour voir la chapelle de Scarron, s'adresser au sacristain. Prix : 50 centimes.

Église du Sacré-Cœur, Butte-Montmartre. — Pour visiter les chantiers et la crypte, s'adresser derrière l'église, 31, rue de la Fontenelle. Rétribution facultative (on donne généralement 50 centimes).

Panthéon (voir *Monuments divers*).

Sainte-Chapelle, Palais-de-Justice. — Visible tous les jours, excepté les lundis et vendredis, de midi à 4 heures. (Pourboire.)

Chapelle expiatoire, Boulevard Haussmann. — Pour visiter, s'adresser au gardien. (Pourboire.)

IV

ÉGLISES ET CHAPELLES NON CATHOLIQUES

ÉGLISES RÉFORMÉES. (CALVINISTES). — *Oratoire*, 147, rue Saint-Honoré. — *Saint-Esprit*, 5, rue Roquépine. — *Pentemont*,

106, rue de Grenelle. — *Sainte-Marie*, 216, rue Saint-Antoine.
— *Batignolles*, 46, boulevard des Batignolles. — *Milton*, 5, rue
Milton. — *Belleville*, 97, rue Julien-Lacroix. — *Passy*, 65, rue
des Sablons. — *Plaisance*, 97, rue de l'Ouest. — *Etoile*, 54, avenue de la Grande-Armée. — *Montmartre*, 2 bis, rue Berthe. —
Vincennes, 37, rue de Montreuil. — *Neuilly*, 17, rue du Marché.
— *Boulogne*, 117, route de la Reine. — *Gobelins*, 35, rue
Lebrun.

EGLISES DE LA CONFESSION D'AUGSBOURG. (LUTHÉRIENNES.)
— *Rédemption*, 16, rue Chauchat. — *Billettes*, 18, rue des Billettes. — *Saint-Marcel*, 19, rue Tournefort. — *Montmartre*, 43,
rue des Poissonniers. — *Résurrection*, rue Quinault. — *Maison-Blanche*, 22, avenue d'Italie. — *Bon-Secours*, 97, rue de Charonne. — *La Villette*, 93, rue de Crimée. — *Batignolles*, 53, rue
Dulong. — *Gros-Caillou*, 19, rue Amélie.

EGLISES ET CHAPELLES LIBRES. — *Taitbout*, 42, rue de Provence. — *Luxembourg*, 59, rue Madame. — *Nord*, 17, rue des
Petits-Hôtels. — *Saint-Maur*, 134, rue Saint-Maur. — *Saint-Honoré*, 23, rue Royale. — *Saint-Antoine*, 153, avenue Ledru-Rollin. — *Etoile*, 74, avenue de la Grande-Armée.

EGLISES ET CHAPELLES ANGLAISES. — *Wesl. Method.*, 4, rue
Roquépine. — *Congries-chapel*, 23, rue Royale. — *Englisch
Church*, 5, rue d'Aguesseau. — *American Chapel*, 21, rue de
Berri. — *American episcopal church*, 17, rue Bayard. — *Church
of Scotland*, 160, rue de Rivoli.

SYNAGOGUES. — 15, rue Notre-Dame-de-Nazareth; 144, rue de
la Victoire; 23, rue des Tournelles; 28, rue Buffaut.

EGLISE RUSSE, 12, rue Daru. — Visible les mercredis et dimanches, à 11 heures, et les jeudis et dimanches, de 3 heures à
5 heures; les autres jours moyennant pourboire.

V

BIBLIOTHÈQUES

Bibliothèque de l'Arsenal, 1, rue de Sully. — Ouverte tous les
jours, excepté le dimanche, de 10 heures à 3 heures. Fermée du
15 août au 1er octobre.

Bibliothèque du Conservatoire des Arts-et-Métiers, 292, rue
Saint-Martin. — Ouverture tous les jours, lundis et fêtes exceptés,
de 10 heures à 3 heures; et le soir, de 7 h. 1/2 à 10 heures.

Bibliothèque du Conservatoire de musique et de déclamation, rue du faubourg Poissonnière. — Ouverte tous les jours, excepté le dimanche, de 10 heures à 4 heures. Fermée pendant les mois d'août et de septembre.

Bibliothèque de l'Ecole des Beaux-Arts, 14, rue Bonaparte. — Ouverte tous les jours non fériés, de midi à 4 heures, en hiver, et de midi à cinq heures, en été. — Fermée du 1er août au 14 octobre.

Bibliothèque de l'Ecole de médecine, place de l'Ecole-de-Médecine. — Ouverte tous les jours, excepté le dimanche, de 11 heures à 5 heures, et de 7 h. 1/2 à 10 heures du soir. Fermée du 1er au 15 octobre.

Bibliothèque Mazarine, Palais de l'Institut, Quai Conti. — Ouverte tous les jours, excepté le dimanche, de 11 heures à 4 heures en hiver, de 11 heures à 5 heures en été. — Fermée du 15 juillet au 1er septembre.

Bibliothèque nationale, 58, rue Richelieu et rue Colbert. — Ouverte pour les lecteurs munis de cartes d'admission à la salle de travail, tous les jours (excepté le dimanche), de 9 heures à 4 heures en hiver, et de 9 heures à 6 heures en été ; les cartes sont délivrées par l'administration. — La salle publique (entrée rue Colbert) est ouverte à tous les lecteurs, aux mêmes heures que la salle de travail, tous les jours, dimanches compris. — Les deux salles sont fermées pendant les quinze jours qui précèdent Pâques.

Pour visiter les collections (médailles, manuscrits, inscriptions, estampes, etc.), demander une carte au secrétariat.

Bibliothèque de l'Opéra, à l'Opéra. — Entrée par le pavillon de la rue Scribe. — Ouverte tous les jours non fériés, de 11 heures à 4 heures. Fermée du 15 juillet au 15 septembre.

Bibliothèque Sainte-Geneviève, place du Panthéon. — Ouverte tous les jours, excepté le dimanche, de 10 heures à 3 heures, et de 6 heures à 10 heures du soir. Fermée du 1er septembre au 15 septembre et pendant la semaine de Pâques.

Bibliothèque de la Sorbonne ou de l'Université, à la Sorbonne, rue de la Sorbonne. — Ouverte aux professeurs et aux étudiants, tous les jours non fériés, de 11 heures à 5 heures et de 7 heures à 10 heures du soir. Fermée du 5 juillet au 20 août.

Bibliothèque de la ville de Paris, Hôtel Carnavalet, 23, rue Sévigné. — Ouverte, tous les jours non fériés, de 10 heures à 1 heure en hiver, et de 10 heures à 5 heures en été.

VI

MONUMENTS DIVERS

Arc de triomphe, place de l'Etoile. — Pour pénétrer dans l'intérieur et monter sur la plate-forme, s'adresser au gardien, de 10 heures à 4 heures. (Pourboire).

Bourse, place de la Bourse. — Ouverte tous les jours non fériés, de midi à 5 heures. Les dames ne peuvent circuler que dans la galerie.

Colonne de Juillet, place de la Bastille. — Pour monter au sommet et visiter les caveaux funèbres, s'adresser au gardien, de 10 heures à 4 heures. (Pourboire).

Colonne Vendôme, place Vendôme. — On peut monter au sommet de 10 heures à 4 heures. (Pourboire).

Ecole des Beaux-Arts, 14, rue Bonaparte et quai Malaquais. — Visible le dimanche, de midi à 4 heures (le samedi de midi à 3 heures), sous la conduite du gardien (Pourboire). S'adresser au concierge.

Garde-Meuble, 103, quai d'Orsay. — Ouvert les jeudis, dimanches et jours fériés, de 10 heures à 4 heures. Visible les autres jours avec cartes délivrées par le ministre des travaux publics.

Les Gobelins, 42, avenue des Gobelins. — Visible les mercredis et samedis, de 1 heure à 3 heures, avec carte délivrée par le directeur. (Pourboire.)

Imprimerie nationale, 87, rue Vieille-du-Temple. — Visible le jeudi, à 2 heures, avec carte délivrée par le directeur. (Pourboire.)

Manufacture des tabacs, 63, quai d'Orsay. — Visible, avec carte délivrée par le directeur, le jeudi, de 10 heures à midi et de 2 heures à 4 heures. (Pourboire.)

La Monnaie, quai Conti. — Visible les mardis et vendredis, de midi à 3 heures, avec carte délivrée par le directeur. (Pourboire.)

Observatoire, avenue de l'Observatoire. — Visible le premier samedi de chaque mois. Demander par lettre une carte d'entrée au directeur.

Panthéon, place du Panthéon, ancienne église Sainte-Geneviève. — Visible tous les jours, excepté le lundi, de 10 heures à

4 heures. La visite des caveaux se fait par groupes, de 1 heure à 4 heures, sous la conduite d'un gardien (Pourboire.) Pour monter au dôme, s'adresser également à un gardien. (Pourboire.)

Tour Saint-Jacques, rue de Rivoli. — Pour monter au sommet, demander une carte, de 11 heures à 3 heures, à l'Hôtel-de-ville, direction des travaux. Pourboire au gardien du square.

Tribunal de commerce, boulevard du Palais. — Ouvert toute la journée.

VII

CIMETIÈRES, CATACOMBES, ÉGOUTS

Cimetière du Père-Lachaise, boulevard de Ménilmontant. — Ouvert toute la journée.

Cimetière Montmartre, boulevard de Clichy. — Ouvert toute la journée.

Cimetière Montparnasse, boulevard de Montrouge. — Ouvert toute la journée.

Cimetière de Passy, place du Trocadéro, entrée rue des Réservoirs. — Ouvert toute la journée.

Catacombes, entrée Barrière d'Enfer. — Visibles plusieurs fois par an, avec permission délivrée par l'ingénieur en chef des mines, inspecteur général des carrières, à qui il faut adresser une demande à l'Hôtel-de-ville. (Pourboire au guide.)

Égouts. — Visibles une fois par semaine (en été seulement). Adresser une demande au directeur des eaux et égouts, à la Préfecture de la Seine. La carte que l'on reçoit indique l'endroit et l'heure où l'on doit se présenter.

TOUR EIFFEL

CHAMP DE MARS. — Le tarif des ascensions de la Tour est ainsi fixé :

Tous les jours, de 8 heures du matin à 11 heures du soir :

Premier étage. Billets *bleus* : 2 francs. Deuxième étage. Billets *blancs* : 3 francs. Troisième étage. Billets *rouges* : 5 francs.

Le dimanche, de 11 heures du matin à 6 heures du soir :

Premier étage : 1 franc. Deuxième étage : 2 francs. Troisième étage : 4 francs.

On s'arrête à chaque étage, pour changer d'ascenseur : les visiteurs munis de billets rouges (3e plate-forme) ont donc le droit de visiter les premier et second étages, avant de continuer leur ascension ; les visiteurs munis de billets blancs (2e plate-forme) sont de même autorisés à s'arrêter à la première plate-forme.

THÉATRES ET CONCERTS

NOTA. — La lettre *l* : signifie prix en location
et la lettre *b* : prix aux bureaux.

Opéra. — place de l'Opéra — Parterre : *l.*, 9 fr.; *b.*, 7 fr. — Fauteuils d'orchestre, Baignoires d'avant-scène, Premières loges de côté : *l.*, 15 fr.; *b.*, 13 fr. — Fauteuils d'amphithéâtre, Premières loges d'avant-scène, d'entre colonnes et de face : *l.* 17 fr.; *b.*, 15 fr. — Baignoires de côté et deuxièmes loges : *l.*, 14 fr.; *b.*, 12 fr. — Troisièmes loges de face : *l.*, 10 fr.; *b.*, 8 fr. — Troisièmes loges de côté : *l*, 8 fr; autres places : *l.*, 3 fr.; *b.*, 2 fr. 50.
Les dames ne sont pas admises à l'orchestre et au parterre.

Théâtre-Français, place du Théâtre-Français. — Premières loges d'avant-scène : *l.*, 12 fr. 50; *b.*, 10 fr. — Loges du rez-de-chaussée, premières loges et baignoires de face : *l.*, 10 fr.; *b.*, 8 fr. — Baignoires de côté et fauteuils de balcon : *l*, 9 fr.; *b.*, 7 fr. — Fauteuils d'orchestre : *l.*, 8 fr.; *b.*, 6 fr. — Loges découvertes : *l.*, 7 fr.; *b.*, 5 fr. — Deuxièmes loges : *l.*, 6 fr.; *b.*, 4 fr.. — Troisièmes loges : *l.*, 4 fr. 50; *b.*, 3 fr. — Fauteuils de deuxième galerie : *l.*, 4 fr.; *b.*, 3 fr. — Parterre : *b.*, 2 fr. 50. — Autres places : *b.*, 2 fr., 1 fr. 50 et 1 fr.
Les dames ne sont pas admises à l'orchestre et au parterre.

Opéra-Comique, place du Chatelet. — Avant-scènes et premières loges : *l.*, 15 fr.; *b.*, 10 fr. — Baignoires et fauteuils de balcon : *l.*, 10 fr ; *b.*, 9 fr. — Fauteuils d'orchestre : *l.*, 10 fr.; *b.*, 7 fr. — Deuxièmes loges : *l.*, 8 fr.; *b.*, 6 fr. — Stalles d'orchestre, *l.*, 6 fr ; *b.*, 4 fr. — Deuxième galerie : *l.*, 5 fr.; *b.*, 4 fr. — Parterre : *l.*, 3 fr. 50; *b.*, 2 fr. 50. — Troisièmes loges : *l.*, 3 fr.; *b.*, 2 fr. — Autres places : *b.*, 1 fr. 50 et 1 fr.
Les dames ne sont pas admises aux fauteuils d'orchestre.

Odéon, place de l'Odéon. — Avant-scènes des premières : *l.*, 14 fr.; *b.*, 12 fr. — Avant-scènes du rez-de-chaussée : *l.*, 12 fr.;

THÉATRES ET CONCERTS

b., 10 fr.; — Premières loges de face : *l.*, 10 fr.; *b.*, 8 fr. — Fauteuils d'orchestre, baignoires et premières loges de côté : *l.*, 8 fr.; *b.*, 6 fr. — Fauteuils de première galerie : *l.*, 7 fr.; *b.*, 5 fr. — Stalles de la deuxième galerie : *l.*, 5 fr.; *b.*, 4 fr. — Deuxièmes loges : *l.*, 4 fr.; *b.*, 3 fr. — Parterre : *l.*, 3 fr.; *b.*, 2 fr. — Autres places : 1 fr. 50 et 75 c.
Les dames sont admises à l'orchestre.

Vaudeville, rue de la Chaussée-d'Antin. — Avant-scènes du rez-de-chaussée et des premières : *l.*, 12 fr. 50; *b.*, 12 fr. 50. — Premières loges et fauteuils de balcon (premier rang) : *l.*, 9 fr.; *b.*, 8 fr. — Baignoires, *l*, 8 fr.; *b.*, 6 fr. — Fauteuils d'orchestre et fauteuils de balcon (deuxième rang) : *l.*, 8 fr.; *b.*, 7 fr. — Fauteuils et loges du foyer (face) : *l.*, 6 fr.; *b.*, 5 fr. — Autres places : 4 fr., 3 fr., 2 fr. et 1 fr.
Les dames sont admises à l'orchestre.

Gaîté, Square des Arts-et-Métiers. — Avant-scènes du rez-de-chaussée et des premières : *l.*, 12 fr.; *b.*, 10 fr. — Premières loges et baignoires d'avant-scène : *l.*, 10 fr.; *b.*, 8 fr. — Baignoires et fauteuils de balcon : *l*, 8 fr.; *b.*, 6 fr. — Fauteuils d'orchestre, *l.*, 7 fr., *b.*, 5 fr. — Deuxièmes loges et stalles d'orchestre : *l.*, 5 fr.; *b.*, 4 fr. — Stalles de la deuxième galerie : *l.*, 3 fr. 50; *b.*, 3 fr. — Autres places : *b.*, 2 fr. 50, 2 fr., 1 fr., 50 c.
Les dames sont admises à l'orchestre.

Gymnase, boulevard Bonne-Nouvelle. — Avant-scènes : *l.*, 15 fr.; *b.*, 10 fr. — Loges et fauteuils de balcon : *l.*, 10 fr.; *b.*, 8 fr. — Fauteuils d'orchestre : *l.*, 9 fr.; *b.*, 7 fr. — Baignoires : *l.*, 8 fr.; *b.*, 7 fr. — Fauteuils de foyer : *l.*, 6 fr.; *b.*, 5 fr. — Loges de foyer : *l.*, 5 fr.; *b.*, 4 fr. — Deuxième galerie : *l.*, 2 fr. 50; *b.*, 2 fr. — Autres places : *l.*, 1 fr. 50; *b.*, 1 fr. 25.

Palais-Royal, rue Montpensier. — Avant-scènes : *l.* 10 fr. *b.*, 8 fr. — Premières loges, baignoires de côté, fauteuils d'orchestre et fauteuils de balcon : *l.*, 9 fr.; *b.*, 7 fr. — Baignoires de face : *l.*, 8 fr.; *b.*, 6 fr. — Deuxièmes loges de face et fauteuils de deuxième galerie : *l.* 6 fr.; *b*, 5 fr. — Stalles d'orchestre, avant-scènes et fauteuils des deuxièmes : *l.*, 5 fr.; *b.*, 4 fr. — Troisièmes : *l.*, 3 fr.; *b*, 2 fr. 50.
Les dames ne sont pas admises à l'orchestre.

Renaissance, boulevard Saint-Martin. — Avant-scènes : *l.*, 15 fr.; *b.*, 12 fr. — Baignoires et loges de balcon : *l.*, 10 fr.; *b.*, 8 fr. — Fauteuils d'orchestre et de balcon (premier rang) : *l.*, 9 fr.; *b.*, 7 fr. — Fauteuils de balcon (deuxième rang) : *l.*, 8 fr.; *b.*, 7 fr. — Stalles d'orchestre : *l.*, 5 fr.; *b.*, 4 fr. — Deuxièmes : *l.* 4 fr.; *b.*, 3 fr. — Troisièmes : *l.*, 2 fr.; *b.*, 1 fr. 50.
Les dames sont admises à l'orchestre.

Porte Saint-Martin, boulevard Saint-Martin. — Avant-scènes : *l.* (6 places), 60 fr.; *b.* (la place), 8 fr. — Premières loges de face : *l.* (6 places), 48 fr.; *b.* (la place), 7 fr. — Premières loges de côté et baignoires : *l.* (4 places), 28 fr.; *b.* (la place), 6 fr. — Fauteuils de balcon (premier rang) : *l.*, 9 fr.; *b*, 7 fr. — Fauteuils d'orchestre : *l.*, 8 fr.; *b.*, 6 fr. — Fauteuils de balcon, (deuxième rang): *l.*, 7 fr.; *b*, 6 fr. — Avant-scènes des deuxièmes : *l.* (6 places), 36 fr.; *b.*, 5 fr.— Deuxièmes loges de face : *l.* (4 places, 24 fr.; *b.*, 5 fr. — Stalles d'orchestre et fauteuils des deuxièmes : *l*, 5 fr.; *b.*, 4 fr. — Avant-scènes des troisièmes : *l.* (6 places), 24 fr.; *b.*, 3 fr. — Parterre : *l.*, 2 fr. 50; *b.*, 2 fr. — Autres places : *l.*, de 3 fr. à 1 fr. 50 : *b.*, de 2 fr. 50 à 75 c.
Les dames sont admises à l'orchestre.

Folies-Dramatiques, rue de Bondy. — Avant-scènes du rez-de-chaussée : *l.*, 10 fr.; *b.*, 8 fr. — Avant-scène du théâtre et des premières : *l*, 8 fr.; *b.*, 6 fr. — Fauteuils d'orchestre et de balcon (premier rang) : *l.*, 7 fr.; *b.*, 3 fr. — Premières loges de face : *l.*, 6 fr ; *b.*, 5 fr. — Fauteuils de balcon (deuxième rang) : *l.*, 5 fr.; *b.*, 4 fr. — Premières loges de côté : *l.*, 4 fr.; *b.*, 3 fr. — Avant-scènes des deuxièmes : *l.*, 3 fr.; *b.*. 2 fr. — Stalles d'orchestre : *l.*, 3 fr.; *b.*. 2 fr. 50. — Stalles de balcon ; *l.*, 2 fr. 50; *b.*, 2 fr. — Autres places : *l.*, de 2 fr. à 1 fr. 25 ; *b.*, de 1 fr. 50 à 0,75 c.
Les dames sont admises à l'orchestre.

Châtelet. place du Châtelet. — Loges de balcon à salon : *l.*, 64 fr.; *b.*, 48 fr. — Premières loges (6 places) : *l.*, 48 fr ; *b.*, 36 fr. — Fauteuils de balcon (premier rang) : *l.*, 8 fr.; *b.*, 6 fr.; (autres rangs), *l.*, 6 fr.; *b.*, 5 fr.—Fauteuils d'orchestre : *l.*, 6 fr.; *b.*, 5 fr. — Baignoires (4 places) : *l.*, 28 fr.; *b*. 20 fr. — Stalles de première galerie : *l.*, 4 fr. 50 ; *b.*, 3 fr. 50. — Stalles d'orchestre : *l.*. 4 fr.; *b.*, 3 fr. — Pourtour : *l.*, 3 fr. 50; *b.*, 2 fr. 50. — Autres places : *b.*, de 2 fr. 10 à 0,75 c.
Les dames sont admises à l'orchestre.

Variétés, boulevard Montmartre.—Avant-scènes : *l.* (5 places), 60 fr.; *b.* (la place), 10 fr. — Premières loges : *l.* (6 places), 60 fr.; *b.* (la place), 8 fr. — Baignoires : *l.* (5 places), 50 fr ; *b.*, 8 fr. — Deuxièmes loges de face : *l.* (6 places), 36 fr.; *b.* (la place), 5 fr. — Deuxièmes loges de côté : *l.* (4 places), 16 fr.; *b.* (la place), 4 fr. — Fauteuils d'orchestre et de balcon : *l.*, 8 fr.; *b.*, 6 fr. — Stalles d'orchestre : *l.*, 5 fr.; *b*·, 4 fr. — Stalles des deuxièmes : *l.*, 2 fr. 50; *b.*, 2 fr.—Troisièmes loges : *l.* (4 places), 10 fr.; *b.* (la place), 2 fr.—Deuxième balcon : *l.*, 2 fr.; *b.*, 1 fr. 50. — Autres places : *b.*, 1 fr. 50 et 1 fr.

Nouveautés; boulevard des Italiens. — Avant-scènes du rez-de-chaussée et des premières : *l.*, 15 fr.; *b.*, 15 fr. — Premières loges, baignoires et fauteuils de balcon (premier rang) : *l.*, 10 fr.; *b.*, 8 fr. — Fauteuils d'orchestre : *l.*, 9 fr ; *b.*, 7 fr. — Fauteuils de balcon (deuxième rang) : *l.*, 8 fr.; *b.*, 7 fr. — Stalles d'orchestre, fauteuils de galerie (premier rang), avant-scènes des premières et deuxièmes loges : *l.*, 6 fr.; *b.*, 5 fr. — Fauteuils de galerie : *l.*, 5 fr.; *b.*, 4 fr. — Stalles de galerie ; *l.*, 2 fr. 50; *b.*, 2 fr.

Les dames ne sont pas admises a l'orchestre.

Bouffes-Parisiens, passage Choiseul et rue Monsigny. — Avant-scènes du rez-de-chaussée et des premières : *l.*, 12 fr.; *b.*, 10 fr. — Premières loges et baignoires : *l.*, 10 fr.; *b.*, 8 fr. — Fauteuils d'orchestre et de balcon : *l.*, 8 fr.; *b.*, 6 fr. — Avant-scènes, loges et fauteuils de galerie : *l.*, 5 fr.; *b.*, 4 fr. — Stalles de galerie : *l.*, 2 fr.; *b.*, 1 fr. 50. — Amphithéâtre : *l.* et *b.*, 1 fr.

Les dames sont admises à l'orchestre.

Ambigu, boulevard Saint-Martin. — Avant-scènes du rez-de-chaussée et de balcon : *l.*, 12 fr.; *b.*, 10 fr. — Premières loges, baignoires, fauteuils d'orchestre et fauteuils de balcon (premier rang) : *l.*, 9 fr.; *b.*, 7 fr. — Fauteuils de balcon (deuxième rang) : *l.*, 6 fr.; *b.*, 5 fr. — Parquet et deuxième galerie : *l.*, 4 fr.; *b.*, 3 fr. — Autres places : *l.*, de 2 fr. à 1 fr. 50; *b.*, de 2 fr. à 0,75 c.

Menus-Plaisirs, boulevard de Strasbourg. — Avant-scène : *l.*, 10 fr.; *b.*, 8 fr. — Baignoires, premières loges, fauteuils d'orchestre et fauteuils de balcon : *l.*, 6 fr.; *b.*, 5 fr. — Deuxièmes loges et fauteuils des deuxièmes : *l.*, 4 fr.; *b.*, 3 fr. — Troisièmes loges et avant-scènes des troisièmes : *l.*, 2 fr.; *b.*, 1 fr. 50. — Stalles des troisièmes : *l.*, 1 fr. 50; *b.*, 1 fr.

Eden-Théâtre, rue Auber. — Baignoires (8 places) : *l.* et *b.*, 60 fr. — Fauteuils d'orchestre : *l*, 9 fr.; *b.*, 7 fr. — Fauteuils de balcon : *l.*, 8 fr.; *b.*, 6 fr. — Promenoir : *b.*, 3 fr.

Déjazet, boulevard du Temple. — (Location sans augmentation de prix.) — Avant-scènes du rez-de-chaussée, 4 fr. — Loges de balcon : face, 3 fr. 50; côté, 3 fr. — Loges du rez-de-chaussée et avant-scène de balcon, 3 fr. — Fauteuils d'orchestre et de balcon, 2 fr. — Stalles d'orchestre et fauteuils de première galerie, 1 fr. 50. — Autres places, 1 fr. et 0,50 c.

Cluny, boulevard Saint-Germain. — Avant-scènes du rez-de-chaussée et des premières : *l.*, 7 fr ; *b.*, 6 fr. — Loges, fauteuils d'orchestre et de balcon : *l.*, 5 fr.; *b.*, 4 fr. — Stalles d'orchestre et de première galerie : *l.*, 3 fr.; *b.*, 2 fr. 50. — Parterre et stalles de deuxième galerie : *l.*, 1 fr. 50; *b.*, 1 fr. 25. — Amphithéâtre : *l.*, 1 fr.; *b.*, 0,75 c.

Château-d'Eau, rue de Malte. —Avant-scènes, 5 fr.— Loges de balcon, 4 fr. — Fauteuils d'orchestre et d'amphithéâtre, 3 fr. — Fauteuils de balcon, 2 fr. 50. — Parquet et avant-scène de galerie, 2 fr. (Il est perçu en plus 0,50 par place en location.) — Autres places : *b.*, 1 fr. 75, 1 fr. et 0,50 c. (Location, 0,25 c. en plus.)

Beaumarchais, boulevard Beaumarchais. — Avant-scènes : *l.*, 7 fr.; *b.*, 6 fr. — Premières loges : *l.*, 6 fr.; *b.*, 5 fr. — Fauteuils d'orchestre et de balcon : *l.*, 5 fr.; *b.*, 4 fr. — Deuxième galerie : *l*, 2 fr. 50; *b.*, 2 fr. — Autres places : *b.*, de 1 fr. à 0,50 c.

Folies-Bergère, rue Richer. — 2 fr. à toutes les places non réservées.

Hippodrome, avenue de l'Alma. — Loges : *l.*, 7 fr.; *b.*, 5 fr. — Premières : *l.*, 4 fr.; *b.*, 3 fr. — Deuxièmes : *l.*, 2 fr. 50; *b.*, 2 fr. — Troisièmes : *b.*, 1 fr.

Cirque d'Été, Champs-Élysées. — Loges : *l.*, 5 fr.; *b.*, 4 fr. — Premières : *l.*, 4 fr.; *b.*, 3 fr. — Deuxièmes : *b.*, 1 fr.

Cirque d'Hiver, boulevard des Filles-du-Calvaire. — Premières : *l.*, 3 fr.; *b.*, 2 fr. — Deuxièmes : *b.*, 1 fr.—Troisièmes : *b.*, 0,50 c.

Nouveau Cirque, Faubourg-Saint-Honoré.—Loges : *l.*, 25 fr.; *b.*, 20 fr. — Fauteuils : *l.*, 4 fr.; *b.*, 3 fr. — Promenoirs : *b.*, 2 fr.

Cirque Fernando, boulevard Rochechouart. — Balcon ; *l*, 3 fr. 50; *b.*, 3 fr. — Premières: *l.*, 2 fr. 50; *b.*, 2 fr. — Deuxièmes : *l.*, 1 fr. 50; *b.*, 1 fr. — Troisièmes : *b.*, 0,50 c.

Théâtre Robert-Houdin (prestidigitation), boulevard des Italiens. — Avant scène, 5 fr.—Loges: 4 fr. — Orchestre, 3 fr. 50. — Balcon, 3 fr. — Stalles, 2 fr. — (Location, 0,50 c. de plus par place.)

N. B. — Dans les **Cafés-concerts**, l'entrée est libre; l'on ne paie que sa consommation. Le tarif — très variable — est généralement supérieur à celui des cafés ordinaires.

POSTES ET TÉLÉGRAPHES
TÉLÉPHONES

I

POSTES

TARIFS POSTAUX INTÉRIEURS

Lettres ordinaires. — Taxe unique de Paris pour Paris, la France, l'Algérie et la Tunisie — jusqu'à 15 grammes, 15 centimes; et 15 centimes pour chaque 15 grammes additionnels. — Les lettres non affranchies sont taxées au double du tarif; les lettres insuffisamment affranchies sont traitées comme non affranchies, déduction faite des timbres non employés. — Il est interdit, sous peine d'une amende de 50 à 500 francs, de mettre dans les lettres ordinaires des pièces de monnaie ou des billets de banque et autres valeurs.

Chargements. — Les valeurs déclarées doivent être déposées au guichet, scellées de cinq cachets en cire; l'affranchissement se compose de la taxe d'une lettre ordinaire du même poids, d'un droit fixe de 25 centimes et d'un droit de 10 centimes par 100 fr. Le maximum de déclaration est de 10,000 fr.

Valeurs déclarées. — Les matières d'or et d'argent, les bijoux et objets précieux renfermés dans des boîtes sont reçus comme valeurs déclarées. L'affranchissement se compose: 1° d'un droit fixe de 25 centimes; 2° d'un droit de 1 fr. sur les 100 premiers francs de la valeur déclarée et d'un droit de 50 centimes sur les autres 100 fr. Il est interdit d'insérer, dans les boîtes, des lettres ou des factures. Maximum de déclaration, 10,000 fr.

Lettres et objets recommandés. — Tous les objets de correspondance peuvent être recommandés moyennant une taxe supplémentaire de 25 centimes.

Cartes postales. — La taxe unique des cartes postales est de 10 centimes.

Journaux. — Taxe pour Paris et le département de la Seine : jusqu'à 25 grammes, 1 centime ; et un demi-centime pour chaque 25 grammes additionnels. Pour les autres départements : 2 centimes pour les premiers 25 grammes, et 1 centime pour chaque 25 grammes additionnels.

Imprimés. — 1° Sous bande mobile, couvrant au plus le tiers de la surface : 1 centime par 5 grammes jusqu'à 20 gr. ; de 20 grammes à 50 grammes, 5 centimes ; de 50 grammes à 100 grammes, 10 centimes ; et ainsi de suite, en ajoutant 5 centimes par 50 grammes, jusqu'à 3 kilogrammes. Maximum de dimension : 45 centimètres. — 2° Sous enveloppe ouverte : 5 centimes par 50 grammes.

Echantillons et papiers d'affaires. — 5 centimes par 50 grammes.

UNION POSTALE

Tous les États de l'Europe font également partie de l'Union postale.

En font également partie les Etats suivants : Brésil, Chili, Colombie, Égypte, États-Unis, Guatemala, Haïti, Hawaï, Honduras, Japon, Sibérie, Mexique, Nicaragua, Paraguay, Pérou, Perse, République Argentine, République Dominicaine, Salvador, Uruguay, Vénézuéla.

L'affranchissement des lettres ordinaires est, pour tous ces pays, de 25 centimes par 15 grammes.

MANDATS DE POSTE

France. — Il est perçu pour les envois d'argent en mandat un droit fixe de 1 p. 100.

Étranger. — Allemagne, Autriche-Hongrie, Belgique, Danemark, Égypte, Italie, Luxembourg, Norvège, Pays-Bas, Portugal, Roumanie, Suède, Suisse : 25 centimes par 25 fr. ou fraction de 25 fr. Maximum : 500 fr. — Colonies françaises : 1 p. 100, avec minimum de 25 centimes. Maximum : 500 fr. — Colonies françaises : 1 pour 100, avec minimum de 25 centimes. Maximum : 500 fr. — Grande-Bretagne : 20 centimes par 10 fr. ou fraction de 10 fr. Maximum : 252 fr. Indes : même tarif. Maximum : 315 fr.

DÉPARTS ET ARRIVÉES DES COURRIERS

Levées. — Il est fait chaque jour dans Paris huit levées des lettres : elles *ont lieu dans les bureaux de quartier*, aux heures suivantes :

7 heures 30, matin; 10 h., matin; midi; 2 h., soir; 4 h., soir; 5 h. 45, soir; 6 h. (cette levée est spéciale aux bureaux principaux du centre de Paris); 9 h. 30, soir.

Nota I. — Moyennant une surtaxe de 15 centimes, les lettres sont expédiées par levées spéciales, le soir, jusqu'à 6 h. 30, dans les grands bureaux du centre et jusqu'à 7 heures à l'Hôtel des Postes.

Les levées des *boîtes placées sur la voie publique* ont lieu 30 minutes avant l'heure fixée pour celles des bureaux.

II. — En outre, les bureaux situés auprès de chacune des gares font porter les lettres au fur et à mesure des trains-postes du soir partant de la gare qu'ils desservent spécialement.

Distribution des courriers. — Il est fait chaque jour, dans Paris, huit distributions. — De 7 h. 30 à 9 h. du matin; — de 9 h. à 11 h. 30; — de 1 h. 30 à 3 h. 30; de 5 h. 30 à 6 h. 30; — de 6 h. 30 à 7 h. 30; — de 7 h. 30 à 9 h.

LISTE DES BUREAUX DE POSTE

Hôtel des Postes : Rue du Louvre et rue Étienne-Marcel.

Ier arrondissement. — Rue des Halles, 9; rue Saint-Denis, 90; avenue de l'Opéra, 2; rue Cambon, 9.

IIe arr. — Rue d'Antin, 19; place de la Bourse, 4; rue de Cléry, 28; place Ventadour; rue de Choiseul, 18.

IIIe arr. — Boulevard Beaumarchais, 83; rue Réaumur, 47; rue des Vieilles-Haudriettes, 4.

IVe arr. — Rue de la Tacherie, 4; rue Saint-Antoine, 170; boulevard du Palais (Tribunal de Commerce); Hôtel-de-Ville.

V^e arr. — Rue de Poissy, 9; rue Monge, 106; rue Claude-Bernard, 77; boulevard de l'Hôpital, 26.

VIe arr. — Boulevard Saint-Germain, 104; rue de Vaugirard, 36; rue du Cherche-Midi, 53; rue Bonaparte, 21; rue du Vieux-Colombier, 21; rue de Rennes, 150.

VIIe arr. — Boulevard Saint-Germain, 242; rue de Grenelle, 103; rue de Bourgogne, 2; rue Saint-Dominique, 86; avenue Duquesne, 40.

VIIIe arr. — Place de la Madeleine, 28; boulevard Malesherbes, 68; Avenue des Champs-Elysées, 33; boulevard Haussmann, 121; rue Montaigne, 26; avenue Marceau, 9; rue d'Amsterdam, 19; avenue Friedland, 39.

IXe arr. — Rue Milton, 1; rue Taitbout, 46; rue Sainte-Cécile.

X^e arr. — Gare du Nord; rue d'Enghien, 21; place de la République, 1 ; rue des Écluses Saint-Martin, 4 ; rue de Strasbourg, 10.

XI⁰ arr. — Boulevard Richard-Lenoir, 108 ; boulevard Voltaire, 105 ; boulevard de Belleville, 45.

XII⁰ arr. — Rue de Citeaux, 40 ; boulevard Diderot, 19 ; rue du Rendez-vous, 36 ; boulevard de Bercy, 76 ; rue de Gallois, 12.

XIII⁰ arr. — Rue Jeanne-d'Arc, 57 ; avenue d'Italie, 77.

XIV⁰ arr. — Boulevard Montparnasse, 171 ; avenue d'Orléans, 19 ; rue de l'Ouest, 81.

XV⁰ arr. — Rue Blomet, 93 ; rue de Lourmel, 35.

XVI⁰ arr. — Rue Pierre Guérin, 9 ; rue Guichard, 9 ; place Victor Hugo, 3 ; rue Dufrénoy, 16 *bis*.

XVII⁰ arr. — Avenue de la Grande-Armée, 52 ; rue Bayen, 16 ; rue des Batignolles, 42 ; rue Jouffroy, 49 ; rue Legendre, 183.

XVIII⁰ arr. — Rue des Abbesses, 11 ; boulevard Ornano, 54 ; rue Doudeauville, 4.

XIX⁰ arr. — Rue de Crimée, 174 ; rue d'Allemagne, 3 ; rue d'Allemagne, 139

XX⁰ arr. — Rue des Pyrénées, 397 ; rue de Bagnolet, 55.

II

TÉLÉGRAPHES ET TÉLÉPHONES

DÉPART ET TAXE DES DÉPÊCHES

Les bureaux télégraphiques sont ouverts :
En été (mars-octobre), de 7 heures du matin à 9 heures du soir ;
En hiver (novembre-février), de 8 heures matin à 9 heures soir.
Jusqu'à 11 heures du soir, les bureaux des Champs-Élysées, de la place du Havre, de la rue de Lyon, de la place de la République, de la gare du Nord, de la gare d'Orléans et de la rue des Halles ;
Jusqu'à 11 h. 1/2, les bureaux du Luxembourg et de l'Avenue de l'Opéra ;
Jusqu'à minuit, le bureau du Grand-Hôtel ;
Toute la nuit, les bureaux de la rue de Grenelle 103, et de la Bourse 4.

Entre deux bureaux quelconques, un télégramme est taxé à raison de 5 centimes par mot ; le minimum de la taxe est de 50 centimes.

On trouve dans tous les bureaux des cartes-télégrammes destinées à être expédiées dans l'intérieur de Paris. — Paris : cartes ouvertes, 30 centimes ; cartes fermées, 50 centimes.

Taxe par mot, pour les PRINCIPAUX PAYS : Algérie et Tunisie, 10 centimes ; Allemagne, 20 centimes ; Australie, 12 fr. 65 ; Autriche, 30 centimes ; Belgique, 10 centimes ; Chine, 9 fr. 75 ; Cochinchine, 8 fr. 50 ; Danemarck, 35 centimes ; Egypte, 1 fr. 70 ; Espagne, 25 centimes ; Grèce, 60 centimes ; Iles Britanniques, 25 centimes ; Hongrie, 35 centimes ; Indes anglaises, 5 fr. 10 ; Indes néerlandaises, 8 fr. ; Italie, 25 centimes ; Japon, 11 fr. 10 ; Luxembourg, 25 centimes ; Norwège, 45 centimes ; Pays-Bas, 20 centimes ; Perse, 1 fr. 75 ; Portugal, 25 centimes ; Roumanie, 40 centimes ; Russie d'Europe, 60 centimes ; Serbie, 40 centimes ; Suède, 45 centimes ; Suisse, 15 centimes ; Turquie d'Europe, 60 centimes ; Turquie d'Asie, 85 centimes ; Canada, 2 fr. 50 ; Brésil, 10 fr. 65 ; Chili, 25 fr. 75 ; Etats-Unis, de 2 fr. à 4 fr. 40, suivant les localités : Mexique, 3 fr. 55 ; Panama, 13 fr. 55 ; Pérou, de 25 fr. 50 à 32 fr. 65 ; Uruguay, 18 fr. 65.

LISTE DES BUREAUX TÉLÉGRAPHIQUES

Ier arrondissement. — Avenue de l'Opéra, 4 ; rue Etienne-Marcel (Hôtel-de-Ville) ; place du Louvre ; boulevard du Palais (Tribunal de Commerce) ; place Vendôme, 15 ; rue des Halles, 9 ; rue Castiglione (Hôtel Continental) ; rue Saint-Denis, 90.

IIe arr. — Bourse ; place Ventadour ; rue de Cléry, 30 ; rue de Choiseul, 18.

IIIe arr. — Rue des Vieilles-Haudriettes, 6 ; rue Réaumur, 47.

IVe arr. — Rue de Rivoli, 17 ; boulevard Beaumarchais, 23.

Ve arr. — Boulevard Saint-Germain, 23 ; rue Monge, 104.

VIe arr. — Boulevard Saint-Germain, 104 ; rue de Vaugirard, 17 ; quai Malaquais ; rue Littré, 1 ; rue du Vieux-Colombier, 21 ; rue Bonaparte, 21.

VIIe arr. — Rue de Grenelle, 101 ; rue de Bourgogne (Chambre des Députés) ; avenue Duquesne, 40 ; Ecole militaire : rue Saint-Dominique, 86.

VIIIe arr. — Boulevard Malesherbes, 4 ; boulevard Malesherbes, 121 ; rue Boissy-d'Anglas, 3 ; rue Saint-Lazare, 112 ; avenue Friedland, 39 ; avenue des Champs-Elysées, 33 ; boulevard Haussmann, 121 ; avenue Marceau, 29.

IXe arr. — Rue Lafayette, 85 ; boulevard des Capucines (Grand-Hôtel) ; rue de Provence, 56 ; rue Sainte-Cécile, 7 ; boulevard de Clichy, 81 ; rue Milton, 1 ; rue Gérando, 16.

Xe arr. — Rue de Strasbourg, 8 ; gare du Nord ; boulevard Saint-Denis, 16 ; rue de Lancry, 10 ; rue des Ecluses-Saint-Martin, 4 ; rue d'Enghien, 21.

XIe arr. — Place de la République, 8 ; boulevard Voltaire,

105 ; boulevard Richard-Lenoir, 108 ; boulevard de Belleville, 45.

XII arr*. — Gare de Lyon ; rue de Citeaux, 40 ; rue de Charenton, 240 ; rue Gallois, 34 ; rue du Rendez-vous, 36.

XIII arr*. — Gare d'Orléans ; avenue d'Italie, 77 ; rue Jeanne-d'Arc, 17.

XIV arr*. — Avenue d'Orléans, 17 ; rue de l'Ouest, 81 ; boulevard Montparnasse, 74.

XV arr*. — Rue de Lourmel, 35 ; rue Blomet, 93.

XVI arr*. — Rue Guichard, 9 ; rue Pierre-Guérin, 9 ; rue Dufrénoy, 16 ; place Victor-Hugo, 3.

XVII arr*. — Rue Legendre, 183 ; avenue de la Grande-Armée, 56 *bis* ; rue Bayen, 16 ; rue des Batignolles, 52 ; rue Jouffroy, 49.

XVIII arr*. — Rue Doudeauville, 4 ; boulevard Barbès, 50 ; rue des Abbesses, 8.

XIX arr*. — Rue d'Allemagne, 3 ; rue d'Allemagne, 139 ; rue d'Allemagne, 211 ; rue de Crimée, 174.

XX arr*. — Rue des Pyrénées, 397 ; rue de Bagnolet, 55.

BUREAUX DE TÉLÉPHONES

Il existe des cabines téléphoniques dans tous les bureaux de télégraphe ou leurs annexes, et dans toutes les agences de la compagnie des Téléphones.

Prix de la communication : 0 fr. 50 par 5 minutes.

Téléphonie à grandes distances. —

Entre Paris et Bruxelles . 3 fr. par 5 minutes.
— — Lyon . . . 2 — —
— — Marseille . 3 — —
— — Reims. . . 1 — —
— — Le Havre . 1 — —
— — Lille . . . 1 — —

Bureau unique de communication du Palais de la Bourse, escalier gauche à l'entresol.

MINISTRES ET DIPLOMATES

MINISTÈRES FRANÇAIS

Affaires étrangères. — Hôtel de Meaux, quai d'Orsay, et 130, rue de l'Université.

Agriculture. — Cabinet du ministre, 78, rue de Varennes; bureaux, 244, boulevard Saint-Germain.

Commerce et colonies. — Cabinet du ministre, 25, quai d'Orsay; bureaux, 241, boulevard Saint-Germain.

Finances. — Bâtiments du Louvre, rue de Rivoli.

Guerre. — 10, 12, 14, rue Saint-Dominique.

Instruction publique et Beaux-Arts. — 110, rue de Grenelle.

Intérieur. — Hôtel Beauvau, place Beauvau.

Justice. — 11, place Vendôme.

Marine. — Place de la Concorde (entrée rue Royale).

Travaux publics. — 241, boulevard Saint-Germain.

LÉGATIONS, AMBASSADES ET CONSULATS

Allemagne. — Ambassade, 78, rue de Lille; Consulat, 2, rue de Mailly.

Autriche-Hongrie. — Ambassade, 7, avenue de l'Alma; Consulat, 21, rue Laffite.

Bavière. — Légation, 23, rue Washington.

Belgique. — Légation et Consulat, 153, faubourg Saint-Honoré.

Bolivie. — Consulat, 27, rue de l'Echiquier.

Brésil. — Légation, 17, rue de Téhéran; Consulat, 8 rue de Chateaudin.

Chili. — Légation, 12, rue de Magellan; Consulat, 12, avenue Carnot.

Chine. — Légation, 7, place Victor Hugo.
Colombie. — Consulat, 10, boulevard d'Enfer.
Confédération Argentine. — Légation, 22, rue de Téhéran, Consulat, 13, rue Grange-Batelière.
Costa-Rica. — Légation, 16, rue Pierre-Charron; Consulat, 94, rue de Lafayette.
Danemark. — Légation, 29, rue de Courcelles; Consulat, 53, rue Hauteville.
Equateur. — Légation, 41, boulevard Malesherbes; Consulat, 21, boulevard Haussmann.
Espagne. — Ambassade et Consulat, 63, rue Saint-Dominique.
États-Unis. — Légation, 3, place des Etats-Unis; Consulat, 24, rue du Quatre-Septembre.
Grande-Bretagne. — Ambassade et Consulat, 39, faubourg Saint-Honoré.
Grèce. — Légation, 127, boulevard Haussmann; Consulat, 20, rue Taibout.
Guatemala. — Légation, 16, rue Pierre-Charron; Consulat, 32, avenue Marceau.
Haïti. — Légation, 9, rue Montaigne; Consulat, 55, rue de Chateaudun.
Havaï. — Consulat, 10, rue la Paix.
Honduras. — Consulat, 136, avenue du Trocadéro.
Italie. — Ambassade et Consulat, 11, rue de Penthièvre.
Japon. — Légation, 76, avenue Marceau.
Liberia. — Consulat, 34, rue des Petits-Hôtels.
Luxembourg. — Consulat, 153, faubourg Saint-Honoré.
Madagascar. — Consulat, 77, boulevard Haussmann.
Mexique. — Légation, 5, rue Cimarosa; Consulat, 7, rue de Maubeuge.
Monaco. — Légation, 5, boulevard de la Tour Maubourg.
Nicaragua. — Consulat, 40, rue Blanche.
Orange (République d'). — Consulat, 4, rue Meissonier.
Paraguay. — Consulat, 1, rue Lafayette.
Pays-Bas. — Légation, 26, avenue Marceau, Consulat, 56, avenue Marceau.
Pérou. — Légation, 28, avenue Marceau; Consulat, 11, rue de Milan.
Perse. — Légation, 1, place d'Iéna; Consulat, 87, rue La Boétie.
Portugal. — Légation, 6, rue Saint-Philippe-du-Roule; Consulat, 122, avenue des Champs-Elysées.
République Dominicaine. — Légation, 1, rue Balzac.
Roumanie. — Légation et Consulat, 5, rue de Penthièvre.

MINISTRES ET DIPLOMATES

Russie. — Ambassade et Consulat, 79, rue de Grenelle.
Saint-Siege. — Nonciature, 58, rue de Varenne.
San-Marin. — Légation, 38, rue de la Tour.
San-Salvador. — Légation, 20, rue Fortuny; Consulat, 46, rue de Chateaudun.
Serbie. — Légation, 240, rue de Rivoli; Consulat, 127, avenue de Wagram.
Siam. — Légation, rue de Siam; Consulat, 8, rue Pierre-Legrand.
Suède et Norvège. — Légation, 8, rue de la Baume; Consulat, 15, rue Pasquier.
Suisse. — Légation et Consulat, 4, rue Cambon.
Turquie. — Ambassade, 10, rue de Presbourg; Consulat, 31, rue Saint-Ferdinand.
Uruguay. — Légation, 25, boulevard de Courcelles; Consulat, 3, rue Desbrousses.
Venezuela. — Consulat, 81 rue Jouffroy.
Zanzibar. — Consulat, 65, avenue des Champs-Elysées.

LISTE ALPHABÉTIQUE

DES RUES, BOULEVARDS, AVENUES PLACES, PASSAGES, ETC.

Les chiffres placés à gauche de chaque nom indiquent les arrondissements.

(Voir dans le corps de l'ouvrage les plans de chacun des dits arrondissements.)

A

6 Abbaye (de).
5 Abbé-de-l'Epée (de l').
6 Abbé-Grégoire (de l').
15 Abbé Groult (de l').
18 Abbesses (rue des).
10 Abbeville (d').
12 Abel-Leblanc (pass.).
2 Aboukir (d').
18 Abreuvoir (de l').
17 Acacias (des).
20 Achille (rue).
18 Achille-Martinet.
4 Adolphe-Adam.
19 Adour (villa de l')
18 Affre.
8 Aguesseau (d').
12 Aguttes (passage).
19 Aisne (de l').
15 Alain-Chartier.
10 Albouy.
14 Alembert (d').
15 Alençon.
14 Alésia (cité d').
14 Alésia (d').
15 Alexandre (pass.).
20 Alexandre-Dumas.
18 Alex.-Lecuyer (imp.)
11 Alexand.-Lepeu(pas.)
9 Alfred-Stévens (pas.)
9 Alfred-Stévens.
1 Alger (d').
10 Alibert.
12 Aligre (place d').
1 Aligre (cour d').
12 Aligre (d').

19 Allemagne (d').
19 Allemagne (pass. d').
7 Allent.
15 Alleray (d').
15 Alleray (cité d').
15 Alleray (place d').
16 Alma (place de l').
8 Alma (avenue de l').
7.8 Alma (pont de l').
7 Alma (cité de l').
19 Alouettes (des).
13 Alphand (passage).
15 Alphonse.
10 Alsace (d').
12 Alsace-Lorr. (c. d').
10 Amandiers (pas. des).
20 Amandiers (des).
2 Amboise (d').
10 Ambroise-Paré.
7 Amélie.
11 Amelot.
11 Amelot (impasse).
16 Amiral-Courbet (de l')
18 Amiraux (des).
17 Ampère.
8.9 Amsterdam (d').
8 Amsterdam (imp. d').
5 Amyot.
15 Anatole-Loudin.
6 Anc.-Comédie (de l').
3 Ancre (passage de l').
18 André-del-Sarto.
8 Andrieux.
18 Androuet.
18 Angélique-Compoint.

5 Anglais (des).
11 Angoulême (d').
11 Angoulême (pl. d').
11 Angoulême (pass. d').
11 Angoulême (cité d').
4 Anjou (quai d').
8 Anjou (d').
20 Annam (d').
20 Annam (imp d').
19 Annelets (pass. des).
19 Anne'ots (des).
14 Annibal (cité).
16 Annonciation (de l').
11 Antony.
8 Antin (avenue d').
8 Antin (impasse d').
9 Antin (cité d').
2 Antin (d').
6 Antoine-Dubois.
13 Antoine Vramant.
18 Antoinette.
9 Anvers (place d').
17 Apennins (des).
16 Appert.
10 Aqueduc (de l').
14 Arago (boulevard).
5 Arbalète (de l').
1 Arbre-sec (de l').
8 Arcade (de l').
17 Arc-de-Triomp. (de l')
4.5 Archevêché (p. de l').
4 Archevêché (qu de l').
4 Archevêché (sq. de l').
3 Archives (des).
4 Arcole (pont d').

LISTE DES RUES, BOULEVARDS, ETC.

4 Arcole (d').
14 Arcueil (porte d').
14 Arcueil (d').
19 Ardennes (des).
5 Ar.-de-Lutèce (sq. des)
8 Argenson (d').
1 Argenteuil (d').
19 Argonne (de l').
19 Argonne (place de l').
2 Argout (d').
17 Armaillé (d').
19 Armand-Carrel (pl.).
19 Armand-Carrel.
15 Armorique (de l').
3 Arquebusiers (des).
5 Arras (d').
15 Arrivée (de l').
4 Arsenal (de l').
14 Artistes (des).
14 Arts (passage des).
1.6 Arts (pont des).
12 Arts (imp. des).

18 Arts (villa des).
3 Arts-et-Mét. (sq. des).
11 Asile (pass. de l').
6 Assas (d).
19 Asselin.
16 Assomption (de l').
8 Astorg (d').
15 Astrolabe (imp. de l').
1 Athènes (pass. d').
9 Athènes (d').
19 Atlas (de l').
19 Atlas (pass. de l').
4 Aubé.
9 Auber.
19 Aubervilliers (d').
19 Aubervilliers (imp. d')
19 Aubervilliers (port. d')
4 Aubigné (d').
4 Aubriot.
20 Aubry (cité).
4 Aubry-le-Boucher.
14 Aude (imp. de l').

14 Aude (de l').
18 Audran.
20 Auger.
6 Auguste-Comte.
14 Auguste Mie.
9 Aumale (d').
17 Aumont-Thiéville.
12 Austerlitz (pass. d').
5.13 Austerlitz (pont d').
13 Austerlitz (quai d').
16 Auteuil (porte d').
16 Auteuil (quai d').
16 Auteuil (place).
15.16 Auteuil (p., viad. d').
16 Auteuil (d').
19 Auvry (pass.).
4 Ave-Maria (de l').
11 Avenir (cité de l').
13 Avenir (imp. de l').
20 Avenir (imp. de l').
20 Avron (d').

B

7 Babylone (de).
7 Bac (du).
17 Bac-d'Asnières (imp.)
17 Bac-d'Asnières (du).
18 Bachelet.
17 Bacon.
6 Bagneux (de).
20 Bagnolet (porte de).
20 Bagnolet (de).
1 Baillet.
1 Bailleul.
1 Baillif.
3 Bailly.
11 Bains (pass. des).
18 Bains (cité des).
2 Bains (galerie des).
17 Balagny.
20 Balkans (des).
9 Ballu.
8 Balzac (de).
16 Bamboul (villa).
15 Banis (cité).
2 Banque (de la).
13 Banquier (du).
6 Bara.
19 Barbanègre.
18 Barbès (boulevard).
7 Barbet-de-Jouy.
3 Barbette.
15 Bardou (imp.).
15 Bargue.
17 Baron.
17 Baron (passage).

13 Barrault.
13 Barrault (passage).
4 Barres (des).
10 Barthélemy (pass.).
15 Barthélemy.
17 Barye.
2 Basfour (passage).
11 Basfroi.
11 Basfroi (passage).
16 Bassano (de).
5 Basse-des-Carmes.
9 Basse-du-Rempart.
16 Bassins (des).
4 Bassompierre.
8 Bastiat.
16 Bastien-Lepage.
4 Bastille (de la).
12 Bastille (place de la).
17 Bastion (cité du).
17 Batignolles (b. des).
17 Batignolles (pl. des).
17 Batignolles (rue des)
17 Batignolles (sq. des).
5 Battoir (du).
16 Bauches (rue des).
18 Baudelique.
9 Baudin.
13 Baudoin (pass.).
4 Baudoyer (place).
13 Baudricourt (imp.).
13 Baudricourt.
12 Baulant.
15 Baussot.

8 Bayard.
17 Bayen.
17 Bayen (passage).
3 Béarn (de).
3 Béarn (imp. de).
3.4 Beaubourg.
3 Beaubourg (imp.).
3 Beauce (de).
8 Beaucourt (avenue).
11 Beauharnais (cité).
1 Beaujolais (pass. de).
1 Beaujolais (Palais R.).
1 Beaujolais (galerie).
1 Beaujolais (péryst.).
8 Beaujon.
8 Beaujon (cité).
11 Beaumarchais (boul.)
7 Beaune (de).
14 Beaunier.
2 Beauregard.
10 Beaurepaire.
2 Beaurepaire (cité).
16 Beauséjour (boul. de)
16 Beauséjour (villa).
4 Beautreillis.
8 Beauvau (place).
6 Beaux-Arts (des).
12 Beccaria.
18 Becquerel.
16 Beethoven.
12 Bel-Air (avenue).
12 Bel-Air (cour du).
12 Bel-Air (villa du).

12.

11 Belfort (de).
20 Belgrand.
18 Bellhomme.
17 Belidor.
15 Bella.
15 Bellart.
4 Bellay (du).
7 Bellechasse (place).
7 Bellechasse (de).
7 Bellechasse (square).
9 Bellefond (de).
16 Belles-Feuilles (c.des)
16 Belles-F. (imp. des).
16 Belles-Feuilles (des).
20 Belleville (boul. de).
20 Belleville (de).
13 Bellevue (aven. de).
19 Bellevue (de).
18 Belliard.
13 Bellièvre (de).
16 Bellini.
15 Belloni.
19 Bellot.
16 Belloy (de).
8 Bel-Respiro (du).
10 Belzunce (de).
11 Bénard (cité).
14 Bénard.
19 Benjamin-Constant.
16 Benouville.
3 Béranger.
16 Bérauger (hameau).
12 Bercy (boul. de).
12 Bercy (pont de).
12 Bercy (porte de).
12 Bercy (quai de).
12 Bercy (de).
1 Berger.
9 Bergère (cité).
9 Bergère (galerie).
9 Bergère.
15 Bergers (des).
6 Berite.
8,9 Berlin (de)
16 Berlioz.
5 Bernardins (des).
6 Bernard-Palissy.
8 Berne.
19 Bernkoff (cité).
8 Bernouilli.
8 Berri (de).
8 Berryer.
8 Berryer (cité).
18 Berthe
17 Berthier (boulev.).
17 Berthier (imp).
5 Berthollet.
1 Bertin-Poirée.
16 Berton.
7 Bertrand.

11 Bertrand (cité).
18 Bervic (de).
17 Berzélius (pass.).
17 Berzélius.
17 Berzélius prolongée.
17 Bessières (boul.).
17 Bessières (pass.).
4 Béthune (quai de).
17 Beudant.
15 Beuret.
14 Bezout.
10 Bichat.
20 Bidassoa (de la).
18 Bienaimé (cité).
8 Bienfaisance (de la).
5 Bièvre (de).
12 Bignon.
14 Bigorre (de).
18 Bilcoq (imp)
16 Billancourt (porte de)
16 Billancourt (de).
4 Billettes (des).
16 Billy (quai de).
17 Biot.
4 Birague (de).
12 Biscornet.
20 Bisson.
19 Bitche (place de).
16 Bizet.
5 Blainville.
11 Blais.
14 Blanche (cité).
9 Blanche.
9 Blanche (place).
4 Blancs-Manteaux (des
9 Bleue.
15 Blomet.
2,3 Blondel.
14 Blottière (imp.).
14 Blottière.
11 Bluets (cité des).
8 Boccador.
9 Boclard-de-Saron.
7 Boétie.
4 Bœuf (imp. du).
2 Boieldieu (place).
16 Boileau (hameau).
16 Boileau.
16 Boileau (imp.)
16 Boileau (villa).
18 Boinod.
19 Bois (des).
17 Bois (allée des).
10 Bois-de-Boulogne (p.).
16 Bois-de-Boul. (av. du)
16 Bois-de-Boul. (sq. du)
16 Boislevent.
16 Boissière.
18 Boissieu.
14 Boissonade (imp.).

8 Boissy-d'Anglas.
13 Boiton (pass.).
19 Bolivar.
6 Bonaparte.
10 Bondy (de).
18 Bonne (de la).
11 Bonne-Graine (cour et
— passage de la).
10 Bonne-Nouvelle (b.).
10 Bonne-Nouvelle (imp.
18 Bonnet.
1 Bons-Enfants (des).
3 Borda.
5 Bordeaux (de).
20 Borrégo (du).
15 Borromée.
16 Bosio.
7 Bosquet (avenue).
7 Bosquet (passage).
10 Bossuet.
19 Botzaris.
10 Bouchardon.
11 Bouchardy (pass.).
1 Boucher.
19 Bouchet (imp.).
18 Boucry.
20 Boudin (pass.).
16 Boudon (avenue).
9 Boudreau.
16 Boufflers (av. de).
7 Bougainville.
16 Boulainvilliers (cité).
16 Boulainvilliers (de).
20 Bouland (impasse).
5 Boulangers (des).
14 Boulard.
17 Boulay (pass.).
17 Boulay.
12 Boule-Blanche (porte
de la).
9 Boule-Rouge (imp.).
9 Boule-Rouge (de la).
11 Boulets (des).
11 Boulle.
17 Boulnoy (place).
1 Bouloi (du).
16 Bouq.-de-Longchamp
15 Bourbon (pass.).
4 Bourbon (quai).
6 Bourbon-le-Château.
9 Bourdaloue.
4 Bourdon (boul.).
1 Bourdonnais (imp.des)
1 Bourdonnais (des).
10 Bouret.
3 Bourg-l'Abbé (du).
2 Bourg-l'Abbé (p. du).
5 Bourgogne (de).
7 Bourgogne (de).
13 Bourgoin (passage).

LISTE DES RUES, BOULEVARDS, ETC.

13 Bourgoin (imp.).
13 Bourgon.
4 Bourg-Tibourg (du).
12 Bourguignons (c. des).
14 Bournisien (passage).
17 Boursault (impasse)
17 Boursault.
2 Bourse (gal. de la).
2 Bourse (pl. de la).
2 Bourse (de la).
4 Boutarel.
5 Boutebrie.
13 Boutin.
10 Boutron (impasse).
11 Bouvines.
11 Bouvines (avenue de).
20 Boyer.
10 Brady (passage).
15 Brancion.
15 Brancion (impasse).
15 Brancion (porte de).
3 Brantôme.
3 Braque (de).
11 Bras-d'Or (cour du).
6 Bréa (de).
12 Brèche - aux - Loups (de la).
9 Bréda (place).
9 Bréda.

11 Breguet.
17 Brémontier.
3 Bretagne (de).
15 Breteuil (avenue de).
15 Breteuil (place de).
20 Bretonneau.
10 Bretons (cour des).
4 Bretonvilliers (de).
17 Brey.
14 Brezin.
17 Bridaine.
19 Brie (passage de la).
16 Brignole (de).
18 Briquet (passage).
18 Briquet.
14 Briqueterie (de la).
4 Brisemiche.
4 Brissac (de).
17 Brochant.
2 Brongniart.
4 Brosse (de)
14 Broussais.
13 Bruant.
12 Brulon (passage).
14 Brune (boulevard).
14 Brune (passage).
17 Brunel.
12 Brunoy (passage)
9 Bruxelles (de).

5 Bûcherie (de la).
6 Buci (carrefour de).
6 Buci (de).
4 Budé.
9 Buffault.
5 Buffon (de).
16 Bugeaud (avenue).
16 Bugeaud.
16 Bugeaud (rond-point).
16 Buis (rue du).
10 Buisson-St-Louis (du).
10 Buisson-St-Louis (p.).
10 Buisson-St-Louis (impasse).
12 Bullant.
11 Bullourde (passage).
13 Buot.
18 Burq.
11 Bureau (passage du).
19 Burnouf.
13 Butte-aux-Cailles (de).
12 Buttes (des).
19 Buttes-Chaumont (p. des).
18 Buzelin.
20 Buzenval (de).

C

14 Cabanis.
14 Cabanis (impasse).
13 Cacheux.
9 Cadet.
3 Caffarelli.
10 Cail.
13 Caillaux.
18 Caillié.
2 Caire (passage du).
2 Caire (place du).
2 Caire (du).
9 Calais (de).
16 Callot.
18 Calmels.
18 Calmels (passage).
18 Calmels (impasse).
18 Calvaire (place du).
18 Calvaire (rue du).
8 Cambacérès.
20 Cambodge (du).
1 Cambon.
19 Cambrai (de).
15 Cambronne.
15 Cambronne (place).
15 Cambronne (imp.).
11 Camille-Desmoulins.
7 Camou.

14 Campagne-Première.
13 Campo-Formio (de).
15 Camulogène.
18 Canada (du).
10 Canal-St-Martin (du).
5 Candolle.
6 Canettes (des).
6 Canivet (du).
18 Caplat.
18 Capron.
1.2 Capucines (des).
2.9 Capucines (boul. des).
15 Carcel.
6 Cardinale.
5 Cardinal-Lemoine (du).
5 Cardinal-Lemoine (cité).
17 Cardinet.
17 Cardinet (passage).
15 Carlier (passage).
5 Carmes (des)
17 Carnot (avenue).
17 Caroline.
17 Caroline (passage).
4 Caron.
19 Carrières (chem. des).

16 Carrières (imp. des).
19 Carrières-d'Amérique
1 Carroussel (place du).
1.7 Carrousel (pont du).
20 Cascades (des).
6 Casimir-Delavigne.
7 Casimir-Périer.
6 Cassette.
14 Cassini.
20 Casteggio (imp. de).
8 Castellane (de).
4 Castex.
1 Castiglione (de).
18 Cauchois (imp.).
18 Cauchois.
15 Cauchy.
18 Caulaincourt.
1 Caulaincourt (cour).
9 Caumartin (de).
15 Cavalerie (de la).
18 Cavé.
19 Cavendish (rue).
20 Célestins (impasse).
4 Célestins (quai des).
14 Cels.
20 Cendriers (des).
5 Censier.

20 Centre-de-Rondeaux (s. p.).
15 Cepré (passage).
4 Cerisaie (de la).
13 Cerisaie (imp. de la).
8 Cerisoles.
15 Cévennes (des).
2 Chabanais (de).
12 Chablis (de).
10 Chabrol.
10 Chabrol (cité de).
16 Chaillot (de).
7 Chaise (de la).
10 Chalet (du).
16 Chalets (av. des).
16 Chalgrin.
12 Chaligny.
12 Châlon (de).
12 Châlon (imp. de).
13 Chamaillards (des).
12 Chambertin (de).
15 Chambéry (de).
8 Chambiges.
5 Champagne (de).
7 Champagny (de).
14 Champ-d'Asile (du).
13 Champ-de-l'Alouette (du).
7 Champ-de-Mars (du).
7 Champ-de-Mars (le).
7 Champ-de-Mars (parc).
18 Championnet.
18 Championnet (pas).
20 Champlain (cité).
20 Champlain.
18 Champ-Marie (pas. du).
5 Champollion.
8 Ch.-Élysées (av. des).
8 Ch.-Élysées (Jardin des).
8 Ch.-Élysées (r.-point des).
7 Chanaleilles (de).
16 Chanez.
4 Chanoinesse.
12 Chantier (pas. du).
5 Chantiers (des).
1 Chantres (des).
14 Chanudet.
18 Chapelle (boul. de la).
18 Chapelle (cité de la).
18 Chapelle (de la).
18 Chapelle (porte de la).
18 Chapelle (place de la).
18 Chapelle (imp. de la).
17 Chapelle (allée de la).
3 Chapon.
18 Chappe.

9 Chaptal.
18 Charbonnière (de la).
12 Charbonniers (des).
16 Chardin.
19 Charente (quai de la).
12 Charenton (porte de).
12 Charenton (de).
4 Charlemagne (pas.).
4 Charlemagne.
18 Charles-Albert (imp.)
13 Charles-Bertheau (pas.).
11 Charles-Dallery (pas.)
4 Charles V.
18 Charles-Nodier.
3 Charlot.
15 Charmilles (imp. des).
12 Charolais (pass. du).
12 Charolais (du).
20 Charonne (boul. de).
11 Charonne (de).
9 Charras.
5 Chartière.
18 Chartres (de).
1 Chartres (galerie de).
1 Chartres (périst. de).
6 Chartreux (des).
17 Chasseurs (aven. des)
15 Château (du).
8 Chateaubriand (de).
10 Château-d'Eau (du).
13 Château-des-Rentiers (du).
9 Châteaudun (de).
10 Château-Landon (de)
18 Château-Rouge (p. du).
11 Châtelain.
17 Châtelet (pas.).
1.4 Châtelet (place du).
11 Châtillon (aven. de).
11 Châtillon (imp. de).
14 Châtillon (porte de).
5 Chat-qui-Pêche (du).
9 Chauchat.
10 Chaudron.
19 Chaufourniers (des).
4 Chaume (du).
9 Chaussée-d'Antin (de la).
10 Chausson (imp.).
10 Chausson (pas.).
8 Chauveau-Lagarde.
15 Chauvelot.
15 Chauvelot (boul.).
17 Chazelles (de).
13 Ch. fer Orl. (ch. latér.)
11 Chemin-Vert (du).
11 Chemin-Vert (passage du).

2 Chénier.
20 Cher (du).
8 Cherbourg (gal. de).
15 Cherche-Midi (du).
13 Chéreau.
17 Chéroy.
2 Cherubini.
1 Cheval-Blanc (pas.).
13 Chevaleret (imp. du).
13 Chevaleret (du).
7 Chevert.
9 Chevérus (de).
11 Chevet (du).
11 Chevreul.
6 Chevreuse (de).
18 Chimay (cité).
20 Chine (imp. de la).
20 Chine (de la).
2 Choiseul (pas. de).
2 Choiseul (de).
13 Choisy (avenue de).
13 Choisy (porte de).
7 Chomel.
19 Choquet (imp.).
9 Choron.
18 Christiani.
6 Christine.
8 Christophe-Colomb.
16 Cimarosa.
18 Cimet. du Nord (av. du).
5 Cimet. Saint-Benoît.
13 Cinq-Diamants (des).
8 Cirque (du).
6 Ciseaux (des).
4 Cité (de la).
4 Cité (quai de la).
12 Citeaux (de).
10 Civiale.
10 Civry (rue de).
17 Clairaut.
8 Clapeyron.
5 Claude-Bernard.
12 Claude-Decaen.
16 Claude-Lorrain.
16 Claude-Lorrain (imp.)
17 Claude-Pouillet.
10 Claude-Vellefaux.
9 Clausel.
19 Clavel.
5 Clef (de la).
6 Clémont.
8 Clément-Marot.
7 Cler.
2 Cléry (de).
18 Clichy (avenue de).
18 Clichy (boulev. de).
9 Clichy (de).
18 Clichy (place de).
18 Clichy (passage).

LISTE DES RUES, BOULEVARDS, ETC.

17 Clichy (porte de).
18 Clignancourt (imp.).
18 Clignancourt (de).
18 Clignancourt (port. de)
13 Clisson.
20 Cloche (de la).
4 Cloche-Perce.
4 Cloître-N.-Dame (du).
4 Cloître-St-Merri (du).
5 Clopin (impasse).
5 Clopin.
17 Clos (imp. des).
20 Clos (du).
5 Clos-Bruneau (pas.).
15 Clos-Feuquières (du).
5 Clotaire.
5 Clotilde.
5 Clovis.
18 Cloys (des).
18 Cloys (passage des).
18 Cloys (impasse des).
5 Cluny (de).
5 Cluny (square).
5 Cochin.
6 Coëtlogon.
2 Colbert (galerie).
2 Colbert (passage).
2 Colbert.
2 Colbert (rotonde).
4 Coligny (de).
8 Colysée (du).
5 Col. de France (pl.).
5 Collégiale (de la).
19 Colmar (de).
4 Colombe (de la).
12 Colonel-Oudot (r. du).
13 Colonie (de la).
2 Colonnes (des).
7 Combes.
7 Comète (de la).
7 Commaille (de).
8 Commandant-Rivière
14 Commandeur (du).
14 Commandeur (pas. du).
15 Commerce (du).
15 Commerce (pl. du).
3 Communes.
19 Compans.
19 Compans (impasse).
10 Compiègne (de).
17 Compoint (imp.).

17 Compoint aîné (imp.).
8 Concorde (pl. de la).
7.8 Concorde (pont de la).
6 Condé (de).
11 Condillac.
9 Condorcet.
9 Condorcet (cité).
8 Confér. (quai de la).
9 Conservatoire (du)
13 Constance (avenue).
18 Constance.
7 Constantine (de).
3 Constantinople (de).
3 Conté.
6 Conti (impasse de).
12 Contrescarpe (boulev. de la).
5 Contrescarpe (place)
8 Copenhague (de).
16 Copernic.
15 Copreaux.
9 Coq (avenue du).
11 Coq (cour du).
4 Coq (imp. du).
1 Coq-Héron.
1 Coquillière.
10 Corbeau.
10 Corbeau (passage).
12 Corbes (passage).
12 Corbineau.
13 Cordelières (des).
3 Corderie (pl. de la).
3 Corderie (rue)
5 Cordiers (rue des).
16 Corneille (impasse).
6 Corneille.
13 Cornes (des).
16 Corot.
16 Corot prolongée.
18 Cortot.
8 Corvetto.
13 Corvisart.
1 Cossonnerie (de la).
5 Côte-d'Or (de la).
15 Cotentin (du).
16 Cothenet (impasse).
12 Cotte (de).
18 Cottin (passage).
20 Coudriers (pas. de).
11 Couesnon.
14 Coulmiers (de).
11 Couprie.

20 Courat.
17 Courcelles (boul. de).
17 Courcelles (de).
17 Courcelles (porte de).
1 Cour-des-Fontaines (pl. de la).
2 Cour-des-Miracles (p. de la).
20 Cr-des-Noues (de la).
20 Couronnes (des).
20 Couronnes (imp. des)
1 Courtalon.
11 Courtois (passage).
7 Courty.
18 Coustou.
4 Coutellerie (de la).
3 Coutures-St-Gerv. (des).
13 Coypel.
6 Crébillon.
11 Crespin (impasse).
9 Crétet.
16 Crevaux.
4 Crillon (de).
19 Crimée (de).
19 Crimée (passage de).
11 Croisades (des).
2 Croissant (du).
1 Croix-des-Petits-Champs.
13 Croix-Jarry (de la).
15 Croix-Nivert (de la).
6 Croix-Rouge (carref. de la).
20 Croix-St-Simon (de la).
13 Crou'n (passage).
13 Croulebarbe.
12 Crozatier (impasse).
12 Crozatier.
11 Crussol (cité de).
11 Crussol (de).
18 Cugnot.
5 Cujas.
3 Cunin-Gridaine.
16 Curé (de la).
18 Curé (ruelle du).
19 Curial.
18 Custine.
5 Cuvier.
1 Cygne (du).
15 Cygnes (allée des).

D

14 Daguerre.
2 Dalayrac.
17 Dames (des).

6 Dames (villa des).
13 Damesme.
2 Damiette (de).

19 Dampierre.
18 Damrémont.
18 Dancourt (place).

18 Dancourt.
14 Dantzig (pass. de).
16 Dangeau.
15 Dantzig (de).
19 Danube (place du).
14 Danville.
8 Dany (impasse).
11 Darboy.
17 Darcet.
20 Darcy.
14 Dareau.
14 Dareau (passage).
8 Daru.
18 Darwin.
5 Daubenton.
17 Daubigny (avenue).
17 Daubigny.
15 Daudin (passage).
12 Daumesnil (avenue).
12 Daumesnil (place).
12 Daumesnil (villa).
20 Daumesnil (villa).
16 Daumier.
2 Daunou.
6 Dauphine (passage).
1 Dauphine (place).
6 Dauphine.
16 Dauphine (porte).
17 Dautancourt.
11 Duval.
19 David-d'Angers.
20 Davoust (boulevard).
17 Davy.
18 Davy (passage).
17 Débarcadère (du).
3 Debelleyme.
11 Debille (cour).
13 Debille (passage).
16 Decamps.
1 Déchargeurs (des).
14 Decrès.
14 Decrès (impasse).
2 Degrés (des).
11 Deguerry.
18 Dejean.
20 Delaitre.
14 Delambre.
10 Delanos (passage).
16 Delaroche.
18 Delaruelle (passage).
14 Delbet.
11 Delépine (impasse).
11 Delessert (boulev.).
10 Delessert (passage).
4 Delorme (passage).
9 Delta (du).
10 Demarquay.
17 Demours.

10 Denain (avenue de).
14 Denfert-Rochereau.
14 Denfert-Rochereau (place).
20 Denoyez.
14 Deparcieux.
15 Départ (du).
19 Département (du).
15 Desaix.
16 Désaugiers.
16 Desbordes-Valmore.
5 Descartes.
20 Deschamps (pass.).
19 Descombes.
8.9 De Sèze.
7 Desgenettes.
19 Desgrais (passage).
10 Désir (passage du).
13 Désirée (impasse).
20 Désirée.
15 Desnouettes.
16 Despréaux (avenue).
14 Desprez.
17 Desrenaudes.
13 Dess.-des-Berges (r. du).
1 Deux-Boules (des).
1 Deux-Ecus (des).
18 Deux-Frères (imp. des).
18 Deux-Frères (r. des).
10 Deux-Gares (des).
18 Deux-Nèthes (imp. des)
18 Deux-Nèthes (p. des)
4 Deux-Ponts (des).
20 Deux-Portes (imp. d.)
4 Deux-Portes (des).
11 Deux-Sœurs (cour d.)
9 Deux-Sœurs(pas.des)
18 Davillers (allée).
17 Dhier (passage).
20 Dhuis (de la).
18 Diard.
12 Diderot (boulevard).
14 Didot.
16 Dietz-Monin (pass.)
10 Dieu.
20 Dieu (passage).
12 Dijon (de).
17 Docteur (du).
17 Doisy (passage).
5 Domat.
15 Dombasle.
16 Dôme (du).
13 Domremy.
16 Donizetti.
13 Doré (cité).

12 Dorian (avenue).
16 Dosne.
9 Douai (de).
10 Douane (de la).
18 Doudeauville (pass.).
18 Doudeauville.
6 Dragon (du).
14 Dressage (du).
18 Drevet.
9 Drouot.
16 Duban.
19 Dubois (passage).
13 Dubois (villa).
12 Dubrunfaut.
14 Ducange.
15 Duclos (passage).
14 Ducouédic.
20 Duée (de la)
20 Duée (pass. de la).
16 Dufrénoy.
12 Dugommier.
6 Duguay-Trouin.
15 Duguesclin.
15 Duguesclin (pass.).
18 Duhesme.
15 Dulac (passage).
17 Dulong.
11 Dumas (passage).
13 Duméril.
16 Dumont-d'Urville.
19 Dunes (des).
10 Dunkerque (de).
13 Dunois.
9 Duperré.
3 Dupetit-Thouars.
1.8 Duphot.
6 Dupin.
15 Dupleix (place).
15 Dupleix.
11 Dupont (cité).
3 Dupuis.
6 Dupuytren.
7 Duquesne (avenue).
12 Durance (de la).
11 Duranti (passage).
11 Duranti.
18 Durantin.
15 Duranton.
8 Duras (de).
16 Duret.
20 Duris.
7 Duroc.
14 Durcuchoux.
5 Du Sommerard.
2 Dussoubs.
15 Dulot.
7 Duvivier.

E

- 12 Ebelmen.
- 7 Eblé.
- 13 Ebre (de l').
- 6 Echaudé (de l').
- 1 Echelle (de l').
- 10 Echiquier (de l').
- 10 Ecluses-Saint-Martin (des).
- 1 Ecole (place de l').
- 6 Ecole-de-Médecine pl. de l').
- 6 Ecole-de-Médecine (de l').
- 5 Ecole-Polytechnique (de l').
- 5 Ecoles (des).
- 15 Ecoliers (pas. des).
- 5 Ecosse (d').
- 4 Ecouffes (des).
- 8 Ecuries-d'Artois (des)
- 20 Ecuyers (sent. des).
- 14 Edgar-Quinet (boul.).
- 8 Edimbourg (d').
- 13 Edmond-Valentin.
- 4 Eginhard.
- 20 Eglantiers (rue des).
- 15 Eglise (de l').
- 20 Elisa-Borey.
- 12 Elisa-Lemonnier.
- 15 Eloi-Thiébault (pas.).
- 18 Elysée-des-Beaux-Arts (pas. de l').
- 8 Elysée (de l').
- 3 Elzévir.
- 15 Emeriau.
- 11 Emile Lepeu.
- 20 Emmery.
- 6.7 Enfer (boul. prolongé)
- 14 Enfer (pas. d').
- 10 Enghien (d').
- 10 Entrepôt (de l').
- 15 Entrepreneurs (passage des).
- 15 Entrepreneurs (des).
- 20 Envierges (des).
- 19 Epargne (pas. de l').
- 5 Epée-de-Bois (de l').
- 6 Eperon (de l').
- 17 Epinettes (imp. des).
- 17 Epinettes (des).
- 14 Epinettes (pas. des).
- 19 Equerre (de l').
- 12 Erard.
- 16 Erlanger.
- 16 Ermitage (av. de l').
- 20 Ermitage (de l').
- 13 Ernest.
- 18 Ernestine.
- 19 Escaut (de l').
- 13 Espérance (de l').
- 13 Esquirol.
- 5 Essai (de l').
- 20 Est (de l').
- 5 Estrapade (pl. de l').
- 5 Estrapade (de l').
- 7 Estrées (d').
- 16 Etats-Unis (pl. des).
- 20 Etienne-Dolet.
- 1.2 Etienne-Marcel.
- 16 Etoile (pl. de l').
- 17 Etoile (de l').
- 4 Etuves (des).
- 16 Eugène-Delacroix.
- 17 Eugène-Flachat.
- 15 Eugène-Gibez.
- 18 Eugène-Süe.
- 8 Euler.
- 20 Eupatoria (d').
- 8 Europe (place de l').
- 18 Evangile (de l').
- 19 Evette.
- 16 Exelmans (boulev.).

F

- 7 Fabert.
- 12 Fabre-d'Eglantine.
- 13 Fagon.
- 16 Faisanderie (de la).
- 15 Fallempin (passage).
- 17 Faraday.
- 11 Faub.-du-Temple (du).
- 9 F.-Montmartre (du).
- 10 F.-Poissonnière (du).
- 12 F.-St-Antoine (du).
- 10 F.-St-Denis (du).
- 8 Faub.-St-Honoré (du).
- 14 F.-St-Jacques (du).
- 10 F.-St-Martin (du).
- 4 Fauconnier (du).
- 16 Faustin-Hélie.
- 18 Fauvet.
- 2 Favart.
- 15 Favorites (pas. des).
- 12 Fécamp (de).
- 15 Fédération (de la).
- 6 Félibien.
- 16 Félicien-David.
- 17 Félicité (de la).
- 18 Fénelon.
- 9 Fénelon (cité).
- 15 Fenoux.
- 5 Fer-à-Moulin (du).
- 3 Ferdinand-Berthoud.
- 14 Fermat.
- 10 Ferme-St-Lazare (passage de la).
- 17 Fermiers (des).
- 6 Férou.
- 1 Ferronnerie (de la).
- 14 Ferrus.
- 19 Fessard.
- 19 Fêtes (place des).
- 19 Fêtes (des).
- 5 Feuillantines (des).
- 18 Feutrier.
- 11 Février (cour de).
- 2 Feydeau.
- 2 Feydeau (galerie).
- 10 Fidélité (de la).
- 4 Figuier (du).
- 2 Filles-Dieu (des).
- 11 Filles-du-Calv. (boul. des).
- 3 Filles-du-Calv. (des).
- 2 Filles Saint-Thomas (des).
- 18 Fillettes (imp. des).
- 19 Flandre (de).
- 19 Flandre (pas. de).
- 16 Flandrin (boulev.).
- 5 Flatters.
- 9 Fléchier.
- 17 Fleurs (cité des).
- 4 Fleurs (quai aux).
- 6 Fleurus (de).
- 18 Fleury.
- 18 Flocon.
- 8 Florence (de).
- 20 Florian.
- 3 Foin (du).

11 Folie-Méricourt (de la).
11 Folie-Regnault (de la).
11 Folie-Regnault (place de la).
15 Fondary.
15 Fondary (villa).
12 Fonds-Verts (des).
9 Fontaine.
13 Fontaine-à-Mulard (de la).
11 Fontaine-au-Roi (de la).
18 Font.-du-But (de la).
3 Fontaines (des).
13 Fontaine-aux-Clercs (de la).
20 Fontarabie (de).
7 Fontenoy (place de).
16 Fontis (des).
18 Forest (rue).
3 Forez (du).
11 Forge-Royale (place de la).
2 Forges (des).
13 Fortin (avenue).

8 Fortin.
17 Fortuny.
5 Fossés-St-Bern. (des).
5 Fossés-Saint-Jacques (des).
5 Fossés-Saint-Marcel (des).
5 Fouarre (du).
16 Foucault.
15 Fougeat (passage)
19 Fouquet (cité).
6 Four (du).
17 Fourcroy.
4 Fourcy (de).
15 Fourneaux (pas. des).
15 Fourneaux (r.-point des).
15 Fourneaux (des).
17 Fourneyron.
17 Fournial.
19 Fours-à-chaux (pas. des).
18 Foyatier.
17 Fragonard.
1.2 Française.
3 Franche-Comté (de).

14 Francis-Garnier.
18 Francœur.
11 François de Neufchât.
16 François-Gérard.
4 François-Miron.
8 François Ier (place).
8 François Ier.
3.4 Francs-Bourgeois.
16 Franklin.
14 Franquet.
16 Franquin (villa).
15 Frémicourt.
15 Frémin (impasse).
20 Fréquel (passage).
16 Fresnel.
16 Freycinet.
14 Friant.
8 Friedland (aven. de).
9 Frochot.
9 Frochot (avenue).
3 Froissard (imp.).
11 Froment.
5 Fromentel.
9 Fromentin.
13 Fulton.
6 Furstemberg (de).

G

12 Gabon (du).
8 Gabriel (avenue).
12 Gabriel-Lamé.
18 Gabrielle.
15 Gagé-Gabillot.
9 Gaillard (cité).
2 Guillon (carrefour).
2 Gaillon.
14 Gaîté (de la).
14 Gaîté (impasse de la).
5 Galande.
16 Galilée.
16 Galiote (de la).
20 Galleron.
16 Galliéra (de).
12 Gallois.
12 Gallois (cour).
17 Galvani.
11 Gambey.
13 Gandon.
18 Ganneron.
6 Garancière.
18 Gardes (des).
13 Gare (boulev. de la).
13 Gare (porte de la).
13 Gare (quai de la).
13 Gare (de la).
15 Garibaldi (boulev.).
18 Carreau.

20 Gasnier-Guy.
15 Gasparin (passage).
15 Gasparin (de).
16 Gaston-de-St-Paul.
12 Gatbois (passage).
20 Gatines (des).
11 Gaudelet (impasse).
11 Gaudelet (petite imp.)
14 Gauguet.
14 Gaules (imp. des).
17 Gauthey.
19 Gauthier (pass.).
16 Gavarni.
5 Gay-Lussac.
13 Gaz (du).
11 Gazan.
19 Général-Brunet (du).
8 Général-Foy (d).
3 Général-Morin (du).
20 Gênes (cité de).
12 Génie (pass. du).
14 Gentilly (porte de).
13 Gentilly (de).
12 Genty passage).
12 Geoffroy-Château.
17 Geoffroy-Didelot (p.).
4 Geoffroy-l'Angevin.
4 Geoffroy-l'Asnier.
9 Geoffroy-Marie.

5 Geoffroy-St-Hilaire.
16 George-Sand.
9 Gérando (de).
13 Gérard.
15 Gerbert.
11 Gerbier.
6 Gerbillon.
14 Gergovie (de).
16 Géricault.
18 Germain-Pilon (cité).
18 Germain-Pilon.
5 Gerson.
5 Gerson (place).
4 Gesvres (quai de).
13 Giffard.
12 Gilles (cour).
15 Ginoux.
14 Giordano-Bruno.
18 Girardon (imp.).
18 Girardon.
16 Girodet.
19 Gironde (qu. de la).
12 Gironde (de la).
6 Gît-le-Cœur.
14 Glacière (de la).
9 Gluck.
13 Gobelins (av. des).
13 Gobelins (des).
13 Gobelins (cité des).

LISTE DES RUES, BOULEVARDS, ETC.

11 Gobert.
12 Godard (imp.).
13 Godefroy.
11 Godefroy-Cavaignac.
9 Godot-de-Mauroy.
16 Gœthe.
19 Goix (passage).
1 Gomboust.
1 Gomboust (imp.).
12 Gondi (de).
11 Gonnet (pass.).
19 Gosselin (pass.).
17 Gounod.
14 Gourdon (pass.).
17 Gourgaud (aven.).
18 Goutte-d'Or (de la).
17 Gouvion-St-Cyr (b).
6 Gozlin.
10 Grâce-de-Dieu (cour de la).
5 Gracieuse.
2 Grammont (de).
14 Grancey (de).
2 Grand-Cerf (pas. du).
17 Gr.-Armée (av. de la).
6 Gr.-Chaumière (de la).
1 Gr.-Truanderie (de la).
18 Gr.-Carrières (des).
5 Grand-Préau.
11 Grand-Prieuré (du).
6 Gr.-Augustins (q. des).
6 Gr.-Augustins (des).
20 Grands-Champs (des) (1re partie).
20 Grands-Champs (des) (2e partie).
5 Grands-Degrés (des).
10 Grange - aux - Belles (de la).
9 Grange-Batelière (de la).
3 Gravilliers (pas. des).
3 Gravilliers (des).
8 Greffulhe.
6 Grégoire-de-Tours.
15 Grenelle (boul. de).
7 Grenelle (pass. de).
16 Grenelle (pont de).
15 Grenelle (quai de).
6.7 Grenelle (de).
15 Grenelle (square de).
2.3 Greneta.
2 Greneta (pass.).
3 Grenier-St-Lazare (du).
4 Grenier-sur-l'Eau.
20 Grés (place des).
2 Grétry.
16 Greuze.
16 Greuze (cité).
7 Gribeauval.
5 Gril (du).
11 Griset (cité).
14 Grisons (pass. des).
16 Gros.
18 Grosse-Bouteille (impasse de la).
2 Grosse-Tête (impasse de la).
15 Grotte (de la).
18 Guadeloupe (de la).
16 Gudin.
18 Gué (imp. du).
18 Guelma (imp. de).
4 Guéménée (imp.).
6 Guénégaud.
11 Guénot (cité).
11 Guénot (pass.).
4 Guépine (imp.).
14 Guérin (villa).
2 Guérin-Boisseau.
17 Guersant.
16 Guichard.
20 Guignier (du).
11 Guilhem.
15 Guillaume-Laplagne.
17 Guillaume-Tell.
12 Guillaumot Lainet (p.
12 Guillaumot (imp.).
14 Guilleminot.
4 Guillemites (des).
15 Guillou.
6 Guisarde.
16 Gustave-Courbet.
17 Gustave-Doré.
11 Gustave-Lepeu (pas.).
1 Gutenberg.
17 Guttin.
5 Guy-de-laBrosse.
17 Guyot.
10 Guy-Patin.

H

20 Haies (pass. des).
20 Haies (des).
19 Hainaut (du).
9 Halévy.
14 Hallé.
14 Hallé (villa).
1 Halles (des).
8 Hambourg (de).
15 Hameau (du).
16 Hamelin.
2 Hanovre (de).
1 Harlay (de).
15 Harmonie (de l').
5 Harpe (de la).
13 Harvoy.
19 Hassard.
3 Haudriettes (des).
8.9 Haussmann (boul.).
6 Hautefeuille.
10 Hauteville (d').
10 Hauteville (cité d').
19 Hautpoul (d').
20 Hauts-Montibœufs (des).
9 Havre (pass. du).
8.9 Havre (du).
20 Haxo.
18 Hébert (place).
10 Hébrar (imp.).
9 Helder (du).
17 Hélène.
18 Hélène (imp.).
17 Héliopolis (d').
19 Henain (cité).
12 Hennel (pass.).
20 Henri-Chevreau.
16 Henri-Heine.
8 Henri-Lepage (cité).
16 Henri-Martin (av).
14 Henrion-de-Pansey.
4 Henri-Quatre (boul.).
1 Henri-Quatre (pass.).
4 Henri-Quatre (quai).
14 Henr.-Regnault.
19 Henry (cité).
15 Héricart.
18 Hérisson (pass).
18 Hermel.
1 Hérold.
10 Héron (cité).
15 Herr.
16 Hersan.
16 Herran (villa).
6 Herschel.
15 Hesent (villa).
9 Hippolyte-Lebas.
6 Hirondelle (de l').
8 Hoche (avenue).
4 Homm.o-Armé (de l').
6 Honoré-Chevalier.
13 Hôpital (boul. de l').
12 Hôpital-St-Antoine (place de l').

13

LISTE DES RUES, BOULEVARDS, ETC

10 Hôpital-Saint-Louis (de l').
9 Horloge (gal. de l').
1 Horloge (quai de l').
13 Hospices (des).
4 Hospitalières-St-Gervais (des).
5 Hôtel Colbert (de l').
4 Hôt.-d'Argenson (impasse).
12 Hôtel (de l').
4 Hôtel-de-Ville (place de l').
4 Hôtel-de-Ville (quai de l').
4 Hôtel-de-Ville (de l').
20 Houdart.
18 Houdon.
5 Huchette (de la).
18 Huilerie (imp. de l').
1 Hulot (passage).
14 Humboldt.
14 Huygens.
4 Hyacinthe (imp.).

I

16 Iéna (pont d').
16 Iéna (avenue d').
16 Iéna (place d').
20 Ile-de-France (imp. de l').
15 Imbault.
11 Immeubles-Ind. (des)
20 Indre (de l').
10 Industrie (pas. de l').
13 Industrie (de l').
11 Industrielle (cité).
16 Ingres (avenue).
1 Innocents (des).
1 Innocents (sq. des).
6 Institut (pl. de l').
7 Invalides (espl. des).
7 Invalides (boul. des).
7.8 Invalides (pont des).
5 Irlandais (des).
16 Isabey.
18 Islettes (des).
8 Isly (de l').
20 Isly (cité d').
15 Issy (porte d').
13 Italie (boul. d').
13 Italie (place d').
13 Italie (avenue d').
13 Italie (porte d').
2.9 Italiens (boul. des).
13 Ivry (avenue d').
13 Ivry (porte d').

J

4 Jabak (passage).
5 Jacinthe.
6 Jacob.
17 Jacob (impasse).
11 Jacquard.
17 Jacquemont.
18 Jacques-Cartier.
4 Jacques-Cœur.
14 Jacquier.
17 Jadin.
19 Jandelle (cité).
20 Japon (du).
11 Japy.
1 Jardin (galerie du).
6 Jardinet (du).
12 Jardiniers (des).
4 Jardins (des).
4 Jarente (de).
10 Jarry (cité).
16 Jasmin.
12 Jaucourt.
15 Javel (quai de).
15 Javel (de).
17 Javotte (impasse).
6 Jean-Bart.
4 Jean-Beausire.
16 Jean-Bologne.
12 Jean-Bouton (imp.).
18 Jean-Cottin.
5 Jean-de-Beauvais.
13 Jean-Dolfus.
8 Jean-Goujon.
1 Jean-Jacq.-Rousseau
1 Jean-Lantier.
13 Jean-Marie-Jégo.
15 Jeanne.
13 Jeanne-Darc (cité).
13 Jeanne-Darc.
13 Jeanne-Darc (place).
15 Jeanne-Hachette.
7 Jean-Nicot.
18 Jean-Robert.
1 Jean-Tison.
11 Jemmapes (quai de).
13 Jenner.
18 Jessaint (de).
11 Jeu-de-Boules (p. du)
2 Jeûneurs (des).
14 Joanès.
18 Jobert (passage).
19 Joinville (de).
14 Jolivet.
11 Joly (cité).
19 Jomard.
13 Jonas.
14 Jonquoy.
2 Joquelet.
18 Joseph-Dijon.
15 Joseph-Laurent.
20 Josseaume (passage).
11 Josset (passage).
9 Joubert.
9 Jouffroy (passage).
17 Jouffroy.
1 Jour (du).
14 Jourdan (boulevard).
20 Jourdain (du).
14 Jouvence (imp. du).
16 Jouvenet.
4 Jouy (de).
20 Jouy-Rouve.
15 Juge.
4 Juges-Consuls (des).
4 Juifs (des).
20 Juillet.
11 Juin (cour de).
12 Jules-César.
18 Jules-Cloquet.
16 Jules-Janin (avenue).
14 Julie.
20 Julien-Lacroix.
13 Julienne.
17 Juliette-Lamber.
19 Jumeau (impasse).
13 Jura (du).
2 Jussienne (de la).
5 Jussieu.
5 Jussieu (place).
20 Justice (de la).

LISTE DES RUES, BOULEVARDS, ETC.

K

19 Kabylie (de).
11 Keller.
13 Kellermann (boulev.)
16 Keppler.
16 Kléber (avenue).
13 Kuss.
19 Kuzner (passage).

L

6 La Barouillère (de).
18 La Barre (de).
18 Labat.
8 La Baume (de).
17 Labie.
8 La Boëtie.
19 Labois-Rouillon.
8 Laborde (de).
8 Laborde (place de).
7 La Bourdonnais (av. de).
15 Labrouste.
9 La Bruyère.
17 Lacaille.
11 Lacaze.
5 Lacépède.
11 Lacharrière.
17 La Condamine.
15 Lacordaire.
15 Lacrételle.
17 Lacroix.
12 Lacuée.
10 Lafayette (place).
10 Lafayette.
9 Laferrière.
1.2 La Feuillade.
9 Laffitte.
16 La Fontaine.
18 Laghouat (de).
18 Lagille.
20 Lagny (de).
13 Lahire.
15 Lakanal.
14 Lalande.
9 Lallier.
10 Lally-Tollendal.
17 Lamandé.
18 Lamarck.
9 Lamartine.
16 Lamartine (square).
18 Lambert.
12 Lamblardie.
8 Lamennais.
2 La Michodière (de).
15 La Mothe-Piquet (avenue).
17 Lamoureux (cité).

12 Lancette (de la).
16 Lancret.
10 Lancry (de).
7 Landrieu (passage).
18 Langlois (impasse).
5 Languedoc (du).
5 Lanneau (de).
16 Lannes (boulevard).
17 Lantiez.
11 Lappe (de).
5 Laplace.
7 La Planche (de).
16 Lapérouse.
15 La Quintinie (de).
1 Lard (au).
16 Largillière.
1.4 La Reynie (de).
12 Laroche.
9 La Rochefoucauld (de).
5 Laromiguière.
5 Larrey.
8 Larribe.
19 Lassus.
7 Las-Cases.
1 La Sourdière (de).
18 Lathuile (passage).
9 La Tour-d'Auvergne (de).
7 La Tour-Maubourg (boulevard).
5 Latran (de).
8 La Trémoille.
17 Laugier.
19 Laumière (av. de).
20 Laurence-Savart (p.).
16 Lauriston.
19 Lauzin.
5 Lavandières-St-Jacques (des).
1 Lavandières-Sainte-Opportune (des).
11 La Vacquerie.
18 La Vieuville.
8 Lavoisier.
1 La Vrillière.
15 Leblanc.

17 Lebon.
14 Lebouis.
17 Lebouteux.
13 Le Brun.
20 Le Bua.
17 Le Chapelais.
17 Le Châtelier.
14 Leclerc.
17 Lecluse.
17 Lecomte.
15 Lecourbe.
18 Lécuyer.
14 Ledion.
12 Ledru-Rollin (aven.)
15 Lefebvre (boulev.).
17 Legendre.
5 Le Goff.
19 Legrand.
12 Legraverend.
18 Leibnitz.
16 Lekain.
14 Lemaignan.
15 Lemaire (passage).
19 Léman (du).
16 Le Marois.
17 Lemercier.
19 Lemière (cité).
2 Lemoine (passage).
20 Lemon.
15 Lemoult.
16 Le Nôtre.
18 Léon.
17 Léon-Cogniet.
16 Léonce-Reynaud.
16 Léonard-de-Vinci.
9 Léonie.
15 Léontine.
9 Le Peletier.
12 Lopou.
18 Lepic.
4 Le Regrattier.
15 Loriche.
16 Leroux.
20 Lesage.
4 Lesdiguières (de).
16 Le Sueur.
15 Letellier.

18 Letort.
20 Leuck-Mathieu.
10 Levant (cité du).
20 Levert.
6 Le Verrier.
17 Lévis (place de).
17 Lévis (de).
5 Lhomond.
15 Lhuillier.
14 Liancourt.
20 Liban (du).
12 Libert.
19 Lilas (des).
19 Lilas (petite rue des).
7 Lille (de).
8 Lincoln.
1 Lingerie (de la).
5 Linné.
15 Linois.
4 Lions (des).
8 Lisbonne (de).
20 Lisfranc.

6 Littré.
18 Livingstone.
4 Lobau (de).
6 Lobineau.
17 Logelbach.
19 Loire (quai de la).
13 Loiret (du).
1.4 Lombards (des).
9 Londres (ci é de).
6.9 Londres (de).
16 Longchamp (r. point de).
16 Longchamp (de).
13 Longues-Raies (de).
10 Loos (de).
8 Lord-Byron.
19 Lorraine (de).
10 Louis-Blanc.
12 Louis Braille.
16 Louis David.
18 Louisiane (de la).
2 Louis-le-Grand.

4 Louis-Philippe (pont)
11 Louis-Philippe (pas.)
8 Louis XVI (square).
5 Louis-Thuillier.
13 Lourcine (de)
15 Lourmel (de).
2 Louvois (de).
2 Louvois (square de).
1 Louvre (place du).
1 Louvre (quai du).
1.2 Louvre (du).
15 Lowendal (avenue).
16 Lubeck (de).
11 Lugand (cité)
2 Lulli.
2 Lune (de la).
19 Lunéville (le).
4 Lutèce (de).
6 Luxembourg (du)
20 Lyannes (des).
12 Lyon (de).
5 Lyonnais (des).

M

6 Mabillon.
19 Macdonald (boulev.).
17 Mac-Mahon (av. de).
12 Madagascar (de).
6 Madame.
8.9 Madeleine (boul. de)
8 Madeleine (pas. de la)
8 Madeleine (pl. de la).
15 Mademoiselle.
18 Madone (de la).
8 Madrid (de).
15 Magasins-à-Fourrages (ch. de ronde des).
16 Magdebourg (de).
8 Magellan.
13 Magendie.
10 Magenta (boulev.).
2 Mail (du).
7 Mailly (de).
5 Maine (avenue du).
14 Maine (du).
15 Maine (place du).
3 Maire (au).
18 Mairie (cité de la).
13 Maison-Blanche (de la).
11 Maison-Brûlée (c. de la).
14 Maison-Dieu.
18 Maistre (de).
5 Maître-Albert.
16 Malakoff (aven. de).

6 Malaquais (quai).
7 Malar.
15 Malassis (rue et ruelle).
5 Malebranche.
17 Malesherbes (boul.).
9 Malesherbes (cité).
17 Malesherbes (place).
8 Maleville.
4 Malher.
13 Malmaisons (des).
11 Malte (de).
20 Malte-Brun.
5 Malus.
2 Mandar (galerie).
2 Mandar.
19 Manin.
9 Mansart.
9 Manuel.
16 Manutention (de la).
20 Maraîchers (des).
10 Marais (des).
16 Marbeau.
8 Marbeuf.
18 Marcadet.
16 Marceau (avenue).
1 Marchand (passage).
5 Marché-aux-Chevaux (imp. du).
11 Marché - Popincourt (du).
4 Marché-des-Blancs-Manteaux (du).

5 Marché-des-Patriarches (du).
4 Marché-Neuf (quai du)
1 Marché-St-Honoré (place du)
1 Marché - St - Honoré (du).
4 Marché - Sainte - Catherine (pl. du).
20 Mare (de la).
1 Marengo (de).
12 Marguettes (des).
4 Marie (pont).
17 Marie (cité).
10 Marie-et-Louise.
2 Marie-Stuart.
8 Marignan (de).
8 Marigny (avenue de).
14 Mariniers (pas. des).
17 Mariotte.
2 Marivaux (de).
15 Marmontel.
19 Marne (quai de la).
19 Marne (de la).
19 Maroc (place du).
19 Maroc (du).
20 Maronites (des).
10 Marqfoy.
16 Marronniers (des).
11 Mars (cour de).
10 Marseille (de).
2 Marsollier.
10 Martel.

LISTE DES RUES, BOULEVARDS, ETC.

7 Martignac.
17 Martin.
13 Martin-Bernard.
18 Martinique (de la).
18 Martyrs (des).
19 Maslier (passage).
13 Masséna (boulev.).
7 Masseran.
4 Massillon.
4 Masure (de la).
1 Mathieu-Molé.
19 Mathis.
8,9 Mathurins (des).
8 Matignon (avenue).
8 Matignon.
5 Maubert (place).
10 Maubeuge (de).
15 Maublanc.
4 Maubuée.
1 Mauconseil.
3 Maure (du).
13 Maurice-Mayer.
4 Mauvais-Garçons (des).
11 Mauve (passage).
19 Mauxins (pass. des).
6 Mayet.
9 Mayran.
10 Mazagran (de).
6 Mazarine.
12 Mazas (place).
6 Mazet.
19 Meaux (de).
14 Méchain.
14 Médéah (de).
6 Médicis (de).
12 Médoc (de).
1 Mégisserie (quai de la).
2 Méhul.
17 Meissonier.
7 Ménages (square des)
2 Ménars.
18 Ménessier.
20 Ménilmont. (boul.de).
20 Ménilmontant (pl. de)
20 Ménilmont (porte de)
20 Ménilmontant (de).
18 Menuisiers (imp. des)
1 Mercier.
11 Mercœur.
11 Merlin.
3 Meslay.
16 Mesnil.
10 Messageries (des).
1 Messageries-Nationales (cour des).
14 Messier.
6 Messine (avenue de).
8 Messine (square de).

10 Metz (de).
12 Meuniers (des).
12 Meursault (de).
19 Meurthe (de la).
9 Meyerbeer.
19 Meynadier.
6 Mézières (de).
13 Michal.
16 Michel-Ange.
12 Michel-Bizot.
6 Michelet.
3 Michel-le-Comte.
18 Midi (cité du).
16 Mignard.
6 Mignon.
19 Mignottes (des).
9 Milan (de).
12 Millaud (avenue).
9 Milton.
3 Minimes (des).
15 Miollis.
16 Mirabeau.
2 Miracles (cour des).
10 Miracles (cour des).
5 Mirbel.
18 Mire (de la).
8 Miromesnil (de).
9 Mogador (de).
17 Moines (des).
1 Molière.
16 Molière (avenue).
16 Molitor.
8 Mollien.
8 Monceau (de).
8 Monceau (parc de)
9 Moncey.
4 Mondétour.
1 Mondovi (de).
5 Monge (place).
5 Monge.
5 Monge (square).
19 Monjol.
1 Monnaie (de la).
7 Monsieur.
6 Monsieur-le-Prince.
2 Monsigny.
5 Mont-Sainte-Geneviève (de la).
8 Montaigne (avenue).
8 Montaigne.
8 Montalivet.
14 Montbrun.
18 Montcalm.
18 Mont-Cenis (du).
17 Montchanin.
17 Mont-Doré (du).
5 Montebello (quai de).
15 Montebello (de).
12 Montempoivre.
19 Montenegro (pas. du)

17 Montenotte (de).
12 Montéra.
16 Montespan (avenue).
1 Montesquieu (gal.).
1 Montesquieu.
7 Montessuy (de).
6 Montfaucon (de).
12 Montgallet.
3 Montgolfier.
9 Monthiers (cité).
9 Montholon (de).
9 Montholon (square de
20 Montibœuf (des).
11 Mont-Louis (de).
9 Montmartre (boul.).
2 Montmartre (galerie)
2 Montmartre.
2 Montmartre (cité).
18 Montmartre (poterne)
16 Montmorency (av.).
16 Montmorency (boul. de)
3 Montmorency (de).
16 Montmorency (villa de).
2 Montorgueil.
14 Montparnasse (boul.)
14 Montparnasse (du).
1 Montpensier (de).
1 Montpensier (gal.de).
11 Montreuil (de).
14 Montrouge (pl. de).
14 Montrouge (por. de).
14 Montrouge (sq. de).
14 Montsouris (avenue).
14 Montsouris (parc de).
14 Montsouris (de).
1 Mont-Thabor (du).
9 Montyon (de).
11 Morand.
12 Moreau.
14 Morère.
11 Moret.
15 Morillons (des).
4 Morland (boul.).
12 Morland (pont).
9 Morlot.
4 Mornay.
20 Mortier (boulevard).
8 Moscou (de).
19 Moselle (de la).
5 Mouffetard.
14 Moulin-de-Beurre (du
13 Moulin-de-la-Pointe (du).
14 Moulin-de-la-Vierge (du).
13 Moulin-des-Prés (du).
13 Moulinet (du).
1 Moulins (des).

13.

14 Moulin-Vert (du).
20 Mouraud.
4 Moussy (de).
14 Mouton-Duvernet.
19 Mouzaïa (de).
16 Mozart.

16 Muette (chaus. de la).
16 Muette (porte de la).
2 Mulhouse (de).
18 Muller.
16 Murat (boulevard).
20 Mûriers (des).

8 Mirillo.
11 Murs-de-la-Roquette (des).
16 Musset (de).
18 Mylord (rue ou imp.).
18 Myrha.

N

10 Nancy (de).
11 Nanettes (des).
14 Nansouty.
19 Nantes (de).
8 Naples (de).
7 Narbonne (de).
12 Nation (place de la).
18 Nation (de la).
13 National (pont).
13 Nationale (rue et place).
12 Nativité (place de la)
9 Navarin (de).
5 Navarre (de).
17 Navier.
4 Necker.
11 Nemours (de).
6 Nesle (de).
17 Neuilly (porte de).

18 Neuve-de-la-Chardonnière.
11 Neuves-des-Boulets.
11 Neuve-Popincourt.
8 Néva (de la).
6 Nevers (imp. et. r. de)
16 Newton.
18 Ney (boulevard).
15 Nice-la-Frontière (de)
11 Nice (de).
12 Nicolaï.
17 Nicolas-Chuquet
4 Nicolas-Flamel
5 Nicole.
18 Nicolet.
16 Nicolo.
17 Niel (avenue).
14 Niepce.
12 Niger (du).

2 Nil (du).
16 Nitot.
17 Nollet.
4 Nonnains-d'Hyères (des).
3 Normandie (de).
18 Norvins.
4 Notre-Dame (pont).
2 N.-D.-de-Bonne-Nouvelle.
9 N.-D.-de-Lorette.
3 N.-D.-de-Nazareth.
2 N.-D.-de-Recouvr.
6 N.-D.-des-Champs.
2 N.-D.-des-Victoires.
9 Nouvelle.
12 Nuits (de).
11 Nys.

O

11 Oberkampf.
16 Obligado (d').
1 Oblin.
14 Observatoire (av.).
6 Odéon (carref. de l').
6 Odéon (place de l').
6 Odéon (de l').
14 Odessa (d'.).
17 Offémont (d').
19 Oise (quai de l').
19 Oise (de l').
3 Oiseaux (des).
15 Olier.
18 Olive (l').
7 Olivet (d')
15 Olivier-de-Serres.
15 Olivier-de-Serr. (p.)

11 Omer-Talon.
1.2 Opéra (avenue de l').
2.9 Opéra (place de l').
9 Opéra (passage de l').
18 Oran (d').
1 Oratoire (de l').
18 Orchampt (d').
18 Ordener.
1 Orfèvres (quai des).
1 Orfèvres (des).
20 Orfila.
18 Orient (de l').
11 Orillon (de l').
1 Orléans (galerie d').
4 Orléans (quai d').
14 Orléans (aven. d').
14 Orléans (porte d').

1 Orléans (d').
19 Ormes (de l').
20 Ormeaux (des).
4 Ormesson (d').
18 Ornano (boulevard).
15 Orne (de l').
15 Orsay (quai d').
18 Orsel (d').
20 Orteaux (des).
13 Ortolan.
20 Osiaux (des).
7 Oudinot.
11 Ouest (de l').
19 Ourcq (de l').
3 Ours (aux).

P

11 Pache.
5 Paillet.
2 Paix (de la).

18 Pajol.
16 Pajou.
7 Pal.-Bourbon (pl. du)

1 Palais-Royal (pl. du).
1.4 Palais (boulevard du)
6 Palatine.

LISTE DES RUES, BOULEVARDS, ETC.

19 Palestine (de).
2 Palestro (de).
20 Pali-Kao (de).
13 Palmyre.
18 Panama (de).
2 Panoramas (des).
2 Panoramas (p. des).
20 Panoyaux (des).
5 Panthéon (place du).
4 Paon-Blanc (du).
6 Pape-Carpentier.
9 Papillon.
3 Papin.
10 Paradis (de).
5 Parcheminerie (de la).
3 Parc-Royal (du).
15 Paris (Petite-rue-de)
9 Parme (de).
11 Parmentier (avenue).
10 Parmentier (passage)
11 Parmentier (square).
20 Partants (des).
4 Parvis-N.-Dame (pl. du).
13 Pascal.
8 Pasquier.
16 Passy (pont de).
16 Passy (quai de).
16 Passy (de).
16 Passy (place de).
16 Passy (porte de).
3 Pastourelle.
13 Patay (de).
5 Patriarches (des).
16 Pâtures (des).
14 Paturle.
17 Paul-Borel.
2 Paul-Lelong.
7 Paul-Louis-Courier.
14 Pauly.
16 Pauquet.
4 Pavée.
13 Pavillon (av. du).
20 Pavillons (des).
15 Payen (passage).
3 Payenne.
19 Pécholn.
15 Péclet.
1 Pélican (du).
20 Pelleport.
8 Pelouze.
12 Pensionnat (du).
8 Penthièvre (de).
8 Pépinière (de la).
14 Perceval (de).
16 Perchamps (place des
16 Perchamps (des).
3 Perche (du).
8 Percier (avenue).
10 Perdonnet.

17 Pereire (boul.)(nord).
17 Pereire (boul.) (sud).
17 Pereire (place).
16 Pergolèse.
15 Périchaux (che. des)
15 Pérignon.
3 Perle (de la).
4 Pernelle.
14 Pernety.
1 Perrault.
3 Perrée.
14 Perrel.
16 Perrichon (avenue).
1 Perron (pass. du).
7 Perronet.
15 Pétel.
11 Pétion.
19 Petit.
16 Petite-Muette (av. de la).
11 Petite-Pierre (de la).
10 Petites-Ecuries (des).
10 Petites-Ecuries (pas).
1 Petite-Truanderie
5 Petit-Moine (du).
4 Petit-Musc (du).
19 Petitot.
4.5 Petit-Pont (le).
5 Petit-Pont (du).
5 Petit-Pont (place du).
2 Petits-Carreaux (des).
12 Petits-Champs (des).
10 Petits-Hôtels (des).
2 Petits-Pères (p. des).
2 Petits-Pères (pl. des).
2 Petits-Pères (des).
16 Pétrarque.
9 Pétrelle.
16 Peupliers (aven. des)
13 Peupliers (des).
17 Phalsbourg (de).
17 Philibert-Delorme.
20 Philidor.
11 Philippe-Auguste (a.)
13 Philippe-de-Champagne.
18 Philippe-de-Girard.
20 Piat.
13 Picard.
8 Picardie (de).
16 Piccini.
16 Picot.
12 Picpus (boulevard de)
12 Picpus (porte de).
12 Picpus (de).
4 Pierre-au-Lard.
16 Pierre-Charron.
16 Pierre-Guérin.
8 Pierre-le-Grand.
18 Pierre-l'Ermite.

7 Pierre-Leroux.
1 Pierre-Lescot.
11 Pierre-Levée.
18 Pierre-Picard.
6 Pierre-Sarrazin.
9 Pigalle (place).
9 Pigalle (cité).
9 Pigale.
13 Pinel.
13 Pinel (place).
1 Pirouette.
2 Pitié (de la).
20 Pixérécourt.
9 Pl.-Cadet (cité de la).
20 Plaine (de la).
20 Planchat.
12 Planchette (de la).
14 Plantes (des).
1 Plat-d'Etain (du).
19 Plateau (du).
4 Plâtre (du).
20 Platrières (des).
15 Plumet.
14 Poinsot.
16 Point-d.Jour (por. du)
16 Point-du-Jour (du).
13 Pointe-d'Ivry (de la).
20 Poiriers (des).
17 Poisson.
2.9 Poissonnière (boul.).
2 Poissonnière.
18 Poissonniers (des).
5 Poissy (de).
6 Poitevins (des).
7 Poitiers (de).
3 Poitou (de).
18 Pôle-Nord (du).
5 Polivcau.
18 Polonceau.
12 Pomard (de).
16 Pompe (de la).
2 Ponceau (du).
2 Ponceau (pass. du).
17 Poncelet.
17 Poncelet (pass.).
12 Poniatowski (boul.).
3 Pont-aux-Choux (du).
15 Pont-de-Grenelle (pl. du).
6 Pont-de-Lodi (du).
8 Ponthieu (de).
4 Pt-Louis-Philip. (du.)
1 Pont-Neuf (du).
1.6 Pont-Neuf.
6 Pont-Neuf (pass. du).
1 Pont-Neuf (place du).
5 Pontoise (de).
11 Popincourt (cité).
11 Popincourt.
8 Portalis (avenue).

LISTE DES RUES, BOULEVARDS, ETC.

8 Portalis.
3 Portefoin.
18 Portes-Blanches (des)
2 Port-Mahon (de).
14 Port-Royal (boul. de).
16 Possoz (place).
13 Pot-au-Lait (pte rue du).
13 Pot-au-lait (du).
5 Pot-de-Fer.
18 Poteau (du).
1 Poterie (de la).
1 Potier (passage).
19 Pottier (cité).
17 Pouchet.
18 Poulet.
4 Poulletier.
15 Pourtour-d-Théâtre (du).
16 Poussin.
13 Pouy (de).
19 Pradier.

20 Prairies (des).
19 Préault
7 Pré-aux-Clercs.
1 Prêcheurs (des).
19 Pré-St-Gervais (du).
16 Presbourg (de).
11 Présentation (de la).
15 Presle (de).
20 Pressoir (du).
16 Prêtres (imp. des).
1 Prêtres-St-Germ.-l'Auxerrois
5 Prêtres-Saint-Séver (des).
13 Prévost (impasse).
13 Prévost (passage).
4 Prévôt (du).
19 Priestley.
13 Primatice.
2 Princes (pas. des).
6 Princesse.
15 Procession(pas.de la)

15 Procession (de la).
20 Progrès (imp. ou cité)
17 Prony (de).
12 Proudhon.
1 Proues (galerie des).
1 Prouvaires (des).
1 Provençaux (imp. d.).
8,9 Provence (de).
13 Providence (de la).
16 Prudhon (avenue).
18 Puget.
5 Puits-de-l'Ermite (pl. du).
5 Puits-de-l'Ermite (du)
17 Puteaux.
4 Putigneux (imp.).
17 Puzy (cité de).
20 Py (de la).
1 Pyramides (des).
20 Pyrénées (des).

Q

3 Quatre-Fils (des).
2 Quatre-Septemb. (du)
6 Quatre-Vents (des).

11 Quellard (cour).
11 Questre (imp.).
15 Quinault.

3,4 Quincampoix.
12 Quinze-Vingts (pl.).

R

8 Rabelais.
6 Racine.
1 Radziwill.
1 Radziwill (passage).
16 Raflet.
12 Rambouillet (de).
3,4 Rambuteau.
2 Rameau.
18 Ramey.
11 Rampon.
20 Ramponeau.
20 Ramus.
16 Ranelagh (aven. du).
16 Ranelagh (du)
16 Ranelagh (jardin du).
12 Raoul.
12 Rapée (quai de la).
16 Raphaël (avenue).
7 Rapp (avenue).
11 Raspail (boulevard).
20 Rasselins (des).
5 Rataud.
20 Rats (des).
11 Rauch (passage).
18 Ravignan.

16 Raynouard.
1 Réale (de la).
2,3 Réaumur.
19 Rébeval.
10 Récollets (des).
6 Regard (du).
6 Régis.
20 Réglises (des).
6 Regnard.
13 Regnault.
15 Régnier.
10 Reilhac (passage).
14 Reille (avenue).
8 Reine (cours la).
13 Reine-Blanche (de la)
1 Reine-de-Hong (p.).
8 Rembrandt.
20 Remparts (des).
16 Rémusat (de).
8 Renaissance (de la).
4 Renard (du).
11 Renault.
12 Rendez-Vous (du).
17 Rennequin.
6 Rennes (place de).

6 Rennes (de).
20 Repos (du).
20 République (av. de la)
10 République (pl. de la)
16 Réservoirs (des).
5 Restaut.
8 Retiro (cité du).
20 Retrait (du).
12 Reuilly (boulev. de).
12 Reuilly (de).
12 Reuilly (porte de).
3 Réunion (pas. de la).
20 Réunion (place de la).
20 Réunion (de la).
19 Rhin (du).
16 Ribera.
20 Riblette.
9 Riboutté.
11 Richard-Lenoir (boulevard).
11 Richard-Lenoir.
1,2 Richelieu (de).
1 Richelieu (passage).
13 Richemont (de).
1,8 Richepance.

LISTE DES RUES, BOULEVARDS, ETC. 261

9 Richer (galerie).
9 Richer.
10 Richerand (avenue).
18 Richomme.
16 Rigaud (impasse).
15 Rigault (impasse).
8 Rigny (de).
20 Rigoles (des).
19 Riquet.
1 Rivoli (place de).
1.4 Rivoli (de).
8 Robert-Estienne.
13 Robine I.
13 Robine II.
20 Robineau.
6 Robiquet (imp.).
9 Rochambeau.
11 Rochebrune.
18 Rochechouart (boul.)
9 Rochechouart (de).
8 Rocher (du).
10 Rocroy (de).
9 Rodier.
14 Roger.
1 Rohan (de).
6 Rohan (cour de).
18 Roi-d'Alger (p. du).
18 Roi-d'Alger (du).

4 Roi-de-Sicile (du).
3 Roi-Doré (du).
2 Roi-François (cour du).
14 Roli.
5 Rollin.
20 Romainville (porte de).
19 Romainville (de).
12 Romanée (de).
17 Rome (de).
15 Rome (cour de).
3 Rome (cour de).
20 Rondeaux (des).
12 Rondelet.
20 Rondonneaux (des).
18 Ronsard.
8 Roquépine.
11 Roquette (de la).
15 Rosenwald.
18 Roses (des).
15 Rosière (de la).
4 Rosiers (des).
9 Rossini.
18 Rothschild (impasse).
6 Rotrou.
12 Rottembourg.
10 Roubaix (place de).

11 Roubo.
15 Rouelle.
19 Rouen (de).
11 Rouge (passage).
9 Rougemont.
9 Rougemont (cité).
1 Rouget-de-l'Isle.
1 Roule (du).
8 Roule (square du).
17 Roussel.
7 Rousselet.
15 Roussin.
19 Rouvet.
17 Roux (impasse).
8 Roy.
1.7 Royal (pont).
8 Royale.
5 Royer-Collard.
13 Rubens.
16 Rude.
13 Rudel (passage).
17 Ruhmkorff.
18 Ruisseau (du).
13 Rungis (place de).
13 Rungis (de).
12 Ruty.
8 Ruysdaël (avenue).

S

(Les noms de Saints et de Saintes figurent à la suite de la lettre S.)

14 Sablière (de la).
16 Sablons (des).
6 Sabot (du).
12 Sahel (du).
16 Saïd (villa).
16 Saïgon (de).
14 Saillard.
6 Sainte-Beuve.
12 Sainte-Claire-Deville.
3 Saintonge (de).
17 Salneuve.
3 Salomon-de-Caus.
2 Salon (gal. du).
13 Salpêtrière (de la).
10 Sambre-et-Meuse (de)
13 Samson.
9 Sandrié (impasse).
14 Santé (de la).
5 Santeuil.
14 Saône (de la).
1 Sartine (de).
17 Sauffroy.
18 Saules (des).
9 Saulnier (passage).

12 Saulnier-Duchesne (couloir).
2 Saumon (passage du).
8 Saussaies (des).
17 Saussier-Leroy.
17 Saussure (de).
12 Sauterne (de)
13 Sauvage.
14 Sauvageot.
1 Sauval.
20 Savies (de).
6 Savoie (de).
15 Saxe (avenue de).
9 Say.
16 Scheffer.
4 Schomberg (de).
14 Schomer.
5 Scipion (rue et place).
9 Scribe.
1.2 Sébastopol (boul. de).
10 Secrétan.
11 Sedaine (cour).
11 Sedaine.
6 Séguier.

18 Séguin.
15 Ségur (avenue de).
19 Seine (quai de la).
6 Seine (de).
19 Sellèque (cité).
20 Sénégal (du).
2 Sentier (passage du).
2 Sentier (du).
6 Serpente.
19 Serurier (boulevard).
11 Servan.
6 Servandoni.
18 Seveste.
3.4 Sévigné (de).
6.7 Sèvres (de).
16 Sfax (de).
16 Siam (de).
10 Sibour.
12 Sibuet.
18 Simart.
13 Simonet (passage).
4 Simon-le-Franc.
18 Simplon (du).
16 Singer.

4 Singes (pas. des).
15 Smala (de la).
13 Sœur-Rosalie (av.).
19 Soissons (de).
1.7 Solférino (pont de).
7 Solférino (de)
19 Solitaires (des).
15 Sommet-des-Alpes (du).
16 Sontay (de).
14 Sophie-Germain.
20 Sorbier.
5 Sorbonne (place de la).
5 Sorbonne (de la).

16 Souchier (villa).
5 Soufflot.
12 Soult (boulev.).
16 Source (de la).
11 Spinosa.
16 Spontini.
16 Spontini (villa).
15 Staël.
16 Stanislas.
2 Station (pass. de la).
18 Steinkerque (de).
19 Stemler (pass.).
20 Stendhal.
18 Stéphenson.
12 Stinville (pass.).

8 Stockholm (de).
10 Strasbourg (boul. de).
16 Suchet (boulev.).
19 Sud (pass. du).
18 Suez (de).
15 Suffren (aven. de).
6 Suger.
14 Suisses (pas. d.) 1ʳᵉ p.
14 Suisses (pas. d.) 2ᵉ p.
4 Sully (de).
4.5 Sully (pont de).
7 Surcouf.
8 Surène (de).
20 Surmelin (du).
16 Sycomores (av. des).

SAINTS

14 Alice (Ste).
15 Amand.
11 Ambroise.
3 Anastase.
6 André (boulev.).
6 André-des-Arts (pl.).
6 André-des-Arts.
17 Ange (pass.).
11 Anne-Popincourt (p. Sainte).
1.2 Anne (Ste).
11 Antoine (pass.).
4 Antoine.
2.3 Apolline (Ste).
2 Augustin.
3 Avoie (pass. Ste).
6 Benoît.
5 Bernard (quai).
11 Bernard.
20 Blaise.
4 Bon.
18 Bruno.
20 Catherine (imp Ste).
9 Cécile (Ste).
1 Chapelle (Ste).
12 Charles (imp.)
17 Charles (pass.).
15 Charles.
19 Chaumont (cité).
3 Claude.
16 Cloud (porte de St).
4 Croix-de-la-Bretonnerie (Sainte).
10 Denis (boulev.).
1.2 Denis.
2 Denis (galerie).
16 Didier.
7 Dominique.
18 Eleuthèse.
3 Elisabeth (Ste).
12 Eloi (cour).

12 Emilion (cour).
11 Esprit (cour de l').
5 Etienne-du-Mont
11 Eugénie (Ste).
15 Eugénie (aven. Ste).
18 Euphrasie (pl. Ste).
18 Euphrasie (Ste).
1 Eustache (imp.).
20 Fargeau.
15 Félicité (imp. Ste).
17 Ferdinand (place).
17 Ferdinand.
2 Fiacre.
4 Fiacre (imp.).
1.8 Florentin.
2 Foy (gal. Ste).
2 Foy (Ste).
12 François (cour).
13 François-de-Sales.
7 François-Xavier (pl.).
5 Geneviève (pl. Ste).
9 Georges (place).
9 Georges.
5.6 Germain (boulev.).
1 Germain-l'Auxerrois.
4 Gervais (place).
3 Gilles.
14 Gothard (du).
7 Guillaume.
13 Hippolyte.
1 Honoré (cloître).
1.8 Honoré.
1 Hyacinthe.
18 Isaure (Ste).
14 Jacques (boulev.).
5 Jacques.
14 Jacques (place).
4 Jacques (square).
17 Jean.
5 Jean-de-Latran.
18 Jérôme.

2 Joseph.
17 Joseph (villa).
11 Jules.
5 Julien-le-Pauvre.
15 Lambert.
10 Laurent.
8.9 Lazare.
4 Louis (pont).
4 Louis-en-l'Ile.
18 Luc.
15 Lucie (Ste).
12 Mandé (aven. de).
12 Mandé (porte de).
2 Marc.
13 Marcel (boulev.).
11 Marguerite (Ste).
13 Marie (aven. Ste).
18 Marie (Ste).
10 Marthe (Ste).
10 Martin (boulev.).
3.4 Martin.
18 Mathieu.
11 Maur.
5 Médard.
4 Merri.
5.6 Michel (place).
5.6 Michel (boulev.).
17 Michel (pass.).
4.5 Michel (pont).
5 Michel (quai).
12 Nicolas.
11 Nicolas (cour).
1 Opportune (Ste).
18 Ouen (aven. de).
18 Ouen (porte de).
4 Paul.
6.7 Pères (des Sts).
8 Pétersbourg (de).
16 Philibert (avenue).
2 Philippe.
8 Philippe-du-Roule.

LISTE DES RUES, BOULEVARDS, ETC.

8 Philippe-du-Roule (p.
18 Pierre (place).
15 Pierre (petite rue).
11 Pierre-Popinc. (pas.)
6 Placide.
10 Quentin (de).
1 Roch (pass.).
1 Roch.
Romain.

18 Rustique.
11 Sabin.
2 Sauveur.
11 Sébastien (pass.).
11 Sébastien.
5.6 Séverin.
7 Simon (de).
20 Simoniens (p. des Sts)
2 Spire.

6 Sulpice (place).
6 Sulpice.
7 Thomas-d'Aquin (pl.)
7 Thomas-d'Aquin.
5 Victor.
18 Vincent.
10 Vincent-de-Paul.
14 Yves.

T à Z

5 Tabourin (pass.).
14 Tacherie (de la).
13 Tage (du).
11 Taillandiers (des)
1 Taillebourg (av. de)
4 Taille-Pain.
19 Taitbout.
12 Taïti (de).
16 Talma.
19 Tandou.
19 Tanger (de).
13 Tanneries (des).
17 Tarbé.
18 Tardieu.
10 Taylor.
8 Téhéran (de).
20 Télégraphe (du).
11 Temple (boulev. du).
3.4 Temple (du).
3 Temple (squ. du).
16 Téniers.
20 Tenon (square).
11 Ternaux.
17 Ternes (aven. des).
17 Ternes (porte des).
10 Terrage (du).
17 Terrasse (de la).
20 Terre-Neuve (de).
13 Terres-au-Curé (des).
18 Tertre (place du).
15 Tessier.
14 Texel (du).
17 Thann (de).
15 Théâtre (pass. du).
15 Théâtre (du).
17 Théâtre (du).
1 Théâtre-Fr. (gal. du).
1 Théâtre-Fr. (pl. du).
5 Thénard.
1 Thérèse.
14 Termopyles (pas. des)
16 Théry.
2 Thévenot.
14 Thibaud.
15 Thiboumery.
19 Thierry.

19 Thionville (de).
18 Tholozé.
2 Thorel.
3 Thorigny (de).
12 Thorins (de).
5 Thouin.
13 Thuilleux (pass).
15 Thuré (cité).
13 Tibre (du).
13 Tiers.
16 Tilleuls (aven. des).
18 Tilleuls (aven. des).
17 Tilsitt (de).
15 Tiphaine.
2 Tiquetonne.
4 Tiron.
13 Titien.
11 Titon.
9 Tivoli (pass. de).
20 Tlemcem (de).
12 Tocanier (passage).
17 Tocqueville (anc. rue d'Asnières).
13 Tolbiac (de).
13 Tolbiac (pont de).
14 Tombe-Issoire de la)
18 Torcy (place de).
18 Torcy (de).
17 Torricelli.
5 Toullier.
16 Tour (de la).
16 Tour (villa de la).
5 Touraine (de).
9 Tour-des-Dames (de la).
20 Tourelles (des).
18 Tourlaque (passage).
18 Tourlaque.
5 Tournefort.
4.5 Tournelle (pont de la)
5 Tournelle (quai de la)
3.4 Tournelles (des).
12 Tourneux.
6 Tournon (de).
15 Tournus (passage).
20 Tourtille (de).

7 Tourville (avenue de)
13 Toussaint-Féron.
6 Toustain.
2 Tracy (de).
13 Traêger (cité).
16 Traktir (de).
12 Traversière.
8 Treilhard.
3 Trésor (du).
9 Trévise (cité de).
9 Trévise (de).
17 Trézel (de la).
9 Trinité (de la).
9 Trinité (square de la)
16 Trocadéro (av. du).
16 Trocadéro (place et jardin du).
11 Trois-Bornes (des).
12 Trois-Chandelles (d.)
11 Trois-Couronnes (d.)
11 Trois-Frères (c. des)
18 Trois-Frères (des).
5 Trois-Portes (des).
11 Trois-Sœurs (imp.).
1 Trois-Visages (imp.)
8.9 Tronchet.
12 Trône (avenue du).
8 Tronson-du-Coudray.
12 Trou-à-Sable (du).
17 Troyon.
9 Trudaine (avenue).
17 Truffault.
1 Tuileries (quai des).
1 Tuileries (des).
11 Tunis (de).
19 Tunnel (du).
2.3 Turbigo (de).
3.4 Turenne (de).
9 Turgot.
8 Turin (de).
5 Ulm (d').
7 Union (passage de l').
7 Université (de l').
4 Ursins (des).
5 Ursulines (des).
15 Usines (des).

LISTE DES RUES, BOULEVARDS, ETC.

2 Uzès (d').
7 Valadon.
5 Val-de-Grâce (du).
5 Valence (de).
10 Valenciennes (pl. du).
10 Valenciennes (de).
5 Valette.
13 Valhubert (place).
11 Valmy (quai de).
1 Valois (galerie de).
1 Valois (péristyle de).
1 Valois (place de).
1 Valois (de).
8 Valois (avenue de).
14 Vandal.
14 Vandamme.
13 Vandrezanne.
8 Van-Dyck (avenue).
7 Vaucau.
16 Van-Loo.
14 Vanne (de la).
1 Vannes (de).
14 Vanves (porte de).
14 Vanves (de).
7 Varenne (de).
2 Variétés (galerie d.).
16 Varize (de).
7 Vauban (place).
3 Vaucanson.
15 Vaugelas.
15 Vaugirard (boul. de).
15 Vaugirard (de).
15 Vaugirard (place de).
15 Vaugirard-Nouveau (avenue de).
5 Vauquelin.
18 Vauvenargues.
1 Vauvilliers.
6 Vavin.
6 Vavin (avenue).
12 Véga (de la).
11 Voissière (cour).
8 Velasquez (avenue).
7 Velpeau.
3 Vendôme (passage).
1 Vendôme (place).
4 Venise (de).
1 Ventadour (de).
14 Vercingetorix.
9 Verdeau (passage).
16 Verderet.
8 Vernet.
7 Verneuil (de).
17 Vernier.
17 Verniquet.
1 Véro-Dodat (passage)

18 Véron (cité).
18 Véron.
13 Véronèse.
4 Verrerie (de la).
16 Versailles (avenue de)
16 Versailles (porte de).
18 Versigny.
3 Vertbois (du).
3 Vertus (des).
5 Vesale.
8 Vézelay (de).
15 Viaduc (du).
15 Viala.
15 Viallet (passage).
1 Viarmes (de).
10 Vicq-d'Azir.
9 Victoire (de la).
1.2 Victoires (des).
15 Victor (boulevard).
15 Victor (square).
5 Victor-Cousin.
16 Victor-Hugo (aven.)
16 Victor-Hugo (place).
20 Victor-Vetalle.
1.4 Victoria (avenue).
9 Victor-Massé.
10 Vidanges (quai des).
2 Vide-Gousset.
3.4 Vieille-du-Temple.
6 Vieilles-Tuiler. (c.).
8 Vienne (de).
7 Vierge (pass. de la).
17 Viète.
16 Vieux-Colombier (d.)
2 Vigan (passage du).
16 Vignes (des).
20 Viguoles (des).
8.9 Vignon.
15 Vignon (passage).
8 Vigny (de).
11 Viguès (cour).
20 Vilin.
15 Villafranca (de).
7 Villars (avenue de).
1 Villedo.
3 Villehardouin.
13 Villejuif (de).
16 Villejust (de).
8 Ville-l'Evêque (de la).
14 Villemain.
2 Ville-Neuve (de la).
7 Villersexel.
19 Villette (boul. de la).
19 Villette (de la).
19 Villette (porte de la).
17 Villiers (avenue de).

17 Villiers (porte de).
12 Villiot.
10 Vinaigriers (des).
10 Vinaigriers (cour d.).
20 Vincennes (cours d.).
20 Vincennes (porte de).
19 Vincent.
18 Vincent-Compoint.
1 Vindé (cité).
16 Vineuse.
1 Vingt-Neuf-Juillet (du).
9 Vintimille (place de).
9 Vintimille (de).
10 Violet (passage).
15 Viollet (place).
15 Violet.
9 Violet-le-Duc.
15 Virginie.
5 Visconti.
13 Vistule (de la).
16 Vital.
20 Vitruve.
2 Vivienne (galerie).
1.2 Vivienne.
14 Voie-Verte (de la).
20 Volga (du).
2 Volney.
15 Volontaires (des).
3 Volta.
11 Voltaire (boulev.).
11 Voltaire (place).
7 Voltaire (quai).
11 Voltaire.
3.4 Vosges (des).
4 Vosges (place des).
15 Vouillé (de).
20 Voulzie (de la).
12 Voûte (de la).
17 Wagram (place de).
17 Wagram (aven. de).
8 Washington.
13 Watt.
13 Watteau.
12 Wattignies (de).
16 Weber.
20 Westermann.
16 Wilhem.
13 Xaintrailles.
12 Yonne (de l').
15 Yvart.
16 Yvette (de l').
16 Yvon-Villarceau.
5 Zacharie.

ÉMILE COLIN. — IMPRIMERIE DE LAGNY

www.ingramcontent.com/pod-product-compliance
Lightning Source LLC
Chambersburg PA
CBHW070741170426
43200CB00007B/601

9 782011 293107